国家社科基金后期资助项目
出版说明

后期资助项目是国家社科基金设立的一类重要项目，旨在鼓励广大社科研究者潜心治学，支持基础研究多出优秀成果。它是经过严格评审，从接近完成的科研成果中遴选立项的。为扩大后期资助项目的影响，更好地推动学术发展，促进成果转化，全国哲学社会科学工作办公室按照“统一设计、统一标识、统一版式、形成系列”的总体要求，组织出版国家社科基金后期资助项目成果。

全国哲学社会科学工作办公室

国家社科基金
GUOJIA SHEKE JIJIN HOUQI ZIZHU XIANGMU
后期资助项目

RESEARCH ON THE U.S. EMPLOYMENT
ANTI-DISCRIMINATION SYSTEM

美国反就业歧视制度研究

杨浩楠 著

法律出版社
LAW PRESS·CHINA
——北京——

图书在版编目(CIP)数据

美国反就业歧视制度研究 / 杨浩楠著. -- 北京 :
法律出版社, 2023
ISBN 978-7-5197-8658-8

Ⅰ. ①美… Ⅱ. ①杨… Ⅲ. ①就业问题－研究－美国
Ⅳ. ①D771.282

中国国家版本馆 CIP 数据核字(2023)第 235260 号

美国反就业歧视制度研究 MEIGUO FANJIUYE QISHI ZHIDU YANJIU	杨浩楠 著	责任编辑 蒋 橙 装帧设计 鲍龙卉

出版发行 法律出版社　　**开本** 710 毫米×1000 毫米 1/16
编辑统筹 法律应用出版分社　　**印张** 15　**字数** 278 千
责任校对 王 丰 郭艳萍　　**版本** 2023 年 12 月第 1 版
责任印制 刘晓伟　　**印次** 2023 年 12 月第 1 次印刷
经　　销 新华书店　　**印刷** 唐山玺诚印务有限公司

地址:北京市丰台区莲花池西里 7 号(100073)
网址:www.lawpress.com.cn　　销售电话:010-83938349
投稿邮箱:info@lawpress.com.cn　　客服电话:010-83938350
举报盗版邮箱:jbwq@lawpress.com.cn　　咨询电话:010-63939796

书号:ISBN 978-7-5197-8658-8　　**定价**:68.00 元

凡购买本社图书,如有印装错误,我社负责退换。电话:010-83938349

基金项目
国家社会科学基金后期资助项目，项目批准号：21FFXB019

前　言

由美国导演彼得·法拉利(Peter Farrelly)根据真实故事改编和执导的影视作品《绿皮书》(*Green Book*)于2019年一举斩获第91届奥斯卡金像奖最佳影片奖、最佳男配角奖和最佳原创剧本奖。该影片生动再现了20世纪60年代美国社会在教育、就业、餐饮、住宿、出行、购物以及公共服务等方面普遍存在的种族歧视图景。就劳动力市场上的就业歧视而言,种族歧视仅是美国就业歧视现象的冰山一角。美国是一个多种族、多民族、多元文化的移民国家,其劳动力市场上存在的就业歧视问题有深厚的历史、政治、法律、文化以及社会基础。基于此,美国曾被公认为是当代主要工业化国家中就业歧视现象最普遍、形势最复杂、危害后果最严重的国家。一方面,在美国于20世纪中期全面步入全民雇佣时代后,[①]雇佣劳动关系成为美国社会最重要的社会关系,绝大多数美国人依靠雇佣劳动维持生计;[②]但另一方面,劳动力市场上普遍存在的就业歧视现象致使少数族群劳动者、女性劳动者、西班牙裔劳动者以及大龄劳动者等弱势劳工群体因难以就业或难以实现高质量就业而长期生活在社会底层。自20世纪40年代以来,饱受就业歧视行为侵害的劳工群体在全美范围内发起了旷日持久和声势浩大的抗议活动,甚至不惜为此付出鲜血和生命。正是在这种背景下,反就业歧视跃升为美国社会一项最重要的基本国策。[③] 20世纪60年代,美国国会开始尝试以联邦立法的形式化解这场国家危机,[④]并由此而揭开了美国反就业歧视制度持续演进和发展的历史序幕。

需要指出的是,一方面,劳动力市场上不占优势的劳动者群体饱受就

---

① 美国著名劳动关系学者弗兰克·坦南鲍姆(Frank Tannenbaum)在20世纪50年代指出:"我们已进入全民雇佣的时代。我们要依靠他人才能维持生计,大部分人完全依靠工资为生。如果他们失业,除社会保障救济外,他们就丧失了一切生活来源。这种大部分人对他人依赖的现象是前所未有的。对我们这代人来说,生活的实质已掌控在他人之手。"See Frank Tannenbaum, *A Philosophy of Labor*, Alfred A. Knopf, 1951, p. 9.

② 杨浩楠:《美国雇佣自由规则研究》,人民出版社2020年版,第100页。

③ William R. Corbett, *Unmasking a Pretext for Res Ipsa Loquitur: A Proposal to Let Employment Discrimination Speak for Itself*, American University Law Review, Vol. 62, (2013), p. 451.

④ Cheryl Krause Zemelman, *The After-Acquired Evidence Defense to Employment Discrimination Claims: The Privatization of Title Ⅶ and the Contours of Social Responsibility*, Stanford Law Review, Vol. 46, (1993), p. 189.

业歧视行为侵害;另一方面,美国私人部门中的劳动者群体在法律层面上普遍缺乏有效的解雇保护。这是因为美国是目前世界上主要工业化国家中唯一适用雇佣自由规则的国家。一般情况下,私人部门中的雇主可随时以任何理由解雇雇员而无须承担法律责任。起源于 19 世纪 70 年代的美国雇佣自由规则在近一个半世纪的发展进程中虽在判例法层面持续遭受限制,但不可否认的是,时至今日雇佣自由规则在美国依然具有强大的生命力。申言之,美国并未效仿其他主要工业化国家对雇主解除劳动关系苛以综合性的正当理由义务,雇佣自由规则依然是美国雇主合法解雇私人部门中的雇员的基本法律推定。除非解雇决策违反了成文法的明文规定,或者雇员能向法院证明雇主的解雇决策属于判例法中的不当解雇行为,否则这种法律推定在大多数的情况下是成立的。[①] 受此影响,在经济合作与发展组织(Organization for Economic Co-operation and Development,OECD)统计的 43 个国家的"个人和集体解雇保护立法强度"评价体系(1985~2013 年)中,美国解雇保护制度的强度指数仅为 0.26,为解雇保护制度最为宽松的国家。[②] 在此语境下,美国反就业歧视制度禁止雇主对具有受法律保护的因素或实施了受法律保护的行为的雇员作出不利人事决策或进行有害对待。依此逻辑,因种族、性别、出生地、宗教、年龄、残疾、基因信息等因素或因实施了受法律保护之行为而被雇主歧视性解雇的雇员有权向行政机关和司法机关提起就业歧视指控。由此观之,美国的反就业歧视制度不仅为求职者和雇员提供了公平就业机会权利,还成为保护雇员免于遭受不当解雇行为侵害的重要法律渊源。[③] 对此,有观点认为:作为美国雇佣法两大支柱的雇佣自由规则和反就业歧视制度彼此构成了阻碍对方实施的最大制约因素。因为反就业歧视制度的介入,雇佣自由规则对美国雇主而言并不那么有价值;相反,受雇佣自由规则影响,反就业歧视制度对于遭受就业歧视的美国雇员而言也不那么有帮助。[④] 或者说美国雇佣法主要由雇佣自由规则和反就业歧视制度这两大板块构成,二者呈现出既对立又统

---

① 有关美国雇佣自由规则的评析参见杨浩楠:《美国雇佣自由规则研究》,人民出版社 2020 年版,第 210、221 页。

② 杨浩楠:《美国雇佣自由规则在判例法中的确立及启示》,载《现代法学》2019 年第 1 期。

③ William R. Corbett, *Unmasking a Pretext for Res Ipsa Loquitur: A Proposal to Let Employment Discrimination Speak for Itself*, American University Law Review, Vol. 62, (2013), p. 466.

④ William R. Corbett, *Firing Employment at Will and Discharging Termination Claims from Employment Discrimination: A Cooperative-Federalism Approach to Improve Employment Law*, Cardozo Law Review, Vol. 42, (2021), p. 2296.

一的关系。前者赋予了雇主随意解雇雇员而不受政府干预的特权,后者则是政府干预雇主解雇行为的主要依据。

较之于其他国家,受经济、政治、文化、宗教、历史等因素的影响,美国社会在反就业歧视制度中呈现出的利益博弈最为激烈,美国民众对拥有公平就业机会权利的现实需求最为紧迫,美国政府面对的就业歧视形势最为严峻。就此而言,美国反就业歧视制度的发展进程是人类历史上的一次浩大社会实验,为包括我国在内的其他国家规制就业歧视行为提供了难能可贵的经验和教训。诚如德国比较法学家伯恩哈德·格罗斯菲尔德(Bernhard Grossfeld)在《比较法的力量与弱点》一书中引用莱昂廷·吉恩·康斯坦丁内斯库(Léontin Jean Constantinesco)的观点所言,"比较法擦亮了法律学者们的眼睛,使其能够发现本国法律机制的一些缺陷与弱点。比较法学者能够对他自己国家的法律制度做出一种判断,这一判断更为成熟……并更具有批判性"。[①] 于是,美国成为国内学者研究反就业歧视制度时绕不开的一个话题。在立法层面,有学者提议制定专门的"反就业歧视法",并在举证责任、抗辩事由、法律责任方面借鉴美国经验。[②] 在执法层面,有学者建议效仿美国的做法建立一个平等就业监督机构。[③] 在司法层面,有学者推崇借鉴美国在规制间接歧视方面的司法实践经验。[④] 与此相反,有观点认为美国法中的间接歧视理论因证明规则过于复杂而不适合我国。[⑤] 也有学者主张摒弃美国主观主义歧视构成要件,并借鉴英国立法例。[⑥] 还有学者认为我国不具备美国那种通过大规模社会运动推动反歧视立法的社会背景,并呼吁借鉴德国制度。[⑦] 国内学者们如此不同甚至截然对立的观点不禁引发以下思考:第一,何为美国反就业歧视制度的真实全貌?第二,该制度的发展进程有何值得总结的经验和教训?第三,在批判性借鉴美国法的基础上我国应如何完善反就业歧视制度?鉴于此,本

① [德]伯恩哈德·格罗斯菲尔德:《比较法的力量与弱点》,孙世彦、姚建宗译,清华大学出版社2002年版,第19页。

② 林嘉:《论我国就业歧视的法律调控》,载《河南社会科学》2006年第5期。

③ 李志:《反就业歧视的现状及对策研究——从高校毕业生就业的视角》,载《西南政法大学学报》2016年第5期。

④ 郭延军:《美国就业领域间接性别歧视的法律控制》,载《政治与法律》2013年第4期。

⑤ 张姝:《论就业歧视的狭义界定——我国就业歧视法律规制的起点》,载《当代法学》2011年第4期。

⑥ 谢增毅:《美英两国就业歧视构成要件比较——兼论反就业歧视法发展趋势及我国立法选择》,载《中外法学》2008年第4期。

⑦ 娄宇:《德国法上就业歧视的抗辩事由——兼论对我国的启示》,载《清华法学》2014年第4期。

书以美国成文法和判例法中的相关重大事件为主线,以历史的眼光对美国反就业歧视制度的发展进程进行立体解析,对其发展阶段进行定位和划分,以求厘清其演进过程的基本脉络,总结其正反两方面的经验和教训,并为完善我国反就业歧视制度提供客观的域外经验和具体的应对路径。

目　　录 Contents

第一章　美国就业歧视现象的起源及其危害

就业歧视,即雇主基于求职者或雇员具有的特定特征或实施的具体行为而对其作出不利之人事决策或进行有害对待。法律经济学视角下,大致有四种理论模型可以解释雇主在劳动力市场中实施的就业歧视行为。一是雇主偏好(employer tastes)模型,即一些雇主愿意花钱去满足自己的歧视性偏好,即使这样做不具有经济合理性;二是统计学歧视(statistical discrimination)模型,即为实现利润最大化,雇主基于自身对一个群体持有的成见性观念去预测该群体中特定雇员的工作能力;三是分类和搜寻(sorting and search)模型,即雇主为了避免具有不同身份和特征的雇员之间产生纠纷而致力于追求劳动力结构的同质性;四是身份产生(status production)模型,即雇主可通过贬低其他群体成员的身份和地位来提高自己所属群体的身份和地位。[①] 法哲学视角下,美国反就业歧视制度大致有两种理论基础——反分类(anticlassification)和反屈从(antisubordination)。[②] 反分类理论认为反就业歧视制度的重要职责在于消除受保护阶层中的个人因决策者的选择而遭受的职场不公,其主要关注的是决策者有意识的决策过程,即区别对待型歧视(直接歧视);反屈从理论认为反就业歧视制度的主要目标在于消除因属于这些受保护阶层而产生的基于身份的不平等,其主要关注的是实质意义上的就业歧视,即区别影响型歧视(间接歧视)。

就业歧视既侵犯了受害者作为公民而享有的平等权,也侵犯了其作为劳动者而享有的劳动权,是各国现代社会法制度规制的重中之重。美国是目前世界上主要工业化国家中就业歧视问题最严重的国家。美国的就业歧视可追溯至奴隶制度时期白人奴隶主对黑人劳动力的剥削。奴隶制度时期各个州颁行的一些奴隶法典公开设置并维护剥削性的劳动条件和劳动待遇。[③] 起源于英国殖民地时期的奴隶制度在 1776 年的美国《独立宣

---

① Jacob E. Gersen, *Markets and Discrimination*, New York University Law Review, Vol. 82, (2007), p. 697-702.

② Solon Barocas, Andrew D. Selbst, *Big Data's Disparate Impact*, California Law Review, Vol. 104, (2016), p. 723.

③ Stephen Plass, *Private Dispute Resolution and the Future of Institutional Workplace Discrimination*, Howard Law Journal, Vol. 54, (2010), p. 48.

言》中被认可，因而得以在1783年美国独立战争结束后被保留并沿袭至19世纪60年代。1865年5月，以亚伯拉罕·林肯（Abraham Lincoln）为首的北方军队战胜南方军队，结束了历时4年的美国内战，从而拉开了解放黑奴运动的序幕。同年12月，美国《宪法第十三修正案》颁行，其在宪法层面宣告废除奴隶制度。然而一方面，由于刚结束内战的南方社会和北方社会之间尚处于相互适应和磨合的过渡阶段，通过宪法修正案这种顶层设计自上而下地实现重大社会制度转变的目标难以一蹴而就；另一方面，冰冻三尺非一日之寒，持续数百年之久的奴隶制度具有较大的历史惯性。内战结束后，作为一种社会文化的就业歧视现象依然在美国盛行。将黑人视为下等劳工的社会成见并未消除，反而成为雇主向黑人劳工发放更低工资以及安排更差工作岗位的理由。在20世纪60年代之前，美国企业中的白人经理和雇员借助公共政策、州法典以及工会致力于建立并维系一种具有种族歧视性质的就业结构，从而在提高自身经济地位的同时限制黑人劳工的就业机会。这使绝大部分黑人劳工被束缚在从事体力劳动的工作岗位上，如服务业中的家政工、餐厅服务员、旅馆服务员、门卫、球童、快递员、洗衣工，或者在采矿、钢铁、玻璃、烟草、化肥行业中从事最脏最累的工作。[①]美国劳动力市场上根深蒂固的就业歧视现象有对应的历史、社会和法律基础。

第一节　美国就业歧视现象的历史基础

美国社会的就业歧视现象起源于白人奴隶主对黑人奴隶的剥削，有着深厚的历史背景。奴隶制度时期各个州的奴隶法典为奴隶主无止境地剥削黑人劳动力提供了制度基础，并成为后奴隶制度时期美国就业歧视现象的历史包袱。这些奴隶法典的核心要义有三。第一，法律规定黑人以及他们的后代世代为奴，奴隶身份具有永固性。例如，《哥伦比亚地区奴隶法典》第54条规定：所有已经或者未来被输入到本地区的黑人和奴隶，以及这些黑人和奴隶现在或者未来生育的子女，在他们有生之年均为奴隶。第二，法律将黑人奴隶视为白人奴隶主的“物”，从而在法律上否定黑人奴隶的主体资格。例如，奴隶制时期的《路易斯安那民法典》第35条规定：奴隶主对奴隶享有权利。奴隶主可以贩卖奴隶，处置奴隶的人身和劳动力。奴

① Robert Samuel Smith, *Race, Labor, and Civil Rights*, Louisiana State University Press, 2008, p. 8-10.

隶不享有权利,不得拥有财物,也不能获得任何属于奴隶主的财物。第三,法律允许白人奴隶主对黑人奴隶设置残酷的劳动条件。奴隶主拥有绝对的权力去制定苛刻的劳动规则,并施以严厉的制裁措施。奴隶法典给予了奴隶主几乎不受限制的权力去惩罚奴隶。奴隶主可以任何语言对奴隶进行谩骂和训斥,或者实施体罚。例如,《南卡罗来纳州奴隶法典》规定:(奴隶主)用马鞭、牛皮、树棍、木棍击打,用烙铁烫,或者囚禁奴隶不会被禁止或罚款。残忍地烫或者烧奴隶,砍下奴隶的舌头,挖出奴隶的眼睛,或者斩断奴隶的四肢,罚款100英镑。正是在奴隶法典的许可和纵容下,奴隶主对黑人奴隶设置的劳动条件甚至比被判处监禁的白人囚犯的劳动改造条件更恶劣。一些奴隶主要求黑人奴隶每天工作不低于16小时,并对不达标的黑人奴隶进行体罚。高强度的劳动负荷对黑人奴隶的繁衍生息极为不利,以至于一些州不得不采取措施降低黑奴的劳动强度。很多奴隶主和管理奴隶的人让奴隶从事苦役劳动,使他们没有充分的时间休息,南卡罗来纳州立法机关颁布法律规定,在每年的3月25日至9月25日,不得强迫奴隶每天工作超过15小时。在每年其他的时间,不得强迫奴隶每天工作超过14小时。①

1807年英国废除奴隶贸易。在此之前,大量黑人奴隶被贩卖至北美英属殖民地。直到1865年,美国内战以南方美利坚联盟国战败告终,美国的奴隶制度才正式废除。在1600年至1780年,有大约25万名奴隶被贩卖至北美英属殖民地。② 据另一位学者统计,在1700年至1790年,也有大约25万名奴隶被运送到北美英属殖民地。③ 殖民地时期至内战前,美国境内的各个州都存在相当一部分数量的黑人奴隶充当劳动力,其中尤以美国南部最为明显。例如,在18世纪美国南部马里兰州的烟草种植业中,绝大部分的劳动力均为黑人奴隶。奴隶的身份具有永久性,一般不会改变,除非他们的主人将他们释放。奴隶主对奴隶的唯一义务就是提供基本食宿。奴隶是最稳定的劳动力供给形式,他们提供的劳动不存在劳动期限,更不能获得劳动报酬。大量的黑人奴隶成为北美英属殖民地以及后来的美利坚合众国农业劳动的主要劳动力来源以及家政服务业劳动的重要劳动力

---

① Stephen Plass, *Private Dispute Resolution and the Future of Institutional Workplace Discrimination*, Howard Law Journal, Vol. 54, (2010), p. 51-52.

② Richard S. Dunn, *Servants and Slaves: The Recruitment and Employment of Labor*, in Colonial British America, Essays in the New History of the Early Modern Era, Johns Hopkins University Press, 1984, p. 165.

③ Stuart Weems Bruchey, *Enterprise: The Dynamic Economy of a Free People*, Harvard University Press, 1990, p. 68.

来源,这一现象一直持续到美国独立战争结束后。一方面,1865 年美国内战的结束以及同年《宪法第十三修正案》的颁行,标志着奴隶制度正式废除;但另一方面,延绵数百年的奴隶制度使美国人民习惯于在政治、经济、文化、法律、教育层面将黑人和白人区别开来。美国学者特里·H. 安德森(Terry H. Anderson)总结道:内战改变了美国宪法,但改变不了这种习俗和情绪。① 历经数百载的奴隶制度具有很强的历史惯性,并为近现代以来美国社会严重的就业歧视现象提供了环境土壤。诚如法国历史学家亚历克西·托克维尔(Alexis Tocqueville)所言,我们可以清楚地看到,习惯在政治制度中有何其重要的影响,用起那些老制度来,不管它曾经多么复杂含混,人们都能游刃有余,而新的制度即使再简单也会非常不顺手。②

第二节　美国就业歧视现象的法律基础

内战结束后,美国先后通过颁行《宪法第十三修正案》和《宪法第十四修正案》在全国层面废除奴隶制度,并给予黑人平等的法律保护;但由于这些宪法修正案并没有明文禁止种族歧视,从而客观上纵容了美国雇主在劳动力市场上肆无忌惮地歧视黑人劳工。此外,在 19 世纪 60 年代至 20 世纪 50 年代这近 100 年间,反就业歧视联邦立法缺位、劳工制度推崇劳动关系自治而放任种族歧视问题,均为就业歧视现象的滋生提供了法律空间。这两个宪法修正案以及有关的劳动法制度无疑具有重大的历史进步意义,但如今看来也具有一定的局限性。

1865 年颁行的《宪法第十三修正案》规定:美国及其管辖的任何领域禁止奴隶制度和强制劳役。③ 值得注意的是,该宪法修正案规制的客体仅为强迫劳动,即仅禁止奴隶制度和强迫性的劳役,但其与种族歧视以及就业歧视无涉。受此影响,美国法院在 1883 年明确认定种族歧视不属于被宪法修正案禁止的奴隶制度范畴。④ 20 世纪初,司法机关似乎依然热衷于严格遵守该宪法修正案文本的字面意思,仅将其解读为禁止奴隶制度以及强迫劳役。例如,在 1906 年美国联邦最高法院审理的霍奇斯诉美国(Hodges v. United States)⑤案中,一些黑人劳工依据《宪法第十三修正案》

---

① [美]特里·H. 安德森:《美国平权运动史》,启蒙编译所译,上海社会科学院出版社 2017 年版,第 3 页。

② [法]托克维尔:《旧制度与大革命》,冯棠译,商务印书馆 2013 年版,第 223 页。

③ See U. S. Const. amend. XIII.

④ The Civil Rights Cases, 109 U. S. 3, 25 (1883).

⑤ Hodges v. United States, 203 U. S. 1 (1906).

声称一群白人用威胁和暴力强迫他们停止工作,侵犯了他们的合同自由。法院否定了这些黑人劳工的指控,并解释说:"国会没有意愿去禁止这种私人性质的虐待行为。国会已经解放了黑人,并使他们成为美国公民,但国会只是保护黑人不被强迫劳动。置身于劳动力市场中的黑人和其他所有人一样都会面临各种不确定性。"联邦最高法院审理的这个案件表明,《宪法第十三修正案》并不能保护黑人劳工在劳动力市场中免受歧视、侮辱、虐待。

与《宪法第十三修正案》的保护范围有限类似,1868 年通过的美国《宪法第十四修正案》规定:所有在美国出生或归化的人,均为美国和他们居住的州的公民;任何州都不得制定或实施限制美国公民的权利或豁免权的法律;非经正当法律程序,不得剥夺任何人的生命、自由或财产;各个州不得拒绝给予任何人平等的法律保护。[①] 由于该宪法修正案明文规定其义务主体为"任何州",即包括州政府及其组成部门在内的公共主体,故其不能规制私人主体的行为。1872 年,美国法院在判决中明确声明,《宪法第十四修正案》仅限制州政府的歧视行为。[②] 换言之,尽管宪法已赋予黑人公民身份,并给予他们平等的法律保护,但宪法依然认可并纵容私人部门中的主体为所欲为地歧视黑人劳工。

除宪法修正案对种族歧视规制不力外,20 世纪 20 年代至 30 年代的联邦劳动法制度也为劳动力市场上的种族歧视现象提供了土壤。美国劳动法具有推崇劳资双方通过集体谈判实现劳动关系自治而政府干预较少的制度传统。集体谈判,即工会代表雇员同雇主就劳动条件和待遇、劳资纠纷的解决方式等事项自行展开谈判,并通过签订集体合同的方式对谈判成果进行确认和记载。美国工会以谈判单元为单位对雇员进行结社,并基于谈判单元同雇主展开集体谈判。具体而言,为矫正单个劳工同雇主间的不平衡议价能力,包括美国《铁路劳动法》(Railway Labor Act)和《国家劳动关系法》(National Labor Relations Act)在内的劳动法让企业化运作的多个工会通过相互竞争来招募雇员,并赋予在协商单元中获得多数人支持的工会享有排他性代表雇员同雇主就劳动条件和劳动待遇进行交涉的权利。[③] 对此,美国国会上议院委员会主席曾生动地描述:"当雇员已经选择了他们的工会组织时,当他们已经选择了他们的谈判代表时,法律所有要做的事

① See U. S. Const. amend. XIV.

② The Slaughter-House Cases, 83 U. S. 36, 80-81 (1872).

③ 有关美国集体谈判制度的具体运行机制参见杨浩楠:《我国集体协商困境的劳动法应对 美国合理协商单元认定的启示》,载《中外法学》2020 年第 2 期。

情就是将这些谈判代表护送到雇主的门口,并对雇主说,他们来了,他们是你的雇员(选择)的谈判代表。门里面发生的事情不在法律的考虑范围之内,并且法律也不会试图去考虑。”[①]在整个20世纪上半叶,剥削和歧视黑人的文化笼罩着工会组织。被白人控制的工会一方面致力于改善白人会员的劳动条件和待遇,另一方面却故意排斥黑人劳工。[②] 工会拒绝吸纳黑人会员,并积极和雇主达成企业准入协议(closed shop agreement),禁止雇主雇佣非工会会员。被白人控制的工会常常和雇主在集体合同中约定雇佣黑人数量的限额,并约定好的工作岗位只能向白人雇员开放。例如,在斯蒂尔诉路易斯维尔和纳什维尔铁路公司(Steele v. Louisville & Nashville R. Co.)案中,获得美国《铁路劳动法》授权而代表所有列车消防员的工会拒绝吸纳黑人会员,并在和铁路公司达成的集体谈判合同中约定消防员和工程师岗位应当为白人保留,而不得提供给黑人。二审过程中,亚拉巴马州最高法院解释说,《铁路劳动法》没有向被告工会施加保护少数族群免受歧视或者不公正对待的义务,无论这种歧视或者不公正对待多么明显,并由此认定《铁路劳动法》规定了铁路公司有义务同获得大多数雇员支持的工会进行集体谈判,且该工会有法定的权利去这样对待该案中的黑人原告。[③]

第三节　美国就业歧视现象的社会基础

北方军队虽然以武力击败南方军队结束内战并完成国家统一,却未能在短时间内彻底改变美国社会对黑人劳工的刻板印象。持续数百年之久的奴隶制度具有较大的制度惯性。奴隶主习惯于剥削并使用严厉的制裁措施强迫黑人奴隶劳动,此种主流的社会生产方式在几个世纪以来日积月累,形成了深厚的社会和文化沉淀。由于之前的奴隶法典长时间认可和推崇剥削黑人劳动力,在宪法层面废除奴隶制度后,让美国雇主(尤其是之前的奴隶主)在短时间内去接受新的劳动法律制度极为困难。一些种植园主坚信,解放奴隶并让他们成为自由劳动力的制度是绝不会奏效的,黑人懒

---

① Archibald Cox et al., *Labor Law: Cases and Materials*, Thomson Reuters/Foundation Press, 2011, p. 359.

② Herbert Hill, *Black Labor and the American Legal System: Race, Work, and the Law*, The University of Wisconsin Press, 1985, p. 104-106.

③ 需要指出的是,联邦最高法院在终审过程中撤销了亚拉巴马州最高法院的判决,并认定工会作为唯一的谈判代表有义务非歧视性地代表全体雇员。See Steele v. Louisville & Nashville R. Co., 323 U. S. 192, 65 S. Ct. 226, 89 L. Ed. 173 (1944).

散且没有价值，缺乏工作意愿，败坏风气地在社会上游荡，还对市民进行抢劫和盗窃。[①] 一些种植园主和部分州立法机关将解放黑人奴隶并让他们成为自由劳动力而获得劳动报酬的举措视为对种植园主个人事务的不合理干涉。例如，为了阻碍联邦政府实施解放黑人奴隶的法律，佐治亚州专门出台法律将所有民事纠纷交由地方法院进行管辖，从而剥夺了联邦机构在佐治亚州境内处理黑人劳动纠纷的管辖权。[②] 内战结束后，种植园主拒绝遵守要求向黑人劳工支付报酬的法律，并想方设法在合同中约定对黑人劳工进行身体强迫的权利。颇具讽刺意味的是，当政府官员告知这些获得自由的奴隶，身体上的强迫也属于奴隶制度时，甚至有一些黑人劳工咆哮着要求自己被允许履行这种具有强迫性质的合同。正是因为这种合同上的权利，南部一些州的黑人劳工群体在工作中常常遭受谩骂和殴打。[③] 数百年以来的法律制度允许歧视黑人劳动力，并形成了一种深厚的"黑人最适合从事那些又脏又累的工作"的社会观念。很多农场主相信，黑人生性适合种植甘蔗和棉花。一个政府官员在报告中写道："和北美印第安人不同，获得自由的黑人天生适合从事农业劳动。黑人生来就是耕种土地的，所以不能灭绝。黑人在这个行业中从事劳动是上帝的意旨，这是无法改变的。"[④]

在奴隶制度被废除后不久，很多雇主（尤其是南方的雇主）对失去往日那种绝对的惩罚和处置黑人劳工的权利感到愤怒。他们依然抱有这种观点：黑人劳工不配获得报酬，且可以被苛刻或者残酷地对待。当农场主被告知要向黑人劳工支付报酬时，他们往往会倾向于雇佣白人劳工。当且仅当他们可以像对待之前的奴隶一样对待这些黑人劳工时，一些农场主才会愿意雇佣黑人劳工。由于大部分生活在南方的获得自由身的黑人劳工缺乏就业机会，劳动力市场上的黑人劳工严重供大于求，[⑤]这为雇主在劳动报酬和劳动条件方面剥削黑人劳工留下了巨大空间。习惯于免费获得黑人劳工的大部分南方雇主和部分北方雇主开始对向他们主张劳动报酬的

---

① Report of the Ass't Comm'rs of the Bureau of Refugees, Freedmen, & Abandoned Lands, S. Exec. Doc. No. 27, 1866, p. 83.

② Report of the Ass't Comm'rs of the Bureau of Refugees, Freedmen, & Abandoned Lands, S. Exec. Doc. No. 27, 1866, p. 86-87.

③ Report of the Ass't Comm'rs of the Bureau of Refugees, Freedmen, & Abandoned Lands, S. Exec. Doc. No. 27, 1866, p. 28, 84-85.

④ Report of the Ass't Comm'rs of the Bureau of Refugees, Freedmen, & Abandoned Lands, S. Exec. Doc. No. 6, 1861, p. 157.

⑤ Gunnar Myrdal, *An American Dilemma: The Negro Problem and Modern Democracy*, Harper and Brothers, 1944, p. 182-193.

黑人劳工心怀芥蒂,并想方设法对他们进行歧视和剥削。一方面,白人雇主时常对黑人劳工抱有愚笨、没有一技之长、效率低下、懒散和不可靠的成见;[①]另一方面,缺乏教育、资本、土地、技能的黑人劳工群体在劳动力市场上严重缺乏竞争力,因而往往被迫从事薪酬较低、工作环境较差、劳动强度较大的体力劳动,如清洁工、搬运工、门卫等岗位。[②] 长此以往,美国社会的奴隶制度在宪法修正案的外部作用和白人雇主阶层的集体留恋下逐步演变为了充斥于劳动力市场中的就业歧视现象。

第四节 美国就业歧视现象的泛化

如前文所述,美国社会的就业歧视现象起源于奴隶制度时期白人奴隶主对黑人奴隶的剥削。一方面,内战结束后颁行的《宪法第十三修正案》和《宪法第十四修正案》宣告废除奴隶制度,并给予奴隶公民身份,使获得公民身份的黑人劳工大量涌入劳动力市场自谋生计;但另一方面,在奴隶法典的历史惯性、宪法和联邦立法的纵容以及民众"熟悉旧事物而对新事物感到陌生"的客观社会规律的综合作用下,奴隶制度时期奴隶主对黑人奴隶的剥削演变为后奴隶制度时期的种族就业歧视。在整个 19 世纪上半叶,联邦法律允许雇主公开对黑人劳工实施就业歧视。大量的白人雇主公开拒绝雇佣黑人,或者拒绝按照白人雇员的工资标准向黑人雇员支付劳动报酬。此外,白人劳工毫不掩饰地流露出拒绝和黑人劳工一同工作的意愿,并强烈要求雇主不要雇佣和提拔黑人劳工。[③] 工会常常在工会章程中声明不接受黑人劳工入会,并和雇主达成排斥黑人劳工的集体劳动合同(collective bargaining agreement)。

19 世纪末 20 世纪初,除种族就业歧视现象外,美国劳动力市场上还存在其他几种常见的就业歧视类型,如性别歧视、宗教歧视、肤色歧视和出生地(national origin)歧视。和种族歧视类似,后几种就业歧视类型也具有各自对应的历史和社会基础。就性别歧视而言,20 世纪上半叶的美国弥漫着这样一种男女分工的社会观念,即女人和男人的社会分工不同,女人的主要作用是照顾家庭。那一时期的劳工制度普遍建立在这种理念的基

① Anthony R. Chase, *Race, Culture, and Contract Law: From the Cottonfield to the Courtroom*, Connecticut Law Review, Vol. 28, (1995), p. 44.

② Charles R. Lawrence Ⅲ, *The Id, the Ego, and Equal Protection: Reckoning with Unconscious Racism*, Stanford Law Review, Vol. 39, (1987), p. 372.

③ Stephen Plass, *Private Dispute Resolution and the Future of Institutional Workplace Discrimination*, Howard Law Journal, Vol. 54, (2010), p. 56.

础上,即女性是劳动力市场上的次要参与者,她们因已经成为母亲或者将要成为母亲才值得被政府保护。① 美国民众坚信,女性从事受薪工作应当以家庭需求为前提。如果劳工制度鼓励甚至强制要求女性把充当妻子和母亲的角色置于挣取工资的角色之前,那么这将促进整个社会的福利。② 受此社会观念影响,公共雇主和私人雇主在整个 20 世纪 30 年代采取了一系列措施去限制或者完全禁止雇佣已婚妇女,从而试图将已婚女性清除出劳动力市场。例如,1932 年,时任美国总统赫伯特·胡佛(Herbert Hoover)签署的一部法律规定,如果丈夫受雇于联邦机构,则妻子应当被解雇。③ 即使到了 20 世纪下半叶,时任美国总统约翰·肯尼迪(John Kennedy)召集的妇女地位问题调查委员会(President's Commission on the Status of Women)在 1963 年提交的报告中声明,虽然我们支持女性有离开家庭参加劳动并享有和男性同工同酬的权利,但整体而言我们还是坚持这种女性的主要职责是留在家里照顾家庭的观点。④与此类似,家庭和社区委员会(The Committee on Home and Community)的报告也指出:“照顾家庭和小孩依然是女性的特殊责任……这是没有争议的。”⑤由此可知,一直到 20 世纪 60 年代,美国劳动力市场上的性别歧视行为得到了主流社会价值观的支持。甚至到 20 世纪 70 年代,受“男人养家糊口,女人相夫教子”这种传统观念的影响,美国社会中的性别歧视现象依然存在对应的制度支撑。例如,依据当时的联邦老年、遗属和残疾保险福利政策(Federal Old-Age, Survivors, and Disability Insurance Benefits),男性雇员死亡后,其遗孀可以依法申领相关社会保险福利。但在女性雇员死亡后,其鳏夫若意欲申领相关社会保险福利,则须证明家庭开支至少有一半源于妻子生前的收入。⑥ 与此类似的是,美国密苏里州同一时期的工伤赔偿法规定,妻子因工死亡的,鳏夫须证明自己丧失工作能力或依靠妻子生前的收入维持生活方可申

---

① Cary Franklin, *Inventing the "Traditional Concept" of Sex Discrimination*, Harvard Law Review, Vol. 125, (2012), p. 1320-1321.

② Cary Franklin, *Inventing the "Traditional Concept" of Sex Discrimination*, Harvard Law Review, Vol. 125, (2012), p. 1324.

③ [美]特里·H. 安德森:《美国平权运动史》,启蒙编译所译,上海社会科学院出版社 2017 年版,第 18 页。

④ Cynthia Harrison, *On Account of Sex: The Politics of Women's Issues*, 1945-1968, University of California Press, 1989, p. 142-159.

⑤ Cary Franklin, *Inventing the "Traditional Concept" of Sex Discrimination*, Harvard Law Review, Vol. 125, (2012), p. 1322.

⑥ 42 U. S. C. § 402(f)(1)(D) (1970).

领工伤赔偿金;但丈夫因工死亡的,其遗孀申领工伤赔偿金不受此限。①

20世纪上半叶,除种族歧视和性别歧视外,劳动力市场上的出生地歧视问题(也被称为国籍歧视或血统歧视)也不可小觑。尤为明显的是,美国西南部一些州普遍具有对出生在拉美地区(或者具有拉美血统)的拉丁裔人进行歧视的历史传统。② 这些拉丁裔人群在教育、购物、食宿方面被隔离,被禁止担任陪审员,不享有投票资格,在官方人口普查的种族类别中被单独标识。四处可见一些写着墨西哥人禁止入内,或者不招待拉丁裔美国人或有色人种的标语。③ 联邦法院在20世纪50年代承认,得克萨斯州的墨西哥裔美国人长期以来普遍在社会各个方面受到严重的限制、偏见和歧视,这意味着占得克萨斯州人口总数20%的墨西哥裔美国人在历史上遭受了且将继续遭受来自教育、就业、经济、医疗、政治和其他方面的歧视性对待。④ 尽管拉美裔劳工遭受的出生地就业歧视没有像黑人劳工遭受的种族就业歧视那样被全面记录和报道,但这些拉美裔劳工在美国西南部地区也面临着严重的就业歧视。例如,美国最大的男裤制造企业法拉赫公司(Farah Manufacturing Company)是得克萨斯州埃尔帕索(El Paso)市最大的雇主,其98%的劳动力由拉丁裔构成,且以墨西哥裔美国人为主。在法拉赫公司的长期剥削下,这些拉丁裔雇员的工资比该地区其他工厂工人的工资低30%。此外,公司为了获得利息而强制性要求雇员把部分工资存在公司控制的账户上,设置难以完成的劳动定额标准,在劳工可以享受退休福利之前通过布置无法完成的工作任务而逼迫他们提前辞职,密切监视劳工的一举一动,限制劳工同他们的家庭成员进行交流。公司没有提供充分的医疗保险待遇,这些拉丁裔劳工普遍面临各种各样的职业健康和安全问题,且绝大多数的女性劳工在光天化日之下经常遭受明目张胆的性骚扰。⑤

---

① Wengler v. Druggists Mut. Ins. Co., 446 U. S. 142 (1980).

② Maria L. Ontiveros, *Immigrant Workers and Workplace Discrimination: Overturning the Missed Opportunity of Title Ⅶ under Espinoza v. Farah*, Berkeley Journal of Employment and Labor Law, Vol. 39, (2018), p. 125.

③ Ariel J. Gross, "*The Caucasian Cloak*": *Mexican Americans and the Politics of Whiteness in the Twentieth-Century Southwest*, Georgetown Law Journal, Vol. 95, (2006-2007), p. 356-364.

④ Hernandez v. Texas, 374 U. S. 475 (1954).

⑤ Maria L. Ontiveros, *Immigrant Workers and Workplace Discrimination: Overturning the Missed Opportunity of Title Ⅶ under Espinoza v. Farah*, Berkeley Journal of Employment and Labor Law, Vol. 39, (2018), p. 126.

第五节 美国就业歧视现象的危害

19 世纪末 20 世纪初,随着美国从自由资本主义阶段过渡到垄断资本主义阶段,美国经济从农业经济向非农业经济、从自雇型经济向雇佣型经济转型,以及以工业化为基础的商品经济的日益成熟,美国逐步转变为一个全民雇佣国家。[①] 一方面,进入 20 世纪 50 年代后,绝大部分美国人完全依靠进入劳动力市场获取工资维持生计;另一方面,劳动力市场中普遍存在的就业歧视现象对整个工作场所、雇员家庭、市民社会以及雇主本身均造成了严重的危害。

首先,现代医学证明,就业歧视不仅危害遭受歧视者本人的身心健康,[②]还会对处于同一个工作场所中看到甚至察觉到这种歧视行为的雇员造成生理和心理上的负面影响,从而在整个工作场所产生负的外部效应。[③]遭受歧视者本人以及察觉到工作场所中存在歧视的雇员常常流露出对组织缺乏公平和关爱的失望、焦虑,并表现出生理上的不健康以及心理上的痛苦。[④] 实证研究表明,就业歧视产生的影响波及整个工作场所,导致雇员生产力下降、工作满意度下降、离职率增加。[⑤]

其次,就业歧视会破坏家庭和谐。就业歧视会长时间给雇员造成负面情绪,从而妨碍他们下班后同家庭成员进行和睦的交流。心理学上的“踢狗效应”(Kick the Dog Effect)生动地解释了就业歧视现象可能对家庭和谐

---

① 美国著名劳动关系学者弗兰克·坦南鲍姆(Frank Tannenbaum)在 20 世纪 50 年代指出:“我们已进入全民雇佣的时代。我们要依靠他人才能维持生计,大部分人完全依靠工资为生……这种大部分人对他人依赖的现象是前所未有的。” See Frank Tannenbaum. *A Philosophy of Labor*, Alfred A. Knopf, 1951, p. 9.

② 以遭受歧视性解雇为例,有学者指出,解雇给雇员造成的痛苦程度相当于经历离婚、配偶或挚友去世。See Harold G. Kaufman, *Professionals in Search of Work: Coping with the Stress of Job Loss and Underemployment*, John Wiley & Sons, 1982, p. 53.

③ Cassandra A. Okechukwu et al., *Discrimination, Harassment, Abuse, and Bullying in the Workplace: Contribution of Workplace Injustice to Occupational Health Disparities*, American Journal of Industrial Medicine, Vol. 57, (2013), p. 573-579.

④ Elizabeth R. Langton, *Workplace Discrimination as a Public Health Issue: The Necessity of Title Ⅶ Protections for Volunteers*, Fordham Law Review, Vol. 83, (2014), p. 1480.

⑤ Richard C. Sorenson et al., *Solving the Chronic Problem of Sexual Harassment in the Workplace: An Empirical Study of Factors Affecting Employee Perceptions and Consequences of Sexual Harassment*, California Western Law Review, Vol. 34, (1998), p. 491.

造成的破坏。[①] 在一项社会调研中，一位职场母亲坦言，在工作中遭受的不满会不知不觉地被放大，导致自己同丈夫和小孩相处时会不理性地用愤怒的情绪去贬低或者责骂他们。另一位职场人士抱怨道，工作上的压力使人们筋疲力尽，导致人们下班后无法以一种关爱的方式同家人相处。[②] 一项针对墨西哥裔美国人家庭的医学研究表明，男性雇员遭受的就业歧视现象和他们妻子患抑郁症的情形具有直接的正相关关系。[③]

再次，就业歧视会减损雇主的生产经营效率。雇主实施的就业歧视行为从经济学角度考虑并不理性，理由如下：第一，一般而言，雇员的种族、性别、宗教信仰、肤色、出生地等因素和他们的工作能力以及工作表现并无直接关联，所以雇主实施就业歧视行为会人为地缩小可供选拔的求职者范围，并可能因此而错过最符合招聘条件的求职者，从而导致低效率的招聘。第二，工作场所中的就业歧视将造成雇员的生产积极性受挫、忠诚度下降、离职率增加，从而不利于企业连续性的生产作业和积累性的技术研发行为，最终导致雇主的生产效率下降。第三，就业歧视还会导致雇主名誉受损。遭受就业歧视的雇员在求职被拒绝或者离职后，往往会劝说之前的同事、潜在的求职者或者顾客抵制该雇主。[④] 尤其在涉及种族或者性别类型的敏感事项时，雇员遭遇的就业歧视经历通常会被快速传播和发酵。企业管理实践表明，一旦被公众贴上就业歧视的标签，无论该标签的真实性如何，雇主都很难轻易将其抹去，并常常会因此而在销售、融资、招聘方面承受不利后果。[⑤] 于是，很多学者认为：在一个竞争性的劳动力市场中，就业歧视行为会降低企业的利润率，且从长远观之，实施就业歧视行为的企业会因为劳动力成本过高而被市场淘汰。[⑥]

---

① 心理学上的"踢狗效应"也称为"踢猫效应"，是指在组织或家庭中地位较高的成员，可能会通过责罚地位较低的成员来转移其受到的挫折或不满，而地位较低的成员也会以类似的方式发泄情绪，由此而产生连锁反应。例如，在公司遭受上司训斥的父亲回家后责骂儿子，儿子不开心，于是便去踢猫。

② Elizabeth R. Langton, *Workplace Discrimination as a Public Health Issue: The Necessity of Title Ⅶ Protections for Volunteers*, Fordham Law Review, Vol. 83, (2014), p. 1483.

③ Cassandra A. Okechukwu et al., *Discrimination, Harassment, Abuse, and Bullying in the Workplace: Contribution of Workplace Injustice to Occupational Health Disparities*, American Journal of Industrial Medicine, Vol. 57, (2013), p. 580.

④ Elizabeth R. Langton, *Workplace Discrimination as a Public Health Issue: The Necessity of Title Ⅶ Protections for Volunteers*, Fordham Law Review, Vol. 83, (2014), p. 1487.

⑤ Stephen Plass, *Private Dispute Resolution and the Future of Institutional Workplace Discrimination*, Howard Law Journal, Vol. 54, (2010), p. 75.

⑥ Jacob E. Gersen, *Markets and Discrimination*, New York University Law Review, Vol. 82, (2007), p. 698.

最后，就业歧视将危害市民社会（civil society）中的产业民主和社会融合。工作场所为多元化的美国民众之间交换彼此对时事政治的不同观点从而相互了解、增强互信提供了一个重要的社会对话渠道。[①] 具有不同种族、性别、文化、教育背景的美国民众得以在工作场所中通过发出不同的声音而实现产业民主和社会融合。一方面，诚如美国劳动法教授辛西雅·艾斯兰德（Cynthia Estlund）所言，工作场所是美国成年公民进行社交的最重要场所。在一个多元化的民主社会中，来自不同家庭，具有不同社会背景的陌生人通过彼此在工作场所中进行交流互动而获得归属感。[②] 但另一方面，工作场所容易形成具有单一价值取向的利益集团以及强迫和骚扰的工作环境。当一种单一的价值取向成为一个主流的企业文化时，雇主劳动力结构的多元化将下降，而等级、孤立、排斥现象将更为凸显。[③] 鉴于产业民主和社会融合在美国市民社会中具有极为重要的意义，那些在工作场所中针对特定劳工群体进行就业歧视的雇主削弱了具有不同种族、性别、文化、教育背景的雇员参与社会对话的能力，破坏了他们进行社会对话的渠道，以致危及市民社会的产业民主和社会融合。

---

① Eddie A. Jauregui, *The Citizenship Harms of Workplace Discrimination*, Columbia Journal of Law and Social Problems, Vol. 40, (2007), p. 348.

② Cynthia L. Estlund, *Working Together: The Workplace, Civil Society, and the Law*, Georgetown Law Journal, Vol. 89, (2000), p. 3-4.

③ Eddie A. Jauregui, *The Citizenship Harms of Workplace Discrimination*, Columbia Journal of Law and Social Problems, Vol. 40, (2007), p. 361.

第二章 美国反就业歧视制度的兴起（20世纪60年代至70年代）

20世纪上半叶，经历了经济大萧条和两次世界大战后的美国曾几度陷入国家危机。尤其是在第二次世界大战开始后的前几年，当美国投入举国之力对付法西斯主义时，联邦政府却放任各个州在招募新兵时实施严重的种族歧视政策，导致奔赴战场前线的几乎都是白人男性，而30万名符合征兵条件的黑人男性却留在了国内。[①] 前线战事吃紧致使国防军工部门人手严重短缺。一方面，以菲利普·兰道夫（Philip Randolph）为代表的一些黑人领袖为向黑人争取平等就业权利而不断向联邦政府施压。1941年，菲利普·兰道夫以在美国首都华盛顿发起10万黑人游行示威为要挟，要求时任美国总统富兰克林·罗斯福（Franklin Roosevelt）采取措施在联邦政府和国防军工部门中吸收黑人劳动力就业。[②] 另一方面，一些具有种族优越感的白人担忧，白人男性都奔赴战场后，留在国内的每个黑人男性都将拥有一位白人姑娘，故而极力反对在国防和军工部门中实施仅招募白人劳动力的政策。[③] 在这些重大历史事件的推动下，国防和军工部门中劳动力严重短缺的客观事实以及此起彼伏的种族平权运动的主观施压促使反就业歧视理念开始在美国生根发芽。美国社会开始意识到，一个追求民主的社会在心理上和经济上难以接受这种大量工作岗位空缺和黑人普遍找不到工作同时并存的社会现实。[④] 这便是联邦层面美国反就业歧视制度产生的社会背景。

正是在这种背景下，时任美国总统富兰克林·罗斯福于1941年6月25日签发了第8802号总统令，要求国防军工部门和政府机构不得基于种族、信仰、肤色或者出生地而歧视用工，并成立了临时的公平就业措施委员

① ［美］特里·H.安德森：《美国平权运动史》，启蒙编译所译，上海社会科学院出版社2017年版，第38、39页。

② Louis C. Kesselman, *The Fair Employment Practice Commission Movement in Perspective*, The Journal of Negro History, Vol. 31, (1946), p. 38.

③ ［美］特里·H.安德森：《美国平权运动史》，启蒙编译所译，上海社会科学院出版社2017年版，第39页。

④ Louis C. Kesselman, *The Fair Employment Practice Commission Movement in Perspective*, The Journal of Negro History, Vol. 31, (1946), p. 30.

会(Fair Employment Practice Committee)。[①] 这是历史上美国首次在联邦层面出台的禁止就业歧视措施。该总统令具有里程碑式的历史意义,被称为第二版《解放黑人宣言》,并为 1964 年《民权法》第七篇的颁行奠定了制度基础。[②] 但是,由于总统令并不是正式的联邦法律,加之临时公平就业措施委员会缺乏执行力以及南部一些州的极力反对,第 8802 号总统令的实际实施效果有限。虽然部分国防军工部门确实吸收了少量黑人劳动力就业,但这些黑人通常从事的都是缺乏技术含量的工作,如门卫、餐厅服务员、清洁工等。此外,亚拉巴马州为抵制该总统令组建了白人至上联盟(League to Maintain White Supremacy),且该州州长明确宣布不会执行该总统令。亚特兰大市议会甚至通过了一项决议,要求临时公平就业措施委员会在该地区的负责人离开亚特兰大市。[③] 更不可思议的是,当这些黑人士兵用生命和鲜血换来了战争胜利后,等待他们的却是殴打、伤害甚至杀戮。在密西西比州,一位黑人老兵因试图像白人一样投票而被殴打。在佐治亚州,退伍黑人老兵马乔·斯奈普斯(Macio Snipes)同样因为试图投票而被枪杀。在南卡罗来纳州,司机因不满退伍黑人陆军中士艾萨克·伍达德(Isaac Woodard)在巴士上长时间占用有色人种专用厕所,而以他酗酒为由报警。警察赶到后将该黑人老兵逮捕,并用警棍捅瞎了他的眼睛。这起暴行引发全社会强烈关注,一位黑人领袖在写给当时新上任的杜鲁门总统的信中说道:"将一个曾经用双眼保卫过我们国家自由的士兵捅瞎,在任何其他国家都不会发生如此残忍的事情,这是我们的耻辱。"[④]

20 世纪 60 年代初,民权运动人士督促国会对黑人在工作场所遭受的就业歧视问题重新进行考虑,并要求国会对此专门立法。此起彼伏的抗议活动促使时任美国总统约翰·肯尼迪于 1961 年 3 月签署了第 10925 号总统令。[⑤] 该总统令首次要求联邦政府实施积极的公平就业措施,要求同政府部门有贸易往来的企业采取积极行动(affirmative action)消除就业歧视,确保求职者和雇员在被雇佣和晋升时不会受到种族、信仰、肤色或者出生地因素的影响,并建立直接由时任副总统林登·约翰逊(Lyndon

① See Exec. Order No. 8802, 3 C. F. R. 957 (1938-1943).

② [美]特里·H. 安德森:《美国平权运动史》,启蒙编译所译,上海社会科学院出版社 2017 年版,第 60 页。

③ [美]特里·H. 安德森:《美国平权运动史》,启蒙编译所译,上海社会科学院出版社 2017 年版,第 32、33 页。

④ [美]特里·H. 安德森:《美国平权运动史》,启蒙编译所译,上海社会科学院出版社 2017 年版,第 45、46 页。

⑤ See Exec. Order 10925, 26 Fed. Reg. 1977 (1961).

Johnson)负责的总统公平就业机会委员会(President's Committee on Equal Employment Opportunity)。1964年,国会承认黑人劳工在全国范围内普遍被不平等对待,并指出:"黑人是就业歧视的主要受害者……歧视也影响了黑人可以从事的工作类型。一般而言,黑人从事着报酬更低、更没有人愿意干的工作……一个上过四年大学的黑人在他的有生之年挣的钱永远比不上一个在八年级就辍学的白人。这是一个令人沮丧的事实。事实上,黑人大学毕业生在他有生之年挣的钱永远只有白人大学毕业生的一半。解决问题的关键是向黑人开放那些传统上不对他们开放的就业机会。"①国会逐渐意识到,需要通过颁行联邦法律来解决劳动力市场中形形色色的就业歧视问题。

第一节 1963年《工资平等法》

美国国会颁布的第一部具有反就业歧视内涵的联邦立法便是1963年《工资平等法》(Equal Pay Act of 1963)。《工资平等法》旨在通过修改1938年《公平劳动标准法》(Fair Labor Standards Act of 1938)而消除劳动力市场上普遍存在的男女同工不同酬现象。与种族就业歧视问题相比,似乎有过之而无不及的是美国劳动力市场上根深蒂固的工资性别歧视问题。20世纪早期,美国劳动力市场上仅有500万名女性劳工,占劳动力人口总量的18%。随着越来越多的妇女从家庭主妇转变为职场女性,女性劳工的数量在20世纪60年代上升至2700万名,占劳动力人口总量的36%。② 然而这些进入劳动力市场的女性劳工普遍在工资收入方面遭受严重的性别歧视。美国劳工部20世纪50年代至60年代的统计数据显示,女性工资收入的中位数仅为男性工资收入中位数的58%~63.9%。不同行业的工资收入因性别因素而呈现出明显差异。例如,女性销售员的工资中位数在20世纪60年代仅为男性销售员工资收入中位数的40.5%,而女性大学老师的工资中位数为男性大学老师工资中位数的82%。此外,这一时期劳动力市场上的贫富差距也与性别直接相关。高达20%的全职女性雇员年收入低于3000美元,而全职男性雇员的这一比例仅为7.5%。换言之,低收入全职女性雇员的比例约为男性雇员的3倍;与此相反,高达28%的男性全职雇员的年收入超过1万美元,而全职女性雇员的这一比例仅为3%。

---

① See 110 Cong. Rec. 6547-6548 (1964).

② Leo Kanowitz, *Sex-Based Discrimination in American Law Ⅲ: Title Ⅶ of the* 1964 *Civil Rights Act and the Equal Pay Act of* 1963, Hastings Law Journal, Vol. 20, (1968), p. 305.

这表明高收入全职女性雇员的比例大约仅为男性雇员的1/10。[①]

工资性别歧视现象一方面形势严峻,但另一方面却被美国社会后知后觉。如本书第一章第四节所述,美国传统社会观念认为女性的主要角色是相夫教子,且女性比男性更适合照顾家庭和养育后代。受此社会观念影响,那些对种族就业歧视行为感到义愤填膺的进步人士却普遍对工资性别歧视问题表现出容忍和接受。[②] 雇主更是习惯于以"女性比男性更不理智、每个月都有生理周期、需要请产假、更脆弱或体能更差"为由为工资性别歧视找借口。然而,普遍被社会忽视的一个客观事实却是,女性雇员即使和男性雇员干同样的活,却只能获得比男性更低的工资。[③] 20世纪60年代初,在种族歧视问题引发全社会强烈反思的同时,工资性别歧视问题也再次映入人们的眼帘。一些以帕特里克·麦克纳马拉(Patrick McNamara)为代表的国会议员提议用联邦立法的形式消除工资性别歧视问题,并提请国会审议《工资平等法》议案。[④] 这些国会议员在议案的立法目的中写道:"美国所有产业中的工资结构建立在一种历史悠久但已经过时了的观点之上,即男性因为其在社会上的作用而应当比女性获得更多的工资,即使他们从事着相同的工作。本法认为这种过时的观点不再可行,而应当实行(男女)同工同酬。"[⑤]

《工资平等法》议案被第88届国会表决通过,并于1963年6月10日经由美国时任总统约翰·肯尼迪签署后正式成为联邦法律。约翰·肯尼迪在签字仪式上说道:"我们把另一种基本的民主制度变成了法律……这确认了我们有决心让进入劳动力市场的妇女获得平等的工资。"[⑥]《工资平等法》在立法目的中明确声明:"本届国会认定在商业和商品生产领域存在因性别因素而引起的工资差异。这种工资差异具有下列危害:(1)降低

---

① Thomas E. Murphy, *Female Wage Discrimination: A Study of the Equal Pay Act* 1963－1970, University of Cincinnati Law Review, Vol. 39, (1970), p. 616-617.

② Thomas E. Murphy, *Female Wage Discrimination: A Study of the Equal Pay Act* 1963－1970, University of Cincinnati Law Review, Vol. 39, (1970), p. 615.

③ Thomas E. Murphy, *Female Wage Discrimination: A Study of the Equal Pay Act* 1963－1970, University of Cincinnati Law Review, Vol. 39, (1970), p. 618.

④ 需要说明的是,共和党籍国会议员威妮弗雷德·斯坦利(Winifred Stanley)曾于1944年向国会提交过一份禁止工资性别歧视的立法草案,但以失败告终。See H. R. 5056 Prohibiting Discrimination in Pay on Account of Sex, Records of the U. S. House of Representatives, 1944.

⑤ See 109 Cong. Rec. 8914 (1963).

⑥ See U. S. Equal Employment Opportunity Commission, *The Equal Pay Act Turns* 40, https://web.archive.org/web/20120626131413/http://archive.eeoc.gov/epa/anniversary/epa-40.html.

了用于确保雇员健康和效率的工资以及他们的生活水平;(2)妨碍了对可用劳动力的最大化利用;(3)容易引起劳动纠纷,进而加重了商业和商品自由流动的负担,并阻碍商业发展;(4)构成不正当竞争。"①为了解决工资性别歧视问题,《工资平等法》在修改《公平劳动标准法》的基础上规定:"当雇员在相似的工作条件下从事相同的工作,且从事该工作所要求的技能、努力和职责相同时,雇主不得以性别不同为由对任何受本法调整的雇员支付不同的工资,除非这种工资差异由下列因素引起:(1)年资制度;(2)绩效考核制度;(3)以生产质量或数量衡量工资的制度;(4)基于性别以外的其他原因引起的工资差别……违反本法规定的雇主不得以降低任何雇员工资的方式遵守本法。"②整体而言,一方面,《工资平等法》篇幅较为简短,其正文部分仅含有三个条款;另一方面,该法作为联邦层面美国反就业歧视制度的首次有益尝试,揭开了联邦立法保障公平就业机会权利的序幕,具有较大的历史进步意义。

第二节　1964 年《民权法》第七篇

继颁布《工资平等法》后,为全面消除就业歧视对经济、政治、社会造成的危害,同一届国会通过了 1964 年《民权法》。③ 1964 年 7 月 2 日,该法经美国时任总统林登・约翰逊签署后正式成为联邦法律。在签字仪式上,林登・约翰逊说道:"数百万美国人被剥夺了获得幸福的自由,这并不是因为他们失败了,而是因为他们皮肤的颜色……这种现象不能再继续下去了。"④国会在 1964 年《民权法》第七篇中对劳动关系领域内几种最严重的就业歧视行为加以禁止,并将其作为一项最重要的公共政策。1964 年

---

① See U. S. Equal Employment Opportunity Commission, *The Equal Pay Act of* 1963, last visited October 15, 2020, https://www.eeoc.gov/statutes/equal-pay-act-1963.

② 29 U. S. C. § 206(d) (1963).

③ 需要说明的是,为了实现公民权利平等,除 1964 年《民权法》外,美国国会在历史上还通过了其他版本的《民权法》。例如,1866 年《民权法》(承认所有被解放的美国黑奴享有公民权利)、1871 年《民权法》(禁止对非洲裔美国人实施种族暴力)、1875 年《民权法》(禁止在住宿服务方面进行歧视)、1957 年《民权法》(建立民权事务委员会)、1960 年《民权法》(对地方选民投票进行联邦审查)、1968 年《民权法》(禁止基于种族、宗教、出生地因素在房屋买卖、租赁、融资方面进行歧视)、1991 年《民权法》(规定遭受歧视的主体可以请求陪审团裁决雇主支付包括精神损害赔偿在内的补偿性损害赔偿金和惩罚性损害赔偿金)。鉴于 1964 年《民权法》是美国民权运动和劳工运动中影响最大、意义最深远的联邦立法,本书在没有特别说明的情况下,所称《民权法》均指 1964 年《民权法》。

④ Charles Whalen, Barbara Whalen, *The Longest Debate: A Legislative History of the* 1964 *Civil Rights Act*, Seven Locks Press, 1985, p. 227-228.

《民权法》第七篇规定:"雇主实施的以下行为违法:第一,因为种族、肤色、宗教、性别或者出生地而未能雇佣任何人,或者拒绝雇佣任何人,或者在劳动报酬、工作条件和待遇、劳动权利方面歧视任何人;第二,因为种族、肤色、宗教、性别或者出生地而以任何剥夺或者将剥夺个人就业机会的方式,或者以任何对个人的雇员身份造成不利影响的方式去限制、隔离或者划分任何雇员或者求职者"。[①] 1964年《民权法》第七篇作为美国历史上首部全国层面的综合性反就业歧视立法,具有划时代性质的历史意义。一方面,该法结束了反就业歧视领域近百年来联邦立法严重短缺的历史,较好地扭转了就业歧视行为长期无法可依的局面;另一方面,作为美国综合性反就业歧视联邦立法的开拓者,该法不仅为美国国会日后颁行其他反就业歧视联邦立法提供了制度模板,[②]也为包括欧盟及其成员国以及加拿大在内的其他国家提供了反就业歧视立法样板。[③]

国会寄希望于借助1964年《民权法》第七篇全面消除劳动领域中的就业歧视现象,确保劳动机会公平,因而赋予了反就业歧视制度较为丰富的内涵。首先,国会对禁止雇主实施就业歧视行为的阶段进行了扩张,即除了求职环节外,还禁止雇主在劳动关系存续期间实施歧视行为。换言之,1964年《民权法》第七篇的调整范围并不限于狭义的就业范畴,还囊括了劳动关系存续过程中各个阶段涉及的劳动条件和待遇,如升职、加薪、解雇等。因此,从严格意义上说,将美国反就业歧视制度称为反劳动歧视制度更为准确。其次,1964年《民权法》第七篇对禁止雇主实施的就业歧视行为的具体类型作出了较为全面的规定。除最严重的种族歧视外,国会还禁止雇主基于肤色、宗教、性别、出生地因素实施歧视行为。其中有关禁止性别歧视的规定在当时稍显激进。美国学界普遍认为该法中有关禁止性别歧视的规定缺乏立法史材料支撑。禁止性别歧视的规定是反对派为阻挠国会通过1964年《民权法》第七篇而在最后时刻被加进去的。[④] 具体而言,在1964年《民权法》第七篇立法议案首次被提出时,其并不含有禁止性别就业歧视的相关内容。来自弗吉尼亚州的民主党籍国会议员霍华

---

① 42 U. S. C. § 2000e-2 (2012).

② Jessica L. Roberts, *Rethinking Employment Discrimination Harms*, Indiana Law Journal, Vol. 91, (2016), p. 398.

③ William R. Corbett, *Firing Employment at Will and Discharging Termination Claims from Employment Discrimination: A Cooperative-Federalism Approach to Improve Employment Law*, Cardozo Law Review, Vol. 42, (2021), p. 2293-2294.

④ Cary Franklin, *Inventing the "Traditional Concept" of Sex Discrimination*, Harvard Law Review, Vol. 125, (2012), p. 1317.

德·史密斯(Howard Smith)想当然地认为他的多数议员同事会对禁止性别就业歧视的规定持反对意见。为了阻挠国会通过1964年《民权法》第七篇,他便在该立法议案中加入了禁止性别就业歧视的内容,并提请国会审议。然而令他意外和失望的是,含有禁止性别就业歧视内容的立法议案被国会以压倒性优势通过。① 再次,不同于过去富兰克林·罗斯福总统在第8802号总统令中设立的临时公平就业措施委员会,1964年《民权法》第七篇将时任美国总统约翰·肯尼迪在第10925号总统令中设立的总统公平就业机会委员会改为了专司负责消除劳动领域中就业歧视行为的常设性联邦政府机构——公平就业机会委员会(Equal Employment Opportunity Commission)。最后,为兼顾雇主合法的经营管理权,《民权法》第七篇对存在以下情形的雇主设置了豁免条款:(1)宗教、性别或者出生地是企业正常经营所必需之真实职业资格(bona fide occupational qualification)。② (2)雇主依据真实的年资或者绩效进行人事决策,或者基于生产数量或者质量确定报酬。(3)雇主依据不含有种族、肤色、宗教、性别以及出生地歧视因素的职业发展能力测试进行人事决策。(4)被1963年《工资平等法》认可的不同性别劳工之间的工资差异。③

1964年《民权法》第七篇较为丰富的制度内涵体现了国会坚决遏制就业歧视行为的决心。对此,联邦最高法院曾解释说:"国会本身已经表明,对公平劳动机会给出广义的定义对于消除和克服歧视的影响而言是重要的。我们必须因此而避免作出导致歧视受害者得不到救济的解释"。④ 为实现国会全面消除就业歧视的立法意图,司法机关甚至一度对《民权法》第七篇的适用范围作出扩张性解释。例如,联邦最高法院曾在海肖恩诉金和斯波尔丁律师事务所(Hishon v. King & Spalding)⑤案中认定,虽然

---

① Mark A. Rothstein, Lance Liebman, Kimberly A. Yuracko, Charlotte Garden, *Employment Law: Cases and Materials* (Ninth Edition), Thomson Reuters/Foundation Press, 2020, p. 58.

② See 42 U. S. C. § 2000e-2(e). 值得注意的是,1964年《民权法》第七篇中的这种真实职业资格豁免条款仅适用于宗教、性别或出生地因素与雇主正常开展其主要业务具有合理必要关系的情形,而不适用于雇主基于种族和肤色因素进行歧视的情形。具体而言,雇主在主张真实职业资格豁免条款时须证明宗教、性别或出生地因素同雇员的工作能力之间具有高度关联性。例如,联邦最高法院在杜萨德诉罗林森[Dothard v. Rawlinson, 433 U. S. 321 (1977)]案中以"女性狱警难以有效平息监狱可能发生的暴力事件从而会对监狱中的其他犯人造成现实安全危害"为由支持了监狱在和大量男性囚犯有直接接触的工作岗位上仅雇佣男性狱警的人事决策。

③ Mark A. Rothstein, Lance Liebman, Kimberly A. Yuracko, Charlotte Garden, *Employment Law: Cases and Materials* (Ninth Edition), Thomson Reuters/Foundation Press, 2020, p. 216.

④ County of Washington v. Gunther, 452 U. S. 161, 178 (1981).

⑤ Hishon v. King, Spalding, 467 U. S. 69 (1984).

律所和合伙人之间的关系不属于《民权法》中调整的雇主和雇员之间形成的劳动关系,但在一个女律师因为性别而被律所拒绝给予合伙人身份时,她依然可以依据1964年《民权法》第七篇提起诉讼。法院解释说:“劳动关系可以是非正式的,可以因为只是提供了劳动而形成劳动关系。应当对劳动关系中的条件、待遇和权利进行广义解释,从而确保就业公平。”

同样值得注意的是,国会用比较粗犷的立法语言起草和颁行了《民权法》第七篇。该法通篇没有给出就业歧视的具体定义,以致只能交由司法机关在个案中认定在什么情况下以及如何适用该法律中的禁止性规定。这种粗线条的立法技术使司法机关和专门负责实施该法的联邦行政机关(公平就业机会委员会)享有较大的解释空间。① 由于该法授权法院在动态发展的社会环境中通过司法裁判来解释歧视的具体含义,一些学者将《民权法》第七篇称为超级成文法(super statute)②或判例法式的成文法(common law statute)③。此外,国会在颁行《民权法》第七篇时对雇主在该法生效之前实施的就业歧视行为进行了豁免。客观而言,因就业歧视行为常常具有持续性,这种法不溯及既往的立法技术反映出国会一定程度的退让和妥协。④ 国会说道:“第七篇不会使那些之前从歧视中受益的白人被替换,也不会干涉他们已经获得的年资权利。”⑤基于此,在《民权法》第七篇颁行之初,联邦最高法院认为,雇主没有义务纠正其在该法颁行之前实施的歧视行为,这使很多就业歧视行为在年资制度的掩盖下得以在《民权法》第七篇颁行后继续存在。⑥ 因此,《民权法》第七篇在制度设计上并没有对就业歧视行为“赶尽杀绝”。就业歧视在一些情况下依然合法,且法官往往对雇主在《民权法》第七篇生效之前建立的年资制度表示尊重。⑦

---

① Stephen M. Rich, *A Matter of Perspective: Textualism, Stare Decisis, and Federal Employment Discrimination Law*, Southern California Law Review, Vol. 87, (2014), p. 1222-1223.

② William N. Eskridge, Jr., John Ferejohn, *Super-Statutes*, Duke Law Journal. Vol. 50, (2001), p. 1216.

③ Daniel A. Farber, *Do Theories of Statutory Interpretation Matter? A Case Study*, Northwestern University Law Review, Vol. 94, (1999-2000), p. 1433.

④ Stephen Plass, *Private Dispute Resolution and the Future of Institutional Workplace Discrimination*, Howard Law Journal, Vol. 54, (2010), p. 62.

⑤ See 110 Cong. Rec. 7206-7207 (1964).

⑥ Michael Selmi, *The Evolution of Employment Discrimination Law: Changed Doctrine for Changed Social Conditions*, Wisconsin Law Review, Vol. 2014, (2014), p. 942-943.

⑦ 需要指出的是,当雇主在《民权法》第七篇生效之前实施的歧视行为在该法生效后持续影响雇员的薪酬待遇时,联邦最高法院似乎承认了该法的溯及力。联邦最高法院在1986年审结的一个案件中认定,如果雇主在《民权法》第七篇生效之前实施的歧视性薪酬制度对现在的雇员持续产生影响,那么雇主有义务纠正其在该法生效之前实施的歧视性薪酬制度。See Bazemore v. Friday, 478 U.S. 385, 395 (1986).

例如,在国际卡车司机协会诉美国(International Brotherhood of Teamsters v. United States)①案中,法院指出:受雇主在《民权法》第七篇生效之前实施的故意歧视行为的影响,那些之前有很长工龄的长途车司机毫无例外都是白人,年资制度对这些白人有利,对黑人和西班牙裔雇员不利。如果雇主不是在该法通过之前建立这种歧视性的年资制度,这些黑人和西班牙裔雇员是可以从这种年资制度中受益的。不均匀的分配利益确实使之前的歧视性劳工政策得以维系,但是《民权法》第七篇的立法史表明国会在考虑过年资制度产生的影响后依然对年资制度给予了豁免。

第三节 1967年《反就业年龄歧视法》

除常见的种族歧视、性别歧视、出生地歧视外,美国劳动力市场中的年龄歧视问题由来已久。然而,同遭受种族歧视、性别歧视、出生地歧视的黑人、女人和拉丁裔移民不同的是,在劳动力市场上遭受年龄歧视的群体主要是年长的白人男性和女性。由于白人男性是美国社会中的中坚力量,他们在劳动力市场上遭受的就业歧视问题在20世纪初便引起了一些州的重视。例如,科罗拉多州早在1903年便出台过法律禁止雇主进行年龄歧视,路易斯安那州和马萨诸塞州也在20世纪30年代颁行了类似的法律。②到了20世纪60年代,美国已有23个州出台了相关的法律禁止雇主在劳动力市场上实施年龄歧视行为。③ 在1964年通过《民权法》第七篇的过程中,有个别国会议员曾建议在被禁止的就业歧视行为的类型中加入年龄歧视,但因为种种原因而未能实现。一方面,各种各样的社会团体就年龄歧视产生的危害持续对国会作出警告,且一些政治领袖也敦促国会认真考虑该问题。但很多国会议员对如何协调禁止年龄歧视的社会目标和雇主的私人目标感到困惑。另一方面,由于美国国会本身一直具有吸纳高龄议员就业的历史传统,即很多国会议员都是在70岁甚至80岁时才进入国会工作,所以很多国会议员并未切身体会到年龄歧视问题的严重性和普遍性。④对此,当时的国会作出结论认为,年龄歧视问题不同于基本民权中的性别

---

① International Brotherhood of Teamsters v. United States, 431 U. S. 324, 349-350 (1977).

② David Neumark, Wendy A. Stock, *Age Discrimination Laws and Labor Market Efficiency*, Journal of Political Economy, Vol. 107, (1999), p. 1090-1094.

③ David Ray Papke, *Ageism: A Powerful Nemesis for Effective Workplace Discrimination Law*, Albany Government Law Review, Vol. 12, (2018-2019), p. 232.

④ David Ray Papke, *Ageism: A Powerful Nemesis for Effective Workplace Discrimination Law*, Albany Government Law Review, Vol. 12, (2018-2019), p. 233.

歧视和种族歧视,因而不是必须要进行处理的。[①] 于是,国会在 1964 年通过《民权法》第七篇时选择暂时搁置年龄歧视问题,但也同时要求时任劳工部部长的威拉德·沃茨(Willard Wirtz)对导致年龄就业歧视问题的因素以及这种歧视对经济和个人造成的影响进行全面和完整的研究。

虽然《民权法》第七篇因为上述原因对年龄歧视问题选择保持沉默,但在 20 世纪 60 年代,美国社会的年龄歧视现象日益严重,并引发了一些职业团体的强烈抗议,其中影响最大的便是航空公司的乘务员群体。当时的美国各大航空公司为吸引乘客而特意招用年轻貌美的乘务员,并规律性解雇那些年满 30 岁的乘务员。乘务员们对航空公司的年龄歧视行为不断进行抱怨和投诉,并在美国空乘人员协会(Air Line Stewards and Stewardesses Association)的帮助下持续通过新闻媒体向国会和政府施压。[②] 在此背景下,美国时任总统林登·约翰逊承认:公平的就业机会是我们国家一项确立已久的政策;工作场所中的年龄歧视不符合这个政策,也不符合我们的社会目标和经济目标。于是,林登·约翰逊总统于 1964 年 2 月发布了第 11141 号总统令,要求同联邦政府有合同往来的企业及其分包企业,不能因为年龄的缘故在雇佣、晋升、解雇方面歧视任何人。[③] 在时任美国总统林登·约翰逊的敦促以及国会的要求下,劳工部开始启动对年龄歧视问题的全面调查。1965 年 6 月,劳工部部长威拉德·沃茨针对劳动力市场上的年龄歧视问题向国会提交了一份报告。威拉德·沃茨在报告中强调了雇主对老年劳动者的歧视问题,并认为很多雇主对雇员的工作年龄做出了限制,且这种限制已经被证明同求职者或者雇员的工作能力无关。1967 年,威拉德·沃茨向国会提供的另一份报告显示:美国私人部门中一半的工作岗位将年龄超过 55 岁的求职者排除在外,1/4 的工作岗位将年龄超过 45 岁的求职者排除在外。[④] 这种老年人不需要找工作的社会态度使年长的美国人长期失业。威拉德·沃茨在报告中认为,应当专门颁行一部联邦法律去规制劳动力市场中恣意的年龄限制行为,尤其是在招聘环

---

① Erin L. Donnelly, *The Preclusion of § 1983 Claims by the Age Discrimination in Employment Act Following Hildebrand v. Allegheny County*, St. John's Law Review, Vol. 90, (2016), p. 115.

② David Ray Papke, *Ageism: A Powerful Nemesis for Effective Workplace Discrimination Law*, Albany Government Law Review, Vol. 12, (2018-2019), p. 233-234.

③ See Exec. Order No. 11,141, 3 C. F. R. 117-118 (1964).

④ Samuel Issacharoff, Erica Worth Harris, *Is Age Discrimination Really Age Discrimination? —The ADEA's Unnatural Solution*, New York University Law Review, Vol. 72, (1997), p. 783-784.

节,并建议国家应当制定一个以工作能力而不是年龄因素为基础的招聘政策。[①]

在航空公司乘务员群体、时任美国总统林登·约翰逊以及时任劳工部部长威拉德·沃茨的呼吁下,国会承认,大龄劳动者不但很难保留住自己的工作岗位,而且被解雇后也难以实现再就业;劳动力市场上的年龄限制是加剧这种现象的一个重要因素;普遍发生于大龄劳动者中的长期失业问题导致了雇员的技能和士气下降,且该问题有愈演愈烈之势。[②] 基于上述认识,国会于 1967 年以《民权法》第七篇为模板,通过了《反就业年龄歧视法》(Age Discrimination in Employment Act of 1967)。除年龄条件是雇主正常生产经营必备之真实职业资格要求(bona fide occupational qualification)的情形外,[③]该法禁止雇佣人数超过 20 人的雇主、劳工组织、职业介绍所对年满 40 岁以上的男性和女性进行歧视。具体而言,该法规定:"雇主因为年龄因素而未能雇佣任何人,或者拒绝雇佣任何人,或者在劳动报酬、工作条件和待遇、劳动权利方面歧视任何人是违法的。"[④]需要指出的是,虽然《反就业年龄歧视法》和《民权法》第七篇的立法目的以及立法语言高度类似,但与《民权法》第七篇不同的是,国会在《反就业年龄歧视法》中创造性地设置了"其他合理因素豁免条款",[⑤]从而使前者的适用范围明显窄于后者。

第四节　1978 年《反怀孕歧视法》

自 1964 年《民权法》第七篇颁行以来,雇主基于种族、肤色、性别、宗教、出生地因素而实施的就业歧视行为得到了一定程度的遏制;但与此同

---

① David Ray Papke, *Ageism: A Powerful Nemesis for Effective Workplace Discrimination Law*, Albany Government Law Review, Vol. 12, (2018-2019), p. 236.

② Jessica L. Roberts, *Preempting Discrimination: Lessons from the Genetic Information Nondiscrimination Act*, Vanderbilt Law Review, Vol. 63, (2010), p. 460.

③ 与 1964 年《民权法》第七篇类似的是,《反就业年龄歧视法》也设置了真实职业资格豁免条款。在司法实践中,雇主可基于年龄同其核心业务岗位的雇员的工作能力高度相关来主张适用真实职业资格豁免条款。例如,在联邦最高法院审理的西部航空公司诉克里斯威尔(Western Airlines, Inc. v. Criswell)案中,法院以"年龄超过 60 岁的飞机维修师可能会因为体能下降而无法合理地对飞机进行检修,从而可能导致飞行安全事故隐患"为由豁免了航空公司的年龄就业歧视行为。See Western Airlines, Inc. v. Criswell, 472 U. S. 400 (1985).

④ 29 U. S. C § § 623(a), 623(f) (2018).

⑤ 《反就业年龄歧视法》中的其他合理因素豁免条款指的是:该法允许雇主基于除了年龄以外的其他合理因素而进行区分。关于该豁免条款的论述详见本书第五章第二节第二部分。

时,由于国会在立法技术层面未设置概括性条款和兜底条款,而是采用封闭列举模式禁止雇主"因为种族、肤色、性别、宗教或者出生地而未能雇佣任何人,或者拒绝雇佣任何人,或者在劳动报酬、工作条件和待遇、劳动权利方面歧视任何人",致使《民权法》第七篇的保护范围存在一定的局限性。换言之,雇主依然可以基于其他因素合法实施就业歧视行为。如本书第一章第四节所述,美国劳动力市场中的性别歧视现象由来已久且根深蒂固。基于性别而产生的社会分工使照顾家庭成为已婚女性的首要职责。自 19 世纪初期开始,被认为是女性与生俱来应当承担的抚育子女的角色使社会普遍相信她们不适合从事受薪劳动。① 越来越多的女性劳工凭借 1964 年《民权法》第七篇中有关禁止性别歧视的规定进入劳动力市场,但却因在怀孕、分娩和产后恢复阶段生产力下降而屡受就业歧视。虽然 1964 年《民权法》第七篇明确禁止雇主基于性别因素实施就业歧视,但因为怀孕歧视并不属于传统意义上的性别歧视范畴,女性雇员以怀孕歧视为由提起区别对待型歧视指控缺乏明确的法律依据。此外,美国劳动力市场在 20 世纪 70 年代呈现出高度的性别分化现象,50%的女性劳工从事着女性雇员比例超过 70%的工作,且超过 25%的女性劳工从事着女性雇员比例超过 95%的工作。② 在一个大部分雇员是女性的劳动力结构中,雇主实施的怀孕歧视政策主要影响的是女性雇员的离职率,而非女性雇员的总数,这使女性雇员也难以提起区别影响型歧视指控。③ 由此可知,尽管《民权法》第七篇使女性得以进入传统上主要由男性从事的工作岗位,但却对劳动力市场上普遍存在的怀孕歧视现象束手无策。1967 年,全国妇女组织(National Organization for Women)指出,社会对母亲概念的成见"依然被用于证明妨碍女性在职业上和经济上获得平等的参与和发展具有正当性",并要求结束劳动力市场上普遍存在的怀孕歧视现象。20 世纪 70 年代早期,成千上万的女性参与了全国妇女组织发起的一系列抗议运动,要求制止雇主在招聘、晋升、解雇等环节实施怀孕歧视行为。④ 这一时期的妇

---

① Reva B. Siegel, *Employment Equality under the Pregnancy Discrimination Act of* 1978, Yale Law Journal, Vol. 94, (1985), p. 952.

② Ruth G. Blumrosen, *Wage Discrimination*, *Job Segregation and Women Workers*, Women's Rights Law Reporter, Vol. 6, (1979-1980), p. 22.

③ 有关区别对待型歧视和区别影响型歧视的概念详见本书第二章第五节。

④ Cary Franklin, *Inventing the "Traditional Concept" of Sex Discrimination*, Harvard Law Review, Vol. 125, (2012), p. 1360-1361.

女解放运动席卷全美,继而成为新闻报纸和电视节目争相报道的热点事件。[①] 然而,联邦最高法院在这一时期作出了两个与妇女运动思潮背道而驰的判决,继而再次引发全社会对怀孕歧视行为的强烈关注。

在赫德尔德格诉艾罗(Geduldig v. Aiello)[②]案中,雇员卡罗琳·艾罗(Carolyn Aiello)因为在分娩过程中引发并发症而住院治疗。然而《加利福尼亚州失业保险法》(California's Unemployment Insurance Code)第2626条明确将因怀孕而引起的医疗费用排除在可依据该法进行报销的事项之外。于是,包括卡罗琳·艾罗在内的一些因怀孕而接受医疗服务却不能获得报销的女性雇员向加利福尼亚州北部地区法院提起诉讼,指控《加利福尼亚州失业保险法》违反了美国《宪法第十四修正案》中的平等保护条款。一审中,地区法院认为《加利福尼亚州失业保险法》将和怀孕有关的疾病排除在可报销医疗费用的事项之外不具有合理的分类基础,且不符合本州的政策目标,进而判决其违反了美国《宪法第十四修正案》中的平等保护条款。加利福尼亚州政府不服该判决,指派人力资源发展厅厅长德怀特·赫德尔德格(Dwight Geduldig)上诉至联邦最高法院。联邦最高法院主要基于以下两点理由撤销了下级法院的判决,并认定《加利福尼亚州失业保险法》合宪:第一,因怀孕而引起的医疗费用十分昂贵,在加利福尼亚州的疾病保险基金中报销这类医疗费用将导致该基金难以维系。为了保证该州的疾病保险基金具有较好的偿付能力以及对该州的雇员维持较低的保险费率,《加利福尼亚州失业保险法》拒绝对因怀孕而引起的医疗费用进行报销符合该州的利益。第二,《加利福尼亚州失业保险法》第2626条将被保险人分成两种类型,即怀孕的人和没有怀孕的人。虽然前者仅由女性构成,但后者既包括女性也包括男性,故性别并非该疾病保险基金的分类依据。

无独有偶,联邦最高法院两年后在其审结的通用电气公司诉吉尔伯特(General Electric Company v. Gilbert)[③]案中再次作出了类似的判决,并直接导致国会颁行了1978年《反怀孕歧视法》(Pregnancy Discrimination Act of 1978)。在此案中,以玛莎·吉尔伯特(Martha Gilbert)为代表的一些女性雇员指控被告通用电气公司(General Electric Company)的疾病救助计划违反了《民权法》第七篇。在通用电气公司提供的疾病救助计划中,所有遭

① [美]特里·H.安德森:《美国平权运动史》,启蒙编译所译,上海社会科学院出版社2017年版,第145页。

② Geduldig v. Aiello, 417 U.S. 484 (1974).

③ General Electric Company v. Gilbert, 429 U.S. 125 (1976).

受非因工负伤和事故的雇员均可获得救助补偿金，但是唯独因怀孕而产生的医疗费用不在该计划的救助范围内。一审法院的陪审团裁决认为被告的疾病救助计划违反了《民权法》第七篇中有关禁止性别歧视的规定。被告不服，上诉至第四巡回上诉法院。上诉法院以"雇主不得因为任何人的性别而在补偿金方面进行歧视"为由，维持了原判。被告依然不服，最终上诉至联邦最高法院。在终审过程中，威廉姆·伦奎斯特(William Rehnquist)大法官代表多数法官发表了法庭意见。法庭意见认为，雇主有权利基于合理的理由在疾病救助计划中排除任何救助类型。法庭进一步分析指出，本案中雇主实施的被指控含有性别歧视内容的疾病救助计划将所有雇员分为两种类型。在第一种类型中全都是女性雇员(怀孕的雇员)，而在另一种类型中既包含女性雇员(未怀孕的雇员)也包含男性雇员，且"因为怀孕是女性面临的一种'额外'风险，所以雇主拒绝支付因怀孕而产生的医疗费并非性别歧视"。[①] 质言之，联邦最高法院认为：在任何特定的时间里，都有男性雇员和(未怀孕的)女性雇员从通用电气公司提供的疾病救助计划中获得了充分的补偿，故通用电气公司基于女性雇员怀孕而实施的歧视行为并不是基于雇员的性别而实施的歧视行为。基于此，联邦最高法院作出结论认定，由于性别并不是该疾病救助计划的直接分类标准，且男性雇员在该疾病救助计划中并不享有优于女性雇员的任何福利，所以雇主并未违反《民权法》第七篇中有关禁止性别歧视的规定。

赫德尔德格诉艾罗案和通用电气公司诉吉尔伯特案引起了社会各界的强烈不满，且后者直接导致国会通过出台1978年《反怀孕歧视法》对《民权法》第七篇中涉及性别歧视内容的相关规定进行修正。《反怀孕歧视法》明确规定："(《民权法》第七篇中)'因为性别'或者'基于性别'等词语包括但不限于因为或者基于怀孕、分娩或者与之相关的医学情形。因为怀孕、分娩或者其他相关医学情形而受到影响的女性应当和其他没有受到这种影响但具有类似工作能力的人在所有劳动待遇和条件方面被平等对待，包括获得劳动福利待遇……"[②]由此可知，国会通过在《反怀孕歧视法》中明确声明《民权法》第七篇有关禁止性别就业歧视的内容包括禁止怀孕歧视，从而以成文法的方式废除了联邦最高法院在审理赫德尔德格诉艾罗案和通用电气公司诉吉尔伯特案时创制的"怀孕歧视不属于性别歧视"的

① Reva B. Siegel, *Employment Equality under the Pregnancy Discrimination Act of* 1978, Yale Law Journal, Vol. 94, (1985), p. 931.

② 42 U. S. C. § 2000e(k) (1982).

判例法制度。[①] 在制定《反怀孕歧视法》的过程中，国会开门见山地指出："本法的目的是改变《民权法》第七篇中有关性别歧视的定义，从而使其合乎常识并确保女性劳工免于遭受所有形式的性别就业歧视。本法明确规定基于怀孕而做出的区分本身违反《民权法》第七篇……"[②]就此而言，《反怀孕歧视法》禁止雇主在任何劳动条件和待遇方面歧视怀孕的女性雇员，除非雇主可证明此举具有商业必要性，或可援引真实职业资格豁免条款进行抗辩。[③]

第五节　反就业歧视制度的判例法渊源

在一个各行各业公然充斥着就业歧视现象的时代，美国国会于 1963 年通过了正文仅含有 3 个条款的《工资平等法》，首开反就业歧视联邦立法之先河。1 年后国会仓促地颁布了 1964 年《民权法》第七篇，并在 3 年后通过了风格类似的《反就业年龄歧视法》。由于就业歧视问题在 20 世纪 60 年代争议较大，立法者为了在兼顾国会各方利益的前提下尽可能就反就业歧视制度达成共识，只得采用较为原则性的语言起草反就业歧视法。这种粗犷的立法风格致使早期的反就业歧视联邦立法大多以简单宣示性规定"你不得实施某种就业歧视行为"为主。[④] 虽然这些法律条款明确禁止雇主不得因为求职者或雇员具有某种特定的特征或实施了某种行为而对其进行就业歧视，但这些法律条款存有大量模糊之处，尤其是没有说明

---

① 值得注意的是，《反怀孕歧视法》仅强调雇主应当在劳动条件和待遇方面平等对待怀孕、分娩或者受与之相关的其他医学情形影响的女性雇员和其他没有受到这种影响但具有类似工作能力的雇员，而并未要求雇主对怀孕的雇员给予特殊优待。鉴于此，在司法实践中，一些法院认为即使怀孕的雇员客观上具有正当理由，但若雇主依据统一适用的劳动纪律对其进行处罚并不违反《反怀孕歧视法》。例如，在第五巡回上诉法院 2002 年审结的一个案件中，雇主对所有处于试用期的雇员执行着一个严格的考勤政策。考勤政策规定，在试用期，任何缺勤三次以上的雇员都将被解雇。该案的原告在试用期因为引产而缺勤两周，并因此而被解雇。第五巡回上诉法院作出结论认为，因为《反怀孕歧视法》并未要求雇主对怀孕的雇员给予特殊优待，也没有要求雇主在处理因怀孕而导致的缺勤时要比处理因其他理由而导致的缺勤更为宽容，所以本案中雇主的解雇行为并不违反《反怀孕歧视法》。See Stout v. Baxter Healthcare Corp., 282 F. 3d 856 (5th Cir. 2002).

② Reva B. Siegel, *Employment Equality under the Pregnancy Discrimination Act of* 1978, Yale Law Journal, Vol. 94, (1985), p. 936.

③ Mark A. Rothstein, Lance Liebman, Kimberly A. Yuracko, Charlotte Garden, *Employment Law: Cases and Materials* (Ninth Edition), Thomson Reuters/Foundation Press, 2020, p. 666.

④ Robert L. Burgdorf Jr., *The Americans with Disabilities Act: Analysis and Implications of a Second-Generation Civil Rights Statute*, Harvard Civil Rights-Civil Liberties Law Review, Vol. 26, (1991), p. 413.

应当如何在当事人之间分配举证责任以及被告应当如何进行抗辩。为实现国会消除就业歧视的意图,立法上的空白和模糊亟须各级法院通过司法实践予以填补和厘清。[①] 联邦最高法院和下级法院在日积月累的司法裁判过程中创制并完善了一系列重要的判例法渊源。其中,联邦最高法院创制的两类基本的就业歧视指控类型——区别对待(disparate treatment)型歧视指控和区别影响(disparate impact)型歧视指控一直沿用至今。

一、对男女同工同酬的认定:舒尔茨诉惠顿玻璃公司(Shultz v. Wheaton Glass Co.)案

《工资平等法》于 1964 年 6 月生效,然而该法在实施初期的实际效果并不理想。依据《工资平等法》的规定(详见本章第一节),遭受工资性别歧视的女性雇员或者专门负责执行该法的劳工部工资工时司向法院提起诉讼指控雇主实施了违法的工资性别歧视行为时,须对"不同性别的雇员获得的工资不平等"以及"不同性别的雇员在相似的工作条件下从事着所需技能、努力和职责相同的工作"这两个事实进行举证。虽然劳工部以部门规章的形式对《工资平等法》中的一些术语进行了细化,以期增加该法的可操作性,例如,将"技能"定义为"和完成特定工作有关的经验、训练、教育和能力",将"努力"定义为"为了完成工作任务而耗费的体力或者脑力劳动量",将"职责"定义为"承担工作责任、义务以及进行工作管理的程度";[②]但司法实践表明,因雇主极力主张将"从事相同工作"解释为"从事所需技能、努力和职责完全相同的工作",故依据《工资平等法》向法院提起诉讼指控雇主实施了工资性别歧视行为的原告多以败诉收场。[③] 具体而言,司法实践中控辩双方争论的焦点便是何谓受《工资平等法》保护的男女同工同酬中的"同工"。尤其是当男性雇员大部分工作时间从事着和女性雇员完全相同的工作,但同时也额外从事了一些辅助性的工作(如搬举、堆放、修理工作)时,[④]这是否满足该法男女同工同酬制度中的"同工"要件?雇主一般坚持认为,虽然男性雇员承担的大部分工作任务和女性雇员相同,但由于男性雇员额外从事了一些辅助性的工作,所以男性雇员和女

---

① William R. Corbett, *Unmasking a Pretext for Res Ipsa Loquitur: A Proposal to Let Employment Discrimination Speak for Itself*, American University Law Review, Vol. 62, (2013), p. 451-452.

② 29 C. F. R. § 800. 125-129 (1970).

③ Thomas E. Murphy, *Female Wage Discrimination: A Study of the Equal Pay Act* 1963-1970, University of Cincinnati Law Review, Vol. 39, (1970), p. 623.

④ Wirtz v. Dennison Mfg. Co., 265 F. Supp. 787 (D. Mass. 1967).

性雇员所从事的工作并不完全相同，从而可以合法地向男性雇员支付更高的工资。[①] 依此逻辑，在工资性别歧视争议中，被告主张将男女同工同酬中的“同工”解释为从事完全相同的工作，而原告则认为应当将“同工”解释为从事基本相同的工作。在整个20世纪60年代，大多数法院作出了支持被告（雇主）观点的判决，[②]从而导致《工资平等法》的实际实施效果不甚理想。这一困境一直持续到1970年第三巡回上诉法院审理完舒尔茨诉惠顿玻璃公司[③]案后才有明显好转。

在舒尔茨诉惠顿玻璃公司案中，时任劳工部部长乔治·舒尔茨（George Shultz）作为原告代表该案中的女性雇员指控被告惠顿玻璃公司（Wheaton Glass Co.）实施了违反《工资平等法》的工资性别歧视行为。惠顿玻璃公司在新泽西州米尔维尔（Millville）市从事玻璃瓶生产和加工业务，且有着长期以来只雇佣男性雇员从事玻璃瓶检查和包装工作的用工传统。1956年，米尔维尔市男性劳动力严重短缺，被告被迫首次雇佣女性雇员从事玻璃瓶检查和包装工作。然而在工会和被告达成的集体劳动合同中，女性雇员所从事的玻璃瓶检查和包装工作同男性雇员所从事的此项工作被区分开来。集体合同规定女性雇员不需要搬举重量超过35英镑的包装纸箱，并以性别为基础对部分工作任务基本相同的工作岗位进行了划分：将所有女性雇员分配至从事玻璃瓶检查和包装工作的“挑选包装工”（selector-packers）岗位，将部分男性雇员分配至以从事玻璃瓶检查和包装工作为主并附带从事搬举较重包装纸箱以及其他辅助性工作的“挑选包装搬举工”（selector-packer-stackers）岗位，还将一些年轻的男性雇员分配至专门从事搬举、跑腿和打扫卫生的“勤杂岗位”（snap-up boys）。此外，集体合同还约定，女性雇员所处的“挑选包装工”岗位的时薪为2.14美元；男性雇员所处的“挑选包装搬举工”岗位的时薪比女性雇员高10%，为2.36美元；一部分年轻男性所处的“勤杂岗位”的时薪为2.16美元。基于上述事实，原告指控被告惠顿玻璃公司通过故意划分工作岗位，对肩并肩同男性“挑选包装搬举工”一道从事基本相同工作的女性“挑选包装工”实施了工资性别歧视行为。对此，被告则抗辩认为，男性“挑选包装搬举工”工资更高是因为他们比女性雇员承担了更多的工作任务。一审法院支持了被告的观点，判决原告败诉。原告不服，遂上诉至第三巡回上诉法院。

---

① Wirtz v. Rainbow Baking Co., 303 F. Supp. 1049, 1051 (E. D. Ky. 1967).

② Thomas E. Murphy, *Female Wage Discrimination: A Study of the Equal Pay Act* 1963 - 1970, University of Cincinnati Law Review, Vol. 39, (1970), p. 624.

③ Shultz v. Wheaton Glass Co., 421 F. 2d 259 (3rd Cir. 1970).

在二审过程中,上诉法院基于以下事实认定被告基于性别而划分工作岗位不具备合理性:第一,男性"挑选包装搬举工"和女性"挑选包装工"在80%以上的工作时间内从事着完全相同的工作;第二,并非所有男性"挑选包装搬举工"都从事了搬举包装纸箱以及其他辅助性的工作;第三,在专门从事勤杂工作的年轻男性雇员的时薪仅比女性"挑选包装工"高 2 美分的情形下,被告无法解释为何男性"挑选包装搬举工"的时薪居然比女性"挑选包装工"高出 22 美分。此外,上诉法院经调查后认定:一方面,男性"挑选包装搬举工"额外从事的勤杂工作所实际花费的时间很少;另一方面,更为重要的是,这部分男性雇员从事的这些勤杂工作在技能、努力和职责上同女性雇员从事的工作至少是差不多的。上诉法院说道:"没有合理的理由可以解释为什么那些部分偶尔从事辅助性工作的男性雇员会导致整个男性雇员的时薪都高于女性雇员。"基于上述理由,上诉法院撤销了一审法院的判决,并认定《工资平等法》中男女同工同酬的"同工"指的是男性雇员和女性雇员从事"基本相同"(substantially equal)的工作(而非之前多数雇主和法院认为的"完全相同"的工作),且男性雇员承担特定的辅助性工作任务并不会改变该工作的基本性质。换言之,上诉法院认定只有当不同岗位的工作任务需要的技术、努力、职责存在较大差异时,其方能成为雇主差异性支付工资的正当理由。1970 年第三巡回上诉法院审理的舒尔茨诉惠顿玻璃公司案具有里程碑性质的意义,其扭转了《工资平等法》实施初期收效甚微的不利局面。自舒尔茨诉惠顿玻璃公司案后,很多雇主实施的工资性别歧视行为被法院相继纠正。[①] 对此,前美国劳工部公职律师托马斯·墨菲(Thomas Murphy)评论道:"(舒尔茨诉惠顿玻璃公司案)显然使得《工资平等法》成为一个更为有效的改革工具,伴随着平权组织当前对性别平等的追求,这种在劳动领域中发生的改革是意义深远的。鉴于传统的模式已经被证明是错误的和后果严重的,每个行业都不得不重新评估女性劳动力的特征。"[②]

二、对区别对待型歧视的规制:麦道飞机制造公司诉格林(McDonnell Douglas v. Green)案

在美国司法机关处理的就业歧视争议中,绝大部分为区别对待型歧视案件。据学者统计,区别对待型歧视案件在 20 世纪 80 年代末约占就业歧

① Shultz v. American Can Co., 424 F. 2d 356 (8th Cir. 1970).

② Thomas E. Murphy, *Female Wage Discrimination: A Study of the Equal Pay Act 1963 - 1970*, University of Cincinnati Law Review, Vol. 39, (1970), p. 628.

视案件总数的90%。[①] 区别对待型歧视也被称为故意歧视，即雇主故意对求职者或雇员进行有害的差异性对待。尽管《民权法》第七篇和《反就业年龄歧视法》的法律条款本身并没有提及行为人的歧视意图，而只是规定不得因种族、性别、宗教、肤色、出生地、年龄实施歧视行为，但法院在司法实践中一般要求原告提供证据证明被告具有故意歧视的意图。[②] 这是因为区别对待型歧视案件的关键点在于查明被指控行为和受法律保护之特征或行为之间是否存在因果关系，而这种因果关系在很大程度上依赖于对被指控行为背后的动机进行分析。由于鲜有雇主会主动承认自己具有违法的主观意图，且相当一部分雇主会巧妙地避免留下可有力证明这种违法意图的证据，这使大部分原告只能借助各种间接证据去综合性地削弱雇主提供的各种各样的理由的可靠性和真实性。[③]

为认定被指控行为同受法律保护之特征或行为之间是否存在因果关系，联邦最高法院在1973年审结的麦道飞机制造公司诉格林[④]案中首次针对区别对待型歧视案件建立了一套举证责任机制框架，并由此而确立了此类就业歧视争议最重要的判例法渊源之一。

该案的原告珀西·格林（Percy Green）是一名非洲裔美国籍反种族歧视民权运动者。原告于1956年至1964年在被告美国麦道飞机制造公司（McDonnell Douglas Corporation）处担任机械师。1964年8月，原告因公司裁员而下岗，随即以种族歧视为由对公司发起抗议。原告声称公司是为进行种族歧视而故意实施裁员和解雇行为，故原告伙同多人在公司上午交班的交通高峰时期将多辆汽车停放在进出工厂的主干道上，阻碍车辆和行人通行。一审法院查明：参与堵路的人被分为五组，每一组有四辆汽车；这些车辆在员工上午交班的交通高峰时期对进出公司主干道的十字路口进行全面封堵，时间长达1小时之久。警察赶到后，原告因拒绝挪车被警方以妨碍交通为由逮捕并罚款。

1965年7月，公司重新向社会招聘机械师，原告申请该岗位，但公司以"原告曾伙同他人堵路"为由拒绝了其岗位申请。原告于是向公平就业机会委员会提出两项控诉，分别指控麦道飞机制造公司因为自己的种族以及因为自己参与了反就业歧视的民权运动（civil rights movement）而拒绝

---

① John J. Donohue Ⅲ, Peter Siegelman, *The Changing Nature of Employment Discrimination Litigation*, Stanford Law Review, Vol. 43, (1991), p. 989.

② Reeves v. Sanderson Plumbing Prods., Inc., 530 U. S. 133, 153 (2000).

③ Hollander v. Am. Cyanamid Co., 895 F. 2d 80, 85 (2nd Cir. 1990).

④ McDonnell Douglas v. Green, 411 U. S. 792 (1973).

自己的岗位申请。公平就业机会委员会未针对原告的第一项指控作出结论,但认定麦道飞机制造公司因为原告参与民权运动而拒绝雇佣原告的行为违反了《民权法》第七篇。公平就业机会委员会调解未果后,原告以同样的理由向地区法院提起诉讼。地区法院驳回了原告的全部诉讼请求,并作出以下判决:第一,因为公平就业机会委员会并未认定被告是因为原告的黑人种族身份而拒绝其岗位申请,所以原告的该项诉讼请求不予支持;第二,由于原告参与的堵路行为因违法而不受法律保护,所以被告因原告参与该违法行为而拒绝原告的岗位申请合法。原告不服,遂上诉至第八巡回上诉法院。上诉法院在维持一审法院对原告第二项指控作出的判决的同时,撤销了一审法院对原告第一项指控作出的判决,并作出结论认为公平就业机会委员会对该项指控作出认定并非原告依据《民权法》第七篇向联邦法院提起诉讼的前提。麦道飞机制造公司不服二审判决,遂上诉至联邦最高法院。

在终审过程中,联邦最高法院支持了上诉法院有关"当事人依据《民权法》第七篇向联邦法院提起诉讼不以公平就业机会委员会已对该诉讼请求做出认定为前提"的判决。此外,为评估原告的黑人种族身份同被告拒绝原告岗位申请之间的因果关系,联邦最高法院建立了一个依次含有三个步骤的举证责任转移机制,并要求原审法院根据该举证责任标准对此问题进行重审。首先,雇员(原告)应当提供雇主(被告)实施了种族歧视行为的初步证据(prima facie case)。若雇员尽到该举证责任,举证责任将转移至雇主。其次,雇主应当提供一个合法的非歧视性的拒绝雇佣原告的理由。若雇主尽到该举证责任,举证责任将再次转移至雇员。最后,雇员应当承担最终的举证责任,证明雇主提供的理由是借口,且真实的理由是歧视性质的。[①] 在第一个步骤中,雇员须证明以下四个要件,方能尽到提供初步证据的举证责任义务:第一,自己受到《民权法》第七篇的保护;第二,自己符合雇主招聘的岗位要求,并向雇主申请了该工作岗位;第三,雇主没有雇佣自己;第四,该工作岗位依然空缺,且雇主继续招聘和自己条件相似的其他求职者。一旦雇员尽到了提供该初步证据之举证责任义务,则可获得一个可推翻的雇主实施了就业歧视行为的推定。

---

① 联邦最高法院在该案中强调,下级法院在对该案进行重审时应当给予原告充分和公正的机会去证明被告提供的拒绝再雇佣原告的理由实际上是一个借口。例如,原告可以通过证明其他参与堵路的白人雇员被被告继续雇佣或再雇佣来进行举证。联邦最高法院还指出,原告可用于证明被告所提供的理由事实上是一个借口的证据还包括:原告在职期间,被告是如何对待原告的、被告对原告从事民权运动的反应、被告关于雇佣少数族群雇员的一般政策和措施。

在麦道飞机制造公司诉格林案创制的这种举证责任转移机制中，第一个步骤中的四个证明要件所对应的法律事实较为清晰和简单，因此原告（雇员）在该阶段的举证难度较低，一般都可以向法院提供被告（雇主）实施了歧视行为的初步证据。[①] 与此类似的是，在第二个步骤中，大部分雇主也可以较为容易地向法院提供一个合法的和非歧视性的理由去解释或掩饰其针对原告作出的人事决策。[②] 在第三个步骤中，如果原告证明了被告提供的理由是借口，法院可以认定雇主实施了歧视行为。由此可知，在这种包含三个步骤的举证责任转移机制中，大部分区别歧视型指控案件的举证责任最终还是落到了原告身上，即原告须最后证明雇主提供的理由是借口。[③] 因此，这种举证责任标准也被称为借口分析标准（pretext analysis standard）。联邦最高法院日后专门对该举证责任机制的合理性作出过解释："我们作出这种推定是因为如果不存在其他的解释，（雇主的）这些行为很可能是基于一些不被允许的因素而实施的。我们愿意作出这种推定主要是因为经验告诉我们，在缺乏任何深层次的理由时，人们一般不会以一种完全随意的方式行事，尤其是在商业行为中。因此，当雇主提供的所有合理拒绝一个求职者的理由被否定时，我们一般推定雇主的行为背后还是存在一些不被许可的理由，例如种族歧视。"[④]

较之于其他大部分民事案件而言，联邦最高法院在麦道飞机制造公司诉格林案中基于原告普遍难以证明被告具有歧视意图的举证困境而提前将证明责任转移至被告。[⑤] 然而在这种三个步骤的举证责任转移机制中，一旦雇主针对原告所指控的歧视行为提供了一个合法的非歧视性的理由，便使举证责任再次转移至原告身上。雇主较低的举证责任曾引发了一些法院的反思和质疑。其中影响较大的便是得克萨斯州社区事务部诉伯丁（Texas Department of Community Affairs v. Burdine）[⑥]案。在该案中，二审法院创造性地在第二个步骤中加重了雇主的举证责任，要求雇主必须证

---

① Charles A. Sullivan, *Disparate Impact: Looking Past the Desert Palace Mirage*, William & Mary Law Review, Vol. 47, (2005-2006), p. 927.

② Denny Chin, Jodi Golinsky, *Moving Beyond McDonnell Douglas: A Simplified Method for Assessing Evidence in Discrimination Cases*, Brooklyn Law Review, Vol. 64, (1997-1998), p. 665.

③ Charles A. Sullivan, *Disparate Impact: Looking Past the Desert Palace Mirage*, William & Mary Law Review, Vol. 47, (2005-2006), p. 928.

④ Furnco Construction Corp. v. Waters, 438 U. S. 567, 577 (1978).

⑤ Richard Primus, *The Future of Disparate Impact*, Michigan Law Review, Vol. 108, (2010), p. 1358.

⑥ Texas Department of Community Affairs v. Burdine, 450 U. S. 248 (1981).

明以下两点:第一,雇主提供的理由是拒绝雇佣原告的真实理由;第二,被雇主雇佣的求职者比原告更符合招聘条件。然而,联邦最高法院在终审时认定,二审法院对麦道飞机制造公司诉格林案的解读不准确,并重申:"雇主只需要说明一个非歧视性的理由即可,并不负有在求职者中选择一个最佳求职者的义务"。由此观之,联邦最高法院的一锤定音使雇主在人事决策层面享有较大的用工自主权。

值得注意的是,麦道飞机制造公司诉格林案具有特定的事实情节,即被告在拒绝再次雇佣原告的同时,继续向社会招聘和原告条件类似的求职者。基于该案的具体事实情节,联邦最高法院将"工作岗位依然空缺,且被告继续在招聘和原告条件相似的其他求职者"作为其创制的举证责任转移机制第一个步骤中的第四个要件。由此可知,联邦最高法院借由该案创制的这种举证责任转移机制在事实情节上具有一定的局限性,其不适用于雇员遭受解雇或者被拒绝提拔等其他情形。因《民权法》第七篇所禁止的就业歧视行为并不局限于求职招聘环节,一些法院在日后的司法裁判中将第一个步骤中的第四个要件类推为"和原告处境相似但不具有受法律保护特征的其他雇员实施了相似的行为,却被雇主区别对待",使其得以覆盖包括解雇在内的其他情形。例如,在 1988 年的利普赛特诉波多黎各大学(Lipsett v. University of Puerto Rico)①案中,第一巡回法院要求原告证明在原告被解雇后,雇主让其他人从事原告之前从事的工作。在 2001 年的西尔韦拉诉奥兰治县教育委员会(Silvera v. Orange County School Board)②案中,第十一巡回法院在评估原告是否满足提供初步证据的举证责任标准时,要求原告证明和原告处境相似的其他雇员受到了被告不同方式的制裁。

三、对区别影响型歧视的规制:格里格斯诉杜克电力公司(Griggs v. Duke Power Co.)案

在区别对待型歧视指控中,法院要求原告证明被指控的行为和受法律保护的特征或行为之间具有因果关系,并基于此而认定被告具有故意歧视的意图。和区别对待型歧视指控相对应的是区别影响型歧视指控。区别影响型歧视理论作为一种对雇主施加的严格责任形式,③其并不要求雇员

---

① Lipsett v. University of Puerto Rico, 864 F. 2d 881, 899 (1st Cir. 1988).

② Silvera v. Orange County School Board, 244 F. 3d 1253, 1259 (11th Cir. 2001).

③ Catherine E. Smith, *Looking to Torts: Exploring the Risks of Workplace Discrimination*, Ohio State Law Journal, Vol. 75, (2014), p. 1210.

证明雇主具有歧视的意图。因此，区别影响型歧视也被称为非故意歧视。或许正是因为区别影响型歧视理论的这种特征，其被认为是美国反就业歧视制度中争议最大以及最受关注的部分。[①]

区别影响型歧视理论最早由专门负责实施《民权法》第七篇的公平就业机会委员会提出。[②] 公平就业机会委员会在成立之初为预防工作场所中的就业歧视行为，要求所有受到《民权法》第七篇调整的雇主保留并提交同雇佣决策相关的资料和记录。在雇主提交的这些资料和记录中，公平就业机会委员会发现了一个令人震惊的结果：雇主们采用的各种测试将大量的少数族群求职者排除在他们心仪的工作岗位之外。尽管察觉到了这种雇员选拔测试和雇员职业能力测试的现实危害，但由于《民权法》第七篇被解读为侧重于禁止故意歧视，且其明确允许雇主进行职业能力测试，所以公平就业机会委员会不得不对该法进行目的解释。基于国会"希望改变少数族群劳工的经济困境"的立法目的，公平就业机会委员会认为，《民权法》第七篇不仅禁止故意歧视，还禁止雇主实施一些表面上中立但事实上产生了明显种族歧视后果的人事政策或标准。在此背景下，公平就业机会委员会制定了《雇员选拔程序指南》(Guidelines on Employee Selection Procedures)，禁止雇主使用对受保护劳工群体造成不利影响的测试，除非有证据表明这些测试和工作职责直接相关。虽然公平就业机会委员会本身没有权力审判或者制裁违法行为，而只能调查歧视行为、试图同雇主进行调解，或告知雇员向法院起诉，或直接代表雇员向法院起诉，但其创制的区别影响型歧视理论对联邦最高法院产生了较大影响。[③]

联邦最高法院在 1971 年审结的格里格斯诉杜克电力公司[④]案中首次承认了公平就业机会委员会创制的区别影响型歧视理论，并赋予其判例法效力。在此案中，以威利·格里格斯(Willie Griggs)为代表的原告是被告北卡罗来纳州杜克电力公司(Duke Power Company)丹河火力发电厂(Dan River Steam Station)的一些非洲裔美国籍雇员。早在《民权法》第七篇生效之前，被告在 20 世纪 50 年代便出台了一系列带有种族隔离性质的人事

---

① Michael Selmi, *Was the Disparate Impact Theory a Mistake*?, UCLA Law Review, Vol. 53, (2006), p. 702.

② William R. Corbett, *Unmasking a Pretext for Res Ipsa Loquitur: A Proposal to Let Employment Discrimination Speak for Itself*, American University Law Review, Vol. 62, (2013), p. 459-460.

③ Margaret H. Lemos, *The Consequences of Congress's Choice of Delegate: Judicial and Agency Interpretations of Title* Ⅶ, Vanderbilt Law Review, Vol. 63, (2010), p. 397-399.

④ Griggs v. Duke Power Co., 401 U. S. 424 (1971).

政策,将大部分非洲裔美国籍雇员束缚在工资最低的体力劳动岗位上。例如,被告要求雇员须具有高中学历才能转岗从事非体力劳动工作。由于绝大部分黑人雇员不具备高中学历,从而导致被告劳动力结构中长期存在严重的种族隔离和薪酬不平等。在被告的五个部门(劳务部、煤炭开采部、运营部、后勤保障部、实验和测试部)中,黑人劳工最开始都被安排在专门从事体力劳动的劳务部工作,且在该部门从事体力劳动的非洲裔雇员所能获得的最高工资甚至低于在其他四个部门中从事非体力劳动的白人雇员所能获得的最低工资。在《民权法》第七篇生效后,被告出台了新的人事政策:除高中学历外,还要求雇员须通过两次书面智力测试才能脱离这些工资最低的体力劳动岗位。但大部分非洲裔美国籍雇员或因为不具备高中学历,或因为无法通过这些书面智力测试,而依然被束缚在原先的工作岗位上。原告依据《民权法》第七篇向北卡罗来纳州中部地区法院提起诉讼,指控雇主借助表面上中性的人事政策(具备高中学历并通过两次书面智力测试才能转岗)实施种族歧视行为,从而维持其劳动力结构中长期存在的种族隔离局面。地区法院以《民权法》第七篇对雇主之前实施的行为不具有溯及力以及雇主的人事政策缺乏歧视的主观意图为由,驳回了原告的诉讼请求。原告不服,遂上诉至第四巡回上诉法院。上诉法院同样以被告的人事政策缺乏歧视目的为由判决原告败诉,并解释道:因为杜克电力公司将获得高中学历以及通过两次书面智力测试统一作为所有白人雇员和黑人雇员申请转岗的条件,所以这些条件并不存在不公正的种族歧视性质的目的,因而不违反《民权法》第七篇。原告不服,遂最终上诉至联邦最高法院。

终审过程中,被告杜克电力公司坚持认为,因为《民权法》第七篇赋予了雇主通过职业能力测试去选拔雇员的权利,[①]且这些人事政策并不含有种族歧视的意图,所以公司不应当承担法律责任。此外,被告的副总裁作证说道,这些转岗的要求是为了整体上改善公司的劳动力质量。在否定被告的观点时,联邦最高法院解释说,首先,《民权法》第七篇不仅禁止公开的歧视,还禁止形式上公平但实质上不公平的歧视类型。国会颁行《民权法》第七篇的目的是实现劳动机会平等,消除过去那种分裂白人和其他种族雇员的屏障。其次,联邦最高法院查明,具备高中学历和通过书面智力测试的要求均不能衡量杜克电力公司中雇员的真实工作能力。相反,一些

---

① 《民权法》第七篇规定,如果雇主进行职业能力测试不是为了或者用于进行种族、肤色、宗教、性别或者出生地歧视,那么雇主进行职业能力测试并依据测试结果采取相应措施并不违法。See 42 U. S. C. § 2000e-2(h) (2012).

不具备高中学历或者未接受书面智力测试的雇员反而有着良好的工作表现。基于此,联邦最高法院认为,虽然《民权法》第七篇允许雇主进行职业能力测试,但应当以同工作能力合理相关且具有商业必要性为前提。联邦最高法院查明,被告进行的书面智力测试同工作能力无直接关联,[①]且导致了绝大部分的非洲裔美国籍雇员不能转入薪酬更高的非体力劳动岗位,并由此而维系了公司劳动力结构中长期以来存在的种族隔离现象。联邦最高法院进一步解释道:“《民权法》第七篇没有禁止雇主借助一些条件和标准来筛选雇员,但国会禁止雇主给予这类选拔条件和标准以决定性的效力,除非雇主能证明它们同工作岗位职责具有合理关联。较之于资质和条件更好的雇员而言,国会也没有要求雇主应当对资质和能力不那么好的少数族群雇员给予优待……国会的要求是,任何选拔的条件和标准必须是衡量个人是否适合特定的工作岗位,而不是对个人进行抽象的考量。”最后,联邦最高法院作出结论认为,被告实施的这些表面上中性的人事政策产生了种族隔离的效果,且被告不能证明这些人事政策和工作能力合理相关并具有商业必要性,因而违反了《民权法》第七篇。

格里格斯诉杜克电力公司案的重要意义在于,法院在判例法层面创制了一种新的就业歧视指控类型,即区别影响型歧视指控。在区别影响型歧视指控中,原告无须证明雇主具有歧视的意图,而得以凭借客观统计数据指控雇主实施的表面上中性的标准或政策对受法律保护的特定雇员群体在事实上造成了有害影响。当无法证明这些标准或政策同工作职责合理相关且具有商业必要性时,雇主实施的这些表面上中性的标准或政策则构成了被《民权法》第七篇所禁止的就业歧视行为。由此可知,较之于区别对待型歧视案件而言,雇员在区别影响型歧视案件中的举证责任较低。值得注意的是,在区别影响型歧视指控中,雇主抗辩的关键在于证明其实施的标准或政策和雇员的工作能力合理相关且具有商业必要性。具体而言,该案的被告杜克电力公司坚持认为,依据《民权法》第七篇的规定,雇主有权利进行职业能力测试,并依据测试结果采取相应的措施。联邦最高法院一方面承认《民权法》第七篇确实允许雇主进行职业能力测试,但另一方面强调这种职业能力测试应当同工作能力合理相关且以具有商业必要性为限。对此,联邦最高法院进一步解释说,如果不对职业能力测试的

① 法院查明被告进行的书面智力测试的内容并不能用于直接衡量测试者工作能力。该书面智力测试更像是语文测试,试题内容包括:英文单词缩写“B. C.”指的是公元前吗?英文单词“adopt”和“adept”含义相近吗?

范围进行限制,那么几乎雇主作出的所有人事雇佣决策都将被豁免。[①]

自格里格斯诉杜克电力公司案创制了区别影响型歧视指控理论以来,就业歧视诉讼案件中的雇员通过提供雇主劳动力结构失衡的统计数据而进行举证的做法日后获得了联邦最高法院支持。例如,在国际卡车司机协会诉美国(International Brotherhood of Teamsters v. United States)案[②]中,美国政府指控国际卡车司机协会和时代货运公司(Time Dedicated Carriers, Inc.)在招聘、岗位分配、员工晋升等方面歧视少数族群。为支持其诉讼请求,美国政府提供了若干用于证明雇主劳动力结构失衡的统计数据,并辅以遭受就业歧视行为侵害的部分雇员的证人证言加以佐证。第一,在该案进入司法程序后不久,时代货运公司的总员工数为 6472 人,其中黑人雇员为 314 人,占总员工数量的 5%。第二,在公司雇佣的 1828 名司机中,只有 8 名黑人,占司机总数的 0.4%,且这 8 人均是在该案进入司法程序后才被公司雇佣。第三,除了 20 世纪 50 年代有 1 名黑人司机曾在芝加哥货运站开车外,公司在 1969 年之前都未雇佣过任何黑人司机。甚至在 20 世纪 70 年代初的一些黑人聚居区,公司也未雇佣任何黑人司机。第四,在被公司雇佣的黑人雇员中,有 83%的黑人雇员在低薪岗位上从事着勤杂工作,而仅有 39%的非少数族群雇员从事该类型的工作。公司抗辩认为,这些统计数据本身既不能证明雇主实施了就业歧视行为,也不能因此而将举证责任转移至雇主。对此,联邦最高法院认为,就是否存在就业歧视而言,分析统计数据正在发挥并将继续发挥重要作用,原告可以通过提交统计数据而尽到其提供初步证据证明雇主实施了就业歧视行为的举证责任。

值得注意的是,雇员在依据格里格斯诉杜克电力公司案中的区别影响型歧视理论指控雇主实施了违法的就业歧视行为时,必须证明雇主的人事政策对受到《民权法》第七篇保护的特定雇员群体产生了有区别且有害的不利影响。依此逻辑,在区别影响型就业歧视指控中,控辩双方争议的一个核心问题常常是雇主的人事政策是否对特定雇员群体产生了有区别且有害的影响。[③] 质言之,区别影响型就业歧视指控的关键在于是否存在统计学上的显著差异,即原告须证明受法律保护的群体和样本中的大部分人

---

① Stephen M. Rich, *A Matter of Perspective*: *Textualism*, *Stare Decisis*, *and Federal Employment Discrimination Law*, Southern California Law Review, Vol. 87, (2014), p. 1225.

② International Brotherhood of Teamsters v. United States, 431 U. S. 324, 337-340 (1977).

③ Mark A. Rothstein, Lance Liebman, Kimberly A. Yuracko, Charlotte Garden, *Employment Law*: *Cases and Materials* (Ninth Edition), Thomson Reuters/Foundation Press, 2020, p. 327.

在选拔程序中的得分或通过率方面存在统计学上的显著差异。[①] 此外,鉴于成文法和判例法对于被指控之人事政策具体要对受保护的雇员群体造成何种程度的有害影响方能作为雇员提起区别影响型歧视指控的初步证据没有明确规定,[②]美国公平就业机会委员会在 1978 年出台了一个名为《雇员选拔程序统一指南》(Uniform Guidelines on Employee Selection Procedures)的部门规章。该指南将"五分之四规则"(four-fifths rule)作为判断雇主的人事政策是否对特定雇员群体产生了有区别且有害的不利影响的一个重要参考标准。一般而言,若雇主的人事政策导致任何种族的、性别的、民族的雇员群体被选择的比例低于被选择比例最高的雇员群体的 4/5,那么联邦行政机关一般会将该人事政策认定为雇主实施了区别影响型歧视行为的证据。[③]

四、对积极行动计划的认可:美国钢铁工人联合会诉韦伯(United Steelworkers v. Weber)案

如本章开篇所述,时任美国总统约翰·肯尼迪曾于 1961 年 3 月签署第 10925 号总统令,要求联邦政府实施积极的公平就业措施,并要求同政府部门有贸易往来的企业采取积极行动消除就业歧视,确保求职者和雇员在受雇和晋升时不会受到种族、宗教信仰、肤色或者出生地因素的影响。在国会通过《民权法》第七篇的次年,时任美国总统林登·约翰逊签署了第 11246 号总统令,禁止与政府签订商业合同的雇主及其分包商和供应商对求职者或雇员进行就业歧视,并要求受该总统令调整的雇主采取积极行动确保求职者或雇员在招聘环节以及劳动关系存续期间不会因为自身的种族、宗教信仰、肤色或者出生地而遭受不利对待。两年后,林登·约翰逊总统签署了第 11375 号总统令,将性别纳入第 11246 号总统令的保护范畴。值得一提的是,第 11246 号和第 11375 号总统令明确要求受其调整的雇主应当采取积极行动计划(affirmative action plan)主动消除就业歧视,并指派劳工部的联邦合同项目合规办公室(Office of Federal Contract Compliance Programs)负责具体实施和监管。违反这两个总统令的行为将导致政府合同被解除、终止或中止,甚至将剥夺违反者在未来订立政府合

---

① Allan G. King, Marko Mrkonich, "*Big Data*" *and the Risk of Employment Discrimination*, Oklahoma Law Review, Vol. 68, (2016), p. 568.

② Solon Barocas, Andrew D. Selbst, *Big Data's Disparate Impact*, California Law Review, Vol. 104, (2016), p. 701.

③ 29 C. F. R. § 1607. 4D.

同的资格。为执行这两个总统令,劳工部出台了详细的行政法规。具体而言,签订了金额超过 1 万美元政府合同的雇主及其分包商和供应商均有义务采取积极行动计划;雇佣人数在 50 人及以上且合同金额在 5 万美元以上的,应当制定书面的积极行动计划方案;合同金额在 1000 万美元以上的,在积极行动计划方案被联邦合同项目合规办公室审查完成以及批准之后,政府才能正式同雇主签订政府合同。[①]

随着成文法层面《民权法》第七篇[②]和《反就业年龄歧视法》的先后颁行,判例法层面联邦最高法院对格里格斯诉杜克电力公司案以及麦道飞机制造公司诉格林案的审结,劳动力市场中的就业歧视问题逐步得到缓解。在 20 世纪 70 年代,越来越多的雇主或是为了响应政府的号召,或是为了顺应劳动机会平等的社会思潮,或是为了避免承担法律责任,而自愿采取积极行动计划,对受《民权法》第七篇和《反就业年龄歧视法》保护的劳工群体给予优待。积极行动计划产生的一个主要问题是逆向歧视(reverse discrimination)。因为从本质上而言,较之于不受法律保护的劳工群体,受法律保护的劳工群体会因为积极行动计划而获得更多的优待。换言之,雇主的积极行动计划将反过来对在传统劳动力市场上具有市场优势的劳工(如美国籍白人男性)进行歧视。积极行动计划自诞生之日起就引发了较大的争议。[③] 支持者认为,积极行动计划旨在雇佣更多的少数族群和弱势群体劳工,其有助于改变美国劳动力市场上长期存在的就业歧视传统,从而在劳动机会层面实现实质公平。反对者认为,即使美国劳动力市场存在就业歧视的历史传统,但这种保障少数族群及弱势族群劳工的制度会变相让他们获得不合理的特权和优待,这本身就是另一种歧视。

联邦最高法院在 1979 年审结的美国钢铁工人联合会诉韦伯[④]案中首次对雇主实施的积极行动计划作出了回应。在该案中,雇主凯撒铝业和化工有限公司(Kaiser Aluminum & Chemical Corporation)在之前的岗位招聘环节一直要求求职者必须具备一定的工作经验,而当时的行业工会禁止招

---

① Mark A. Rothstein, Lance Liebman, Kimberly A. Yuracko, Charlotte Garden, *Employment Law: Cases and Materials* (Ninth Edition), Thomson Reuters/Foundation Press, 2020, p. 221.

② 1964 年《民权法》第七篇规定:"雇主、劳工组织和其他受第七篇约束的主体可以基于具有实际或潜在不利影响的事实而采取积极行动,如果此类不利影响可能来源于现有或预期的措施。雇主、劳工组织或其他受第七篇约束的主体可以采取积极行动来纠正之前的措施所造的歧视性影响……"See 29 C. F. R. § 1608. 3.

③ [美]特里 · H. 安德森:《美国平权运动史》,启蒙编译所译,上海社会科学院出版社 2017 年版,第 100 页。

④ United Steelworkers v. Weber, 443 U. S. 193 (1979).

募黑人劳工入会,这导致长期以来凯撒铝业和化工有限公司的劳动力结构中大部分为白人。详言之,在公司290个专业技术型岗位中,白人雇员占据了285个岗位,黑人雇员仅占据5个岗位。1974年,为改变劳动力结构中这种明显的种族不平衡局面从而避免潜在的法律诉讼和经济赔偿,凯撒铝业和化工有限公司决定在招聘和岗位培训环节采取一系列的积极行动计划,并将其写入了同美国钢铁工人联合会(United Steelworkers of America)签订的集体劳动合同。该积极行动计划要求公司的每个工厂必须根据各自所在地区的黑人人口比例设置相应的招聘目标,直到每个工厂的黑人雇员比例达到本地区黑人人口的比例为止。此外,积极行动计划中还制定了一项有关岗位培训和岗位分配的新政策。该政策规定雇员可按照年资申请参加在岗培训,培训结束后将有机会获得晋升,同时公司专门为黑人雇员保留了50%的培训名额。原告布莱恩·韦伯(Brian Weber)是凯撒铝业和化工有限公司的一名白人雇员,他向公司申请参加在岗培训被拒后,发现公司的13个培训名额中有7个名额专门留给了黑人,且年资比自己短的2名黑人雇员被允许参加该培训项目。于是,原告向路易斯安那州东部地区法院提起诉讼,指控美国钢铁工人联合会和凯撒铝业和化工有限公司共同实施的积极行动计划违反了《民权法》第七篇中有关禁止种族歧视的规定。地区法院以"《民权法》第七篇禁止所有类型的种族就业歧视,不论是针对白人还是黑人"为由判决布莱恩·韦伯胜诉。被告不服并上诉至第五巡回上诉法院。上诉法院维持原判并解释说,基于种族因素而实施的优待行为即使是为了改变劳动力结构中长期存在的种族失衡问题也违反了《民权法》第七篇。被告遂上诉至联邦最高法院。

在分析了《民权法》第七篇的立法目的后,联邦最高法院提出了两个观点:第一,就该法的立法史和出台的社会背景而言,将《民权法》第七篇机械地解读为禁止雇主实施该案中的这种自愿措施完全不符合该法的立法目的。法院进一步解释说,"立法者主要担心的是黑人在我们经济中遭遇的困境以及白人同黑人和其他少数族群之间失业率差距越来越大"。此外,法院指出,立法史表明国会在通过《民权法》第七篇时就预测到了该联邦立法会形成一种雇主主动采取措施解决就业歧视问题的氛围。第二,虽然《民权法》第七篇为了避免对劳动关系进行过度干预而禁止强制要求雇主实施积极行动计划,[①]但并没有禁止雇主自愿采取措施纠正劳动力结构中的种族不平衡现象。相反,法院认为将《民权法》第七篇解释为允许雇

---

① 《民权法》第七篇规定:"本法中的任何内容不得解释为要求雇主因为种族的缘故……或者因为其他方面的不平衡而给予任何群体优待。"See 42 U. S. C. § 2000e-2(j) (2012).

主自愿采取积极行动计划去纠正劳动力结构中的种族不平衡问题,不仅有助于实现立法目的,还避免了法律对劳动关系的过度干预。法院援引了 19 世纪的一个判例法规则解释道,"虽然《民权法》第七篇可以被解释为禁止积极行动计划,但是由于这种机械的文本解释违背了立法精神和立法意图,从而有必要挣脱这种机械文本解释的桎梏"。[①] 此外,联邦最高法院查明,凯撒铝业和化工有限公司在该案中实施的积极行动计划因呈现出以下特征而具有正当性:(1)必要性,即公司劳动力结构中存在明显的种族比例失衡;(2)目的合理性,即积极行动计划是为了纠正劳动力结构中的种族比例失衡;(3)手段适当性,即没有完全禁止招聘或者接收非少数族群劳工;(4)临时性,即具有具体的结束日期或者结束条件;(5)灵活性,允许在招聘和接收非少数族群劳工时有所变通。基于上述理由,联邦最高法院最终认定,被告拒绝布莱恩·韦伯的岗位培训申请是合法的,因为凯撒铝业和化工有限公司在该案中自愿实施的积极行动计划是为了改变其劳动力结构中长期以来明显存在的种族不平衡局面,且该积极行动计划并没有不必要地限制白人劳工群体的利益。

值得注意的是,虽然美国钢铁工人联合工会诉韦伯案标志着美国平权运动进入全盛时期,[②]但由于联邦最高法院在对《民权法》第七篇进行目的解释时在一定程度上超越了法律文本本身的字面含义,因而在当时也引起了较大争议。参与该案审判的沃伦·伯格(Warren Burger)首席大法官和威廉姆·伦奎斯特大法官对合议庭大多数法官的观点持有两点异议。第一,他们认为应当严格依据《民权法》第七篇的字面意思去评估凯撒铝业和化工有限公司实施的积极行动计划。依此逻辑,公司因种族因素而对一个群体给予优待的做法对白人雇员布莱恩·韦伯而言构成歧视。第二,他们认为法院不能从禁止强制性要求雇主实施积极行动计划的法律规定中推断出国会具有允许雇主采取自愿积极行动计划的意图。整体而言,美国钢铁工人联合工会诉韦伯案对积极行动计划的认可一方面有助于实现改善黑人经济状况以及促进黑人就业的立法目的,但另一方面也引起了不属于少数族群的劳工群体(如白人男性群体)的不满。在日后有关积极行动计划的判例法发展进程中,法院一般会适用一个包含三个步骤的测试标准

① Church of the Holy Trinity v. United States, 143 U. S. 457, 459 (1892).

② [美]特里·H. 安德森:《美国平权运动史》,启蒙编译所译,上海社会科学院出版社 2017 年版,第 205 页。

去评估积极行动计划的合法性。[①] 第一,雇主的劳动力结构中是否存在明显的比例失衡;第二,该积极行动计划是否是临时性的,且旨在消除劳动力结构中长期存在的分裂模式;第三,该积极行动计划是否没有不必要地限制非受益群体的权利。

① Shalyn L. Caulley, *The Next Frontier to LGBT Equality Securing Workplace Discrimination Protections*, University of Illinois Law Review, Vol. 2017, (2017), p. 951.

第三章　美国反就业歧视制度的收缩和创新(20 世纪 80 年代)

如本书第二章所述,在成文法层面,1963 年《工资平等法》的颁布从保障男女同工同酬方面首开反就业歧视联邦立法先河。1964 年国会通过了《民权法》第七篇,该法作为联邦层面最重要的反就业歧视制度具有里程碑式的意义。此外,在听取了时任劳工部部长威拉德·沃茨的报告后,国会于 1967 年出台《反就业年龄歧视法》将年龄因素纳入反就业歧视联邦立法的保护范畴。20 世纪 60 年代颁布的《工资平等法》、《民权法》第七篇和《反就业年龄歧视法》结束了美国社会近 100 年间反就业歧视联邦立法空缺的历史。在判例法层面,联邦最高法院在 20 世纪 70 年代审结的麦道飞机制造公司诉格林案和格里格斯诉杜克电力公司案分别确立了两种基本的就业歧视指控类型:区别对待型歧视指控和区别影响型歧视指控。此外,1979 年联邦最高法院在美国钢铁工人联合工会诉韦伯案中采用目的解释路径承认了雇主自愿采取积极行动计划的合法性。由此可知,发轫于 20 世纪 60 年代的美国反就业歧视联邦立法在 20 世纪 70 年代借助联邦最高法院的判例得到了长足的发展。

从 20 世纪 70 年代末期开始,雇主们争先恐后地采取积极行动计划引发了美国社会对反就业歧视制度现实意义的反思。尤其是在保守派的政治观点被联邦最高法院接受时,这些突飞猛进的反就业歧视运动在 20 世纪 80 年代遭受到了来自政治和司法层面保守派势力的强烈质疑。这些质疑在时任美国总统罗纳德·里根(Ronald Reagan)于 1986 年任命安东尼·斯卡利亚(Antonin Scalia)为联邦最高法院大法官时达到顶峰。[①] 履新联邦最高法院后,安东尼·斯卡利亚大法官在他审理的第一个劳动争议案件中明确反对雇主为纠正劳动力结构性别失衡而实施的积极行动计划。[②] 值得一提的是,罗纳德·里根在 1980 年的总统竞选中以压倒性优势击败时任总统吉米·卡特(Jimmy Carter),并于 1981 年入主白宫,成为美

① Michael Selmi, *The Evolution of Employment Discrimination Law: Changed Doctrine for Changed Social Conditions*, Wisconsin Law Review, Vol. 2014, (2014), p. 951.

② Johnson v. Transp. Agency of Santa Clara Cnty., 480 U. S. 616, 657 (1987).

国历史上第40任总统。这两位总统候选人的不同支持者阵营体现了他们对民权运动所持立场的分歧和对立。白人男性是罗纳德·里根最坚定的支持者群体之一，而吉米·卡特赢得了93%的黑人选票以及超过半数的女性选票。① 可想而知，拥有共和党身份的罗纳德·里根对民权运动具有天然的敌意，事实上他曾在20世纪60年代对所有关于反就业歧视的联邦立法议案持反对意见，②并将民权运动视为一种少数族群享有的种族特权。他上台后实施了一系列被称为里根革命（Reagan Revolution）的改革措施，反对积极行动计划是其中的一个核心政策。为在司法层面落实该执政理念，罗纳德·里根总统在联邦法院中任命了一些著名的保守派人士，如理查德·波斯纳（Richard Posner）、弗兰克·伊斯特布鲁克（Frank Easterbrook）和上文提到的安东尼·斯卡利亚等。③ 随着这些保守派法官被任命，司法机关掀起了对反就业歧视制度进行反思和质疑的浪潮。从20世纪80年代中期开始，联邦最高法院和一些上诉法院为贯彻共和党的执政理念，开始以各种方式限制雇员提起反就业歧视诉讼。④ 这便是20世纪80年代美国政治对反就业歧视制度的影响和制约。

美国法院深受政治因素渗透的一个关键原因在于其所有联邦法院法官以及部分州法院法官均由行政长官选任。诚如美国达特茅斯学院（Dartmouth College）法学教授亨利·埃尔曼（Henry Ehrmann）所言，“美国总统对联邦法官的任命似乎政治色彩颇浓……许多总统都把那些能够代表其政治联盟利益和观点的人塞入最高法院”。⑤ 对此，德国著名比较法学家伯恩哈德·格罗斯菲尔德（Bernhard Grossfeld）总结道：“在美国联邦法院中，法官是终生任职的；他们被视为素质更高并被极为尊崇。但他们是由总统提名，而即使是在最开始，也都由政治因素所决定：一般来说，一个人要成为联邦法官，就必须和华盛顿有良好的政治联系。这一点不仅适

---

① ［美］特里·H.安德森：《美国平权运动史》，启蒙编译所译，上海社会科学院出版社2017年版，第212~214页。

② ［美］特里·H.安德森：《美国平权运动史》，启蒙编译所译，上海社会科学院出版社2017年版，第215页。

③ Michael Selmi, *The Evolution of Employment Discrimination Law: Changed Doctrine for Changed Social Conditions*, Wisconsin Law Review, Vol. 2014, (2014), p. 950.

④ Laura Beth Nielsen, Robert L. Nelson, *Rights Realized? An Empirical Analysis of Employment Discrimination Litigation as a Claiming System*, Wisconsin Law Review, Vol. 2005, (2005), p. 675-680.

⑤ ［美］H. W. 埃尔曼：《比较法律文化》，高鸿钧等译，清华大学出版社2002年版，第116页。

用于最初的提名,而且适用于晋升的整个阶梯,特别是在联邦最高法院。”[①]此外,同样值得注意的是,反就业歧视制度在20世纪80年代后期也得到了一定程度的发展。首先,因为对雇主决策行为背后的动机有了更为全面的认识,联邦最高法院在区别对待型歧视指控中创制了混合动机理论;其次,因为对就业歧视造成的损害后果有了更为深刻的理解,联邦最高法院以判例法的方式将性骚扰纳入了《民权法》第七篇禁止性别歧视的范畴。

第一节 纵容劳动关系存续期间的就业歧视:帕特森诉麦克莱恩银行(Patterson v. McLean Credit Union)案

如本书第一章所述,在内战结束后,为保障获得自由身的黑人在政治、经济和法律上享有和白人相同的权利,国会相继出台了一些宪法修正案和联邦法律。其中影响较大的一部联邦法律便是1866年《民权法》(Civil Rights Act of 1866)。[②] 该法第1981条规定:“所有美国公民不分种族,都具有和白人公民相同的权利去订立和执行合同、提起诉讼、成为当事人、提供证据……”[③]1989年联邦最高法院审理的帕特森诉麦克莱恩银行[④]案使很多在劳动力市场上遭受骚扰和歧视的少数族群雇员得不到法律救济。在该案中,原告布兰达·帕特森(Brenda Patterson)是一名黑人女性,她于1972年至1982年在被告麦克莱恩银行(McLean Credit Union)处担任银行柜员。原告于1982年7月下岗,并在6个月之后被正式解雇。原告声称,在过去10年间被告仅仅基于自己是黑人的缘故而对自己实施了一系列的种族骚扰(Racial Harassment)行为。例如,在首次面试时,上司罗伯特·史蒂文森(Robert Stevenson)总裁就告诉自己,银行的其他白人女性同事不喜欢和黑人共事。在入职的前几年,罗伯特·史蒂文森经常给自己分配繁重的工作任务,唯独安排自己在办公室拖地和除尘,却从不安排其他白人同事干这种又脏又累的活。当自己抱怨工作任务过重时,上司答复说:“大家都知道黑人天生做事情就比白人慢。”此外,上司经常站在自己

---

① [德]伯恩哈德·格罗斯菲尔德:《比较法的力量与弱点》,孙世彦、姚建宗译,清华大学出版社2002年版,第102页。

② Christopher Mellevold, *Patterson v. McLean Credit Union: Denying the Equality of Effect in the Right to Contract*, Pace Law Review, Vol. 11, (1991), p. 414-415.

③ 42 U. S. C. § 1981 (1982).

④ Patterson v. McLean Credit Union, 491 U. S. 164 (1989).

的办公桌旁怒视自己。在职工大会上,上司只批评自己,却不会批评犯了类似错误的其他白人同事。在过去的 10 年间,尽管自己工作表现良好但从未获得晋升,而比自己工作表现差的白人同事反而屡获提拔。此外,和自己一同下岗的还有另外 2 名白人同事,但 6 个月后最终被银行正式解雇的却只有自己。1984 年 1 月,原告依据 1866 年《民权法》第 1981 条向北卡罗来纳州中部地区法院提起诉讼,指控被告对自己实施了一系列的种族骚扰行为,从而没有公平地订立和执行劳动合同,如过度安排工作任务和没有提拔自己。一审过程中,陪审团以"种族骚扰不属于 1866 年《民权法》第 1981 条的适用范围"以及"原告未能证明自己比其他获得提拔的雇员更优秀"为由裁决原告败诉。原告不服,上诉至第四巡回上诉法院。上诉法院维持原判并解释说,种族骚扰只能证明雇主具有违法的意图,但其本身没有侵犯 1866 年《民权法》第 1981 条中规定的平等订立和执行合同的权利。换言之,上诉法院认为 1866 年《民权法》第 1981 条没有禁止雇主对雇员进行种族骚扰,而只是在招聘、解雇和晋升环节中禁止雇主不公平地订立和执行劳动合同。原告不服,最终上诉至联邦最高法院。

在终审过程中,联邦最高法院将 1866 年《民权法》第 1981 条拆分为两个部分进行分析,即所有人都具有和白人相同的权利去订立合同和执行合同。就平等订立合同的权利而言,联邦最高法院依据法律文本的字面含义,将 1866 年《民权法》第 1981 条狭义地解释为"仅调整当事人建立合同关系当时以及建立合同关系之前的行为,而不调整合同关系建立之后的行为"。由于原告布兰达·帕特森所指控的种族骚扰行为发生在劳动合同订立之后,法院因此而认定原告依据 1866 年《民权法》第 1981 条指控被告侵犯其平等订立合同的权利于法无据。就平等执行合同的权利而言,联邦最高法院也采用了类似的狭义解释。法院指出,1866 年《民权法》第 1981 条旨在禁止妨碍个人通过法律途径解决合同纠纷。具体而言,平等执行合同的权利指的是消除当事人在提起诉讼、提供证据或者向法院申请强制执行合同过程中遭遇到的立法和司法方面的障碍。其主要包括禁止歧视性立法、禁止阻碍个人以非司法方式解决合同纠纷、禁止歧视性地私人执行合同。据此,法院认定原告所指控的种族骚扰行为发生在劳动合同订立之后,且不涉及在司法层面对合同权利进行救济,因而不属于 1866 年《民权法》第 1981 条的调整范围。基于上述理由,联邦最高法院维持了上诉法院的判决。[①]

① *Patterson v. Mclean Credit Union: A Narrowing of Remedies for the Employment Discrimination Plaintiff*, Washington and Lee Law Review, Vol. 47, (1990), p. 1005-1006.

由此可知,在 1989 年的帕特森诉麦克莱恩银行案中,联邦最高法院对 1866 年《民权法》第 1981 条的狭义解释致使在劳动关系存续过程中遭受种族骚扰的雇员得不到有效救济,从而引发了社会各界的批判和质疑。有观点认为,本案的判决存在以下瑕疵:第一,劳动合同订立之后实施的行为可以作为雇主在订立合同之前具有歧视意图的证据。第二,如果本案的原告是一个适用雇佣自由规则的自由雇佣雇员的话,[①]那么在雇主每次向她分配新的工作任务时,她便不断在同雇主重新订立劳动合同。在这种情况下,持续实施的种族骚扰行为实际上将先于下一次订立新的劳动合同而发生。第三,联邦最高法院拒绝审查雇主在合同订立之后实施的种族骚扰行为有违法院依据 1866 年《民权法》其他相邻条款进行判决的先例。例如 1866 年《民权法》第 1982 条规定:"所有的美国公民在继承、购买、租赁、出售、持有、运输财产时具有和白人相同的权利。"[②]对此,联邦最高法院在之前的判例中曾认定,这种财产平等权包括了当事人在处置财产时具有获得平等结果的权利。换言之,联邦最高法院认为,当两个相同行为对应的结果不平等时,这两个行为本身就是不平等的。[③]

第二节　提高区别影响型歧视指控的门槛:沃德湾食品包装公司诉阿顿尼奥(Wards Cove Packing Co. v. Atonio)案

自联邦最高法院在 1971 年审结的格里格斯诉杜克电力公司案中创制区别影响型歧视指控理论以来,[④]雇员通过简单提供有关雇主劳动力结构中存在比例失衡的统计数据,而无须证明雇主具有就业歧视的主观意图,即可依据《民权法》第七篇或《反就业年龄歧视法》向法院提起诉讼,指控雇主实施了就业歧视行为。此外,如本书第二章第五节第三部分结尾所述,美国公平就业机会委员会在其 1978 年出台的《雇员选拔程序统一指南》中将"五分之四规则"作为判断雇主的人事政策是否对特定雇员群体产生了区别影响的重要参考标准。一般而言,若雇主的人事政策导致任何

---

① 有关美国劳动关系中雇佣自由规则的论述参见杨浩楠:《美国雇佣自由规则发展进程剖析及其启示》,载《南京大学法律评论》2016 年第 2 期。

② 42 U. S. C. § 1982 (1988).

③ Christopher Mellevold, *Patterson v. McLean Credit Union: Denying the Equality of Effect in the Right to Contract*, Pace Law Review, Vol. 11, (1991), p. 413.

④ 有关格里格斯诉杜克电力公司案的论述见本书第二章第五节第三部分。

种族的、性别的、民族的雇员群体被选择的比例低于被选择比例最高的雇员群体的4/5,那么联邦行政机关将认定该人事政策是雇主存在区别影响型歧视的证据。① 一些雇主为了避免遭受区别影响型歧视指控,常常被迫实施积极行动计划,甚至直接以劳动力比例结构中的统计数据合规为标准进行招聘。② 区别对待型歧视指控一直是政治和司法保守派势力攻击的核心目标。20 世纪 80 年代末,受政治保守派势力的影响,联邦最高法院在沃德湾食品包装公司诉阿顿尼奥③案中大幅度提高了雇员提起区别影响型歧视指控的门槛。在该案中,被告沃德湾食品包装公司(Wards Cove Packing Company)在偏僻的阿拉斯加地区生产和加工三文鱼罐头。公司的工作岗位总体分为两种类型:在生产线上从事罐头加工工作的非技术型岗位和不从事罐头加工工作的技术型岗位。非技术型岗位上的雇员绝大部分为少数族群,主要是阿拉斯加本地人和菲律宾人,而技术型岗位上的雇员绝大部分为白人,且技术型岗位的薪酬普遍高于非技术型岗位的薪酬。此外,白人雇员和少数族群雇员在招聘、饮食和住宿方面是相互独立的。以弗兰克·阿顿尼奥(Frank Atonio)为代表的一些少数族群雇员依据《民权法》第七篇向地区法院提起诉讼,指控被告的招聘和晋升政策基于种族因素而拒绝在技术型岗位上雇佣他们,致使白人雇员和少数族群雇员之间产生了有区别的影响,最终导致公司的劳动力结构中出现了严重的种族隔离现象。地区法院以"非技术型岗位上绝大部分是少数族群雇员的原因是公司同一个少数族群工会签订了招聘协议,而这些少数族群雇员均由该工会招聘而来"为由驳回了原告的诉讼请求。原告不服,遂上诉至第九巡回上诉法院。上诉法院撤销了一审法院的判决,并认定以弗兰克·阿顿尼奥为代表的原告提供的有关被告劳动力结构中存在严重种族比例失衡的统计数据满足了区别影响型歧视指控中的初步证据举证责任标准。上诉法院进一步指出,本案中的举证责任已转移至被告,被告应当证明被指控的招聘和晋升政策具有商业必要性。被告不服,上诉至联邦最高法院。

在终审过程中,联邦最高法院从三个层面对雇员提起的区别影响型歧视指控作出了实质性限制。首先,联邦最高法院认为上诉法院错误地使用了不合理的统计数据,并错误地进行了比较分析。审理此案的大部分法官认为,原告使用的是未经过加工且不能反映实际工作岗位要求的原始统计

---

① 29 C. F. R. § 1607. 4D.

② Charles Fried, *Order and Law: Arguing the Reagan Revolution-A Firsthand Account*, New York: Simon & Schuster, 1991, p. 118-122.

③ Wards Cove Packing Co. v. Atonio, 490 U. S. 642 (1989).

数据,正确的做法应当是用非技术型岗位中少数族群雇员的比例同具备相应技能的少数族群求职者在当地劳动力市场上的比例进行比较。联邦最高法院在进一步查明"被告非技术型岗位上少数族群雇员的比例同符合招聘条件的少数族群求职者在当地劳动力市场上的比例相当"后认定,原告仅仅是针对沃德湾食品包装公司不同岗位中白人雇员和少数族群雇员之间的比例进行比较,并没有尽到在区别影响型歧视指控案件中提供初步证据的举证责任。对此,拜伦·怀特(Byron White)大法官在代表多数法官针对本案发表法庭意见时进一步解释说,"如果被告的技术型工作岗位上缺乏少数族群雇员是因为劳动力市场上符合招聘条件的少数族群申请者本来就很少,那么就不能认定被告的招聘方法或者人事政策对少数族群求职者和雇员产生了有差别的影响"。其次,联邦最高法院认为,在提供初步证据证明被告的招聘政策对少数族群劳工产生了有区别的影响时,原告除对统计数据进行比较外,还应当明确说明这种有区别的影响具体是由雇主的哪一种人事政策或者标准造成的,而不能泛泛而谈,否则雇主可能会因为各种各样可引起劳动力结构统计数据失衡的无辜因素而承担责任。拜伦·怀特大法官强调:"就像在特定的人事政策可能会剥夺少数族群就业机会的情形下,雇主不能简单地通过证明他的劳动力结构在种族方面是平衡的而规避《民权法》第七篇中的法律责任一样,雇员也不能简单地将雇主的劳动力结构在种族方面失衡作为其提起区别影响型歧视指控的初步证据。一般而言,雇员必须证明雇主实施的某个具体的人事政策直接导致了有区别的影响,这是雇员用于证明存在区别影响型歧视的初步证据的一个必要部分。"最后,联邦最高法院认为,当原告在区别影响型歧视指控中尽到了提供初步证据的举证责任时,举证责任将转移至被告,但被告仅须对被指控的招聘或人事政策提供一个合法的正当商业理由即可。拜伦·怀特大法官指出:"法院调查的标准是对被指控的人事政策的合理性进行审查,即考察被指控的人事政策是否显著地有助于实现雇主的合法商业目的……我们并没有要求雇主证明被指控的人事政策对雇主所开展的业务而言是必不可少或不可或缺的,因为大部分雇主都通不过这种严厉的审查标准……因此,雇主在这个环节中仅需证明其人事政策具有商业合理性即可。"[①]由此可知,联邦最高法院在本案中将其之前在格里格斯诉杜克电力公司案中确立的被告抗辩理由从商业必要性(business necessity)要件

① Mark A. Rothstein, Lance Liebman, Kimberly A. Yuracko, Charlotte Garden, *Employment Law: Cases and Materials* (Ninth Edition), Thomson Reuters/Foundation Press, 2020, p. 331-332.

降低为商业合理性(business justification)要件,从而在很大程度上降低了雇主的举证责任难度。联邦最高法院裁决将本案发回上诉法院进行重审,并要求上诉法院在重审过程中应当根据上述观点进行裁判。

联邦最高法院对沃德湾食品包装公司诉阿顿尼奥案作出的判决几乎使联邦法院之前针对《民权法》第七篇创制的区别影响型歧视指控理论被束之高阁。在本案中持反对意见的哈利·布莱克蒙(Harry Blackmun)大法官质疑道:“本案的事实向我们展现了一种公开的和制度化的歧视,这并不是我们近些年没遇到过的图景:一个完全基于种族分层和种族隔离原则而组织起来的居住和工作环境。就像在本案中同样持异议的约翰·保罗·史蒂文斯(John Paul Stevens)大法官描述的那样,这就像是一个(奴隶制的)种植园经济。该产业中过去存在的这种旧式的歧视表现为尽量将少数族群劳工安排在最低层次的工作岗位上……我的多数法官同事在本案中形成的观点使得雇主的这些人事政策免于遭受《民权法》第七篇的规制。很遗憾的是,他们居然不感到意外。人们或许会感到奇怪,我的这些同事是否还相信种族歧视是我们社会中的一个问题,甚至会怀疑他们是否还记得种族歧视问题曾经是我们社会的一个毒瘤。”①对此,《华盛顿邮报》发表社论戏称:“(沃德湾食品包装公司诉阿顿尼奥案表明)格里格斯诉杜克电力公司案是一场持续了18年的误会。”②受此影响,20世纪80年代晚期,在联邦最高法院审理的所有此类案件中,原告几乎都败诉了。③

第三节　混合动机歧视理论的创制:普华会计师事务所诉霍普金斯(Price Waterhouse v. Hopkins)案

20世纪80年代,在政治和司法层面遭遇抵制的同时,反就业歧视制度也得到了一定程度的发展。依据联邦最高法院在1973年审理麦道飞机制造公司诉格林案时创制的区别对待型歧视指控理论,④原告(雇员)和被告(雇主)将围绕雇主决策行为背后的动机进行举证。具体而言,在这种

---

① Mark A. Rothstein, Lance Liebman, Kimberly A. Yuracko, Charlotte Garden, *Employment Law: Cases and Materials* (Ninth Edition), Thomson Reuters/Foundation Press, 2020, p. 335.

② [美]特里·H.安德森:《美国平权运动史》,启蒙编译所译,上海社会科学院出版社2017年版,第268页。

③ Michael Selmi, *The Evolution of Employment Discrimination Law: Changed Doctrine for Changed Social Conditions*, Wisconsin Law Review, Vol. 2014, (2014), p. 953.

④ 有关麦道飞机制造公司诉格林案的论述详见本书第二章第五节第二部分。

包含三个步骤的举证责任转移机制中,首先,原告应当提供初步证据证明雇主实施的决策行为是为了进行就业歧视;其次,被告应当针对被指控的决策行为提供一个合理的非歧视性的理由;最后,原告应当证明被告提供的理由是一个借口,且决策行为的真实理由是就业歧视。由此可知,联邦最高法院在麦道飞机制造公司诉格林案中审理区别对待型歧视案件时采用了一种非此即彼的"二分法"路径去认定雇主决策行为背后的动机。申言之,法院机械地认为,雇主决策行为背后的动机要么是合法的非歧视性的,要么是违法的歧视性的。[①] 法院对雇主决策动机的此种解读引发了大量质疑。一些学者认为,在当代劳动关系实践中,雇主决策行为背后常常具有多重动机,雇主不大可能仅出于一个单一的动机而做出复杂的人事决策行为。[②] 20 世纪 80 年代,法院对雇主决策行为背后的动机有了更为全面的认识,并逐渐意识到雇主决策行为的动机具有复杂性和多元性。[③] 受此影响,1989 年联邦最高法院在普华会计师事务所诉霍普金斯[④]案中认定,雇主的决策行为既可能具有合法的非歧视性动机,也可能同时具有违法的歧视性动机,从而在区别对待型歧视指控中创制了混合动机理论。

在该案中,原告安·霍普金斯(Ann Hopkins)是被告普华会计师事务所(Price Waterhouse)的一名女性项目经理。原告一直有着优秀的业绩表现,且其业绩常常优于会计师事务所的男性同事。尤其在 1982 年,她为普华会计师事务所赢得了一份标的额高达 2500 万美元的政府购买合同。[⑤] 同年,原告向普华会计师事务所提出晋升为合伙人的申请,普华会计师事务所以"明年再讨论"为托词予以婉拒。次年,原告再次向普华会计师事务所提出晋升为合伙人的申请,但遭会计师事务所明确拒绝。原告因此而辞职,并依据《民权法》第七篇向哥伦比亚地区法院提起诉讼,指控被告拒绝将自己晋升为合伙人的行为构成性别歧视。原告声称,被告普华会计师

---

① David Sherwyn, Michael Heise, Zev J. Eigen, *Experimental Evidence That Retaliation Claims Are Unlike Other Employment Discrimination Claims*, Seton Hall Law Review, Vol. 44, (2014), p. 464; Solon Barocas, Andrew D. Selbst, *Big Data's Disparate Impact*, California Law Review, Vol. 104, (2016), p. 697.

② Linda Hamilton Krieger, *The Content of Our Categories: A Cognitive Bias Approach to Discrimination and Equal Employment Opportunity*, Stanford Law Review, Vol. 47, (1995), p. 1165–1166.

③ Katharine T. Bartlett, *Making Good on Good Intentions: The Critical Role of Motivation inReducing Implicit Workplace Discrimination*, Virginia Law Review, Vol. 95, (2009), p. 1924–1925.

④ Price Waterhouse v. Hopkins, 490 U. S. 228 (1989).

⑤ 一审法院特别指出,安·霍普金斯对普华会计师事务所成功签订该巨额政府合同起到了关键作用。在那一年申请晋升为合伙人的其他同事都未取得可与她媲美的业绩。

事务所的 622 名合伙人中仅有 7 人是女性，且晋升成为新合伙人需要其他合伙人推荐；在向会计师事务所申请成为合伙人时，一些合伙人以自己没有女人味为由反对自己的晋升申请。原告指出，在她第一年申请成为合伙人时，她的上司托马斯·拜尔（Thomas Beyer）告诉自己说，“为了增加成为合伙人的机会，你需要在走路、说话和穿着方面更有女人味，要化化妆，做做头发，戴一些首饰”。此外，很多男性同事表示，他们很难接受原告被晋升为合伙人，因为原告的行为举止不像是一位女性。被告普华会计师事务所则辩称，原告没有获得晋升是因为她人际关系很差，很难与人相处。普华会计师事务所的同事普遍反映她经常咄咄逼人、口出恶言、为人苛刻、缺乏耐心。经综合分析，地区法院认定被告拒绝晋升原告为合伙人的行为存在性别歧视，从而违反了《民权法》第七篇，故被告应承担法律责任；但与此同时，由于原告糟糕的人际关系也是导致被告拒绝提拔她为合伙人的一部分原因，所以当被告有证据证明即使不存在性别歧视因素，也会作出相同决策时，被告可以免于承担法律责任。被告不服，上诉至哥伦比亚地区巡回上诉法院。上诉法院维持了一审判决。① 被告依然不服，遂最终上诉至联邦最高法院。

在终审过程中，联邦最高法院认定该案的事实情节十分与众不同，即被告拒绝晋升原告为合伙人的人事决策行为背后同时存在合法的理由（原告的人际关系很差）和违法的理由（因原告没有女人味而对其进行性别歧视），且原告难以准确地识别合法的理由以及违法的理由分别在多大程度上导致了被告的决策行为。联邦最高法院认为，因为《民权法》第七篇仅禁止雇主基于种族、肤色、宗教、性别、出生地因素进行人事决策，而未限制雇主在进行人事决策时考量其他因素，所以该案的关键在于如何平衡雇员的公平就业机会权和雇主的自由选择权。对此，被告坚持认为，原告应当适用“若无则不”（but-for）型因果关系举证责任标准证明性别歧视是导致被告拒绝晋升原告为合伙人的决定性因素，才能要求被告承担法律责任。具体而言，被告认为只有当原告能证明“若不是因为性别歧视的缘故，原告的晋升申请不会被拒绝”，即当性别歧视是导致被告拒绝原告晋升申请的绝对必要条件时，原告才能要求被告承担法律责任。此外，被告声称，即使

① 需要说明的是，一审法院和二审法院均判决原告胜诉，但在被告免责事由的举证责任标准方面存在分歧。一审法院认为如果被告有优势证据（preponderance of evidence）证明即使不存在性别歧视的因素，自己也会作出相同的决策的话，那么被告可以免于承担法律责任；二审法院认为被告需要提供确凿的证据（clear and convincing evidence）证明即使不存在性别歧视的因素，自己也会作出相同的决策，才能免于承担法律责任。

原告适用“若无则不”型因果关系标准证明了性别歧视是导致被告拒绝其晋升申请的绝对必要条件,但被告可以通过证明“即使决策行为不涉及性别歧视因素,无论如何会计师事务所都会作出相同决策”来免于承担法律责任。相反,原告则认为,只要决策行为中存在性别歧视因素,被告就应当承担法律责任;即使被告证明其他因素在决策行为中也起到了作用,也只能减轻被告的法律责任,而不能完全免除被告的法律责任。

面对该案特殊的事实情节以及控辩双方针锋相对的观点,威廉姆·布伦南(William Brennan)大法官代表相对多数法官(9位法官中的4位法官)发表了一个折中的法庭意见:首先,由于《民权法》第七篇的法律文本规定的是“禁止因为……而进行歧视”,而非“禁止完全因为……而进行歧视”,所以即使雇主的决策行为只含有少量的歧视因素,该决策行为也违法。换言之,威廉姆·布伦南大法官否定了被告主张的“若无则不”型因果关系举证责任标准。其次,当雇员提供了初步证据证明雇主的决策行为具有歧视因素时,举证责任将转移至雇主。雇主可以通过证明“即使决策行为中不含有任何歧视因素,自己也会作出相同的决策”来免于承担法律责任。

值得注意的是,尽管审理该案的9位法官中有相对多数的法官原则上同意威廉姆·布伦南大法官提出的这种否定“若无则不”型因果关系举证责任标准的混合动机理论以及其主张的举证责任转移机制,但他们对于“歧视性因素在雇主决策行为中具体要起到何种程度上的作用才能据此认定雇员提供了雇主违反《民权法》第七篇的初步证据”存在分歧。有法官认为,原告只需证明歧视是导致雇主进行决策的一个激发因素(motivating factor),即可将举证责任转移至雇主。对此,桑德拉·奥康纳(Sandra O'Connor)法官的观点被广泛接受,并成为本案创制的判例法规则。① 桑德拉·奥康纳法官强调:“在混合动机型雇主决策行为中,当且仅当雇员用直接证据(direct evidence)证明受法律保护的特征是导致雇主进行决策的一个实质性因素(substantial factor)时,举证责任才转移至雇主。”桑德拉·奥康纳法官针对其主张的直接证据要件进一步解释道:尽管工作场所中的流言蜚语较多,也许会存在性骚扰的情形,但据此而要求雇主证明其人事决策具有合法的标准是不合理的,且原告不能通过提供非决策者的言论或者决策者发表的和决策过程无关的言论来履行其这方面的举证义务;

① David Sherwyn, Michael Heise, Zev J. Eigen, *Experimental evidence that Retaliation Claims are Unlike other Employment Discrimination Claims*, Seton Hall Law Review, Vol. 44, (2014), p. 464-465.

雇员的种族和性别是决策者能直观察觉到的信息，这些信息不可避免地会影响雇主的人事决策，但雇主完全有可能对这些信息作出中性和非歧视性的评价。例如，在该案中，雇主在决策时使用了"一位女性候选人"字样的措辞，这在一定程度上确实可以作为证明性别在决策中起到了作用的证据，但这绝不意味着该人事决策就是因为性别而作出的。本案中的安·霍普金斯必须提供直接证据证明决策者在进行人事决策时实质性地依赖了一个违法的因素。①

桑德拉·奥康纳法官在有争议的激发因素标准和实质因素标准之间选择了实质因素标准，并要求一审法院依据该举证责任标准对本案进行重审，②这在一定程度上提高了原告的举证责任难度。③ 整体而言，联邦最高法院在审理普华会计师事务所诉霍普金斯案时既表现出了创新的一面，也体现出了保守的一面。④ 一方面，较之于"若无则不"(but-for)型因果关系标准，联邦最高法院在本案中引入了以实质性因素标准为内核的混合动机理论，使雇员在混合动机型案件中得以更容易地提供雇主实施了就业歧视行为的初步证据；但另一方面，该混合动机理论同时创制了绝对的雇主相同决策抗辩权(same decision defense)，即允许雇主通过证明即使不考虑歧视因素也会作出相同决策来免于承担一切法律责任。⑤

第四节 将性骚扰纳入反就业歧视制度保护范畴：美驰储蓄银行诉文森(Meritor Savings Bank v. Vinson)案

如本书第二章第五节所述，依据1964年《民权法》第七篇以及1967年《反就业年龄歧视法》，在招聘、晋升、解雇等环节中遭受就业歧视的雇员

---

① Mark A. Rothstein, Lance Liebman, Kimberly A. Yuracko, Charlotte Garden, *Employment Law: Cases and Materials* (Ninth Edition), Thomson Reuters/Foundation Press, 2020, p. 235.

② 重审时，一审法院基于普华会计师事务所未提供优势证据证明即使性别刻板印象未影响人事决策，其也会拒绝将安·霍普金斯晋升为合伙人，从而判决被告于1990年7月1日将原告晋升为合伙人，并对原告在此期间因未能晋升为合伙人而损失的利益进行赔偿。

③ William R. Corbett, *Unmasking a Pretext for Res Ipsa Loquitur: A Proposal to Let Employment Discrimination Speak for Itself*, American University Law Review, Vol. 62, (2013), p. 471-472.

④ Michael Selmi, *The Evolution of Employment Discrimination Law: Changed Doctrine for Changed Social Conditions*, Wisconsin Law Review, Vol. 2014, (2014), p. 984.

⑤ David Sherwyn, Michael Heise, *The Gross Beast of Burden of Proof: Experimental Evidence on How the Burden of Proof Influences Employment Discrimination Case Outcomes*, Arizona State Law Journal, Vol. 42, (2010), p. 942.

得以向法院提起区别对待型歧视指控或者区别影响型歧视指控。然而,法院早期在认定雇主实施的就业歧视行为违法时,一般须以雇员遭受了有形的经济损失(tangible economic loss)为前提。换言之,早期的法院认为,只有当就业歧视行为给雇员造成了可计量的经济损失时(如雇员因受法律保护的因素未被录用、未被提拔、被解雇而蒙受具体的经济损失),法院方能认定雇主实施了违反《民权法》第七篇或《反就业年龄歧视法》的就业歧视行为。

联邦法院将雇员遭受经济损失作为向雇主施加反就业歧视法律责任的前提对女性雇员尤为不利。随着 1964 年《民权法》第七篇首开禁止性别就业歧视之先河以及 1978 年《反怀孕歧视法》对性别就业歧视概念外延的扩大,越来越多的女性劳工步入职场。这些女性雇员除了在招聘、晋升、解雇等环节中可能遭受传统形式的性别歧视外,还容易遭遇男性上司或同事的性骚扰。事实上,"自从女性开始步入职场成为男性上司的下属或者成为男性雇员的同事以来,职场上持续存在的性骚扰行为造成了严重的危害"。[①] 受劳动关系中固有的从属性因素影响,发生于劳动关系存续期间的职场性骚扰行为不可避免地具有一定程度的强迫性,并因此而危及女性雇员的工作满意度和职业稳定。[②] 研究表明,20 世纪 80 年代遭遇过职场性骚扰的美国女性雇员占所有女性雇员总数的 40% ~ 80%。[③] 虽然自 20 世纪 70 年代起,一些联邦法院承认当女性雇员在职场中遭遇男性上司或者同事以行为或语言的方式提出性要求或进行性挑逗时,可以依据《民权法》第七篇以性别歧视为由提起诉讼,但只有当性骚扰行为对劳动关系造成了直接的后果时,法院才会认定该行为违反了《民权法》第七篇。具体而言,法院认为女性雇员必须证明自己处于"要么顺从性骚扰行为,要么将面临有害劳动条件或待遇"的困境,方尽到了提供初步证据证明雇主实施了就业歧视行为的举证责任。例如,在密歇根州东部地区法院 1977 年审理的一个案件中,法院认定因拒绝上司性挑逗而被解雇的女性雇员有权利基于《民权法》第七篇提起诉讼。[④] 由此观之,当职场性骚扰行为未对劳动关系造成直接后果,即雇员未因此而蒙受经济损失时,该行为在法院看来

---

① Grace M. Dodier, *Meritor Savings Bank v. Vinson: Sexual Harassment at Work*, Harvard Women's Law Journal, Vol. 10, (1987), p. 208.

② Joan Vermeulen, *Employer Liability Under Title Ⅶ for Sexual Harassment by Supervisory Employees*, Capital University Law Review, Vol. 10, (1980-1981), p. 499.

③ Grace M. Dodier, *Meritor Savings Bank v. Vinson: Sexual Harassment at Work*, Harvard Women's Law Journal, Vol. 10, (1987), p. 207.

④ Munford v. James T. Barnes & Co., 441 F. Supp. 459 (E. D. Mich. 1977).

并未违反《民权法》第七篇。依此逻辑,当女性雇员为了避免遭受不利劳动条件和待遇而顺从性骚扰行为时,该行为因事实上并未造成经济损失而不具有可归责性;同理可知,在女性雇员敢于抵制性骚扰行为的情形下,无论性骚扰行为的危害后果多严重,次数多频繁,实施性骚扰行为的男性上司或者同事只要不在劳动条件和待遇方面报复拒绝顺从的女性雇员便可逍遥法外。这一怪象一直持续到20世纪80年代后期。

联邦最高法院在1986年审理的美驰储蓄银行诉文森[①]案中首次认定雇员遭受经济损失并非雇主违反《民权法》第七篇的必要条件,职场性骚扰行为导致的有害工作环境(hostile working environment)同样属于被《民权法》第七篇禁止的性别歧视行为。在该案中,原告米歇尔·文森(Mechelle Vinson)是一位黑人女性,她于1974年至1978年先后在被告美驰储蓄银行(Meritor Savings Bank)处担任见习柜员、柜员、经理助理。1978年被告以米歇尔·文森过度请病假为由将其解雇。米歇尔·文森随后依据《民权法》第七篇向地区法院提起诉讼,指控被告美驰储蓄银行的副总裁西德尼·泰勒(Sidney Taylor)在劳动关系存续期间曾持续对自己实施性骚扰行为。原告声称,自己因为害怕丢掉工作而与上司西德尼·泰勒发生过40~50次性关系,且西德尼·泰勒曾数次强奸自己,向自己暴露生殖器,还当着其他同事的面抚摸自己。原告还解释说,因为害怕遭受打击报复,之前并未对此进行检举揭发。西德尼·泰勒否认所有的指控,并声称原告的说辞另有他因。美驰储蓄银行在否认原告所有的指控时强调,银行对西德尼·泰勒的行为不知情,且就算原告指控的行为属实,这也是西德尼·泰勒的个人行为,与银行无关。一审法院一方面以"即使原告同自己的上司发生过性关系,也是原告自愿的"为由,认定原告并未遭受性骚扰行为的侵害;另一方面以"原告之前并没有将这些被指控的不当行为告知美驰储蓄银行的管理人员"为由,认定被告美驰储蓄银行无须承担法律责任。原告不服,上诉至哥伦比亚地区上诉法院。上诉法院基于以下三点理由作出了与一审法院完全相反的判决:首先,上诉法院认为,如果西德尼·泰勒将接受性骚扰行为作为建立或维系劳动关系的一个前提,那么发生性关系时原告是否存在自愿的因素并不重要;其次,上诉法院建设性地认为,《民权法》第七篇禁止两种类型的性骚扰行为:以劳动条件和待遇为交换条件的性骚扰行为以及虽然不影响经济利益但导致了有害或者冒犯性工作环境的性骚扰行为;最后,上诉法院作出结论认定,无论美驰储蓄银

---

① Meritor Savings Bank v. Vinson, 477 U. S. 57 (1986).

行的管理人员对该被指控的性骚扰行为是否知情,美驰储蓄银行都应当对其高级管理人员实施的性骚扰行为承担法律责任。被告不服,遂上诉至联邦最高法院。

终审过程中,联邦最高法院基于不同的理由维持了上诉法院的判决,进而认定原告有权依据《民权法》第七篇针对有害工作环境提起诉讼。[①] 威廉姆·伦奎斯特大法官代表多数法官就性骚扰行为的违法性、证据标准以及法律责任等事项发表了以下法庭意见:首先,依据《民权法》第七篇的字面含义以及公平就业机会委员会发布的《反性别歧视指南》(Guidelines on Discrimination Because of Sex),[②]联邦最高法院同意原告米歇尔·文森的观点,即"不受欢迎的性挑逗和性要求所导致的有害工作环境违反了《民权法》第七篇"。虽然《民权法》第七篇中有关禁止性别歧视的内容是国会在通过该法的最后时刻唐突加入的,因而难以借助立法史解读"禁止性别歧视"的确切含义,但国会在《民权法》第七篇中使用了"劳动条件、劳动待遇和权利"字样的措辞表明国会具有使该法调整劳动关系中各种各样区别对待情形的意图,这意味着该法的调整范围并不局限于有形的经济歧视情形。此外,公平就业机会委员会在其发布的指南中将性骚扰定义为"以语言或者行为的方式实施的不受欢迎的性挑逗或者提出性要求的行为",并明确禁止两种情形:(1)直接以经济条件为交换的性骚扰行为;(2)对个人的工作表现进行不合理干涉,或者导致一种令人恐惧的有害的或冒犯性的工作环境的性骚扰行为。其次,原告与西德尼·泰勒自愿发生性关系的事实并不是被告抗辩的理由,本案应当调查的是西德尼·泰勒实施的性挑逗行为和提出的性要求对于原告而言是否是不受欢迎的。最后,因美驰储蓄银行的反歧视政策没有明确禁止性骚扰行为,且银行内部的纠纷解决程序要求原告将遭受性骚扰的情况向自己的上司西德尼·泰勒反映而存在明显瑕疵,所以依据代理原则,美驰储蓄银行作为被代理人存在对代理人西德尼·泰勒实施的违法行为承担法律责任的可能性。

联邦最高法院基于上述理由将本案发回上诉法院重审。重审过程

---

① Grace M. Dodier, *Meritor Savings Bank v. Vinson*: *Sexual Harassment at Work*, Harvard Women's Law Journal, Vol. 10, (1987), p. 214-218.

② 《反性别歧视指南》规定:"因为性别而实施的骚扰行为违反了第七篇第703条。在下列情形中,不受欢迎的性挑逗、性要求以及其他具有性属性的言语或身体行为构成性骚扰:(1)明示或默示地将对此类行为的服从作为个人的劳动条款或条件;(2)基于个人对此类行为的服从或拒绝而针对该个人作出人事决策;(3)此类行为具有不合理地干扰个人的工作表现或造成恐吓、敌意或冒犯性的工作环境的目的或效果。"See 29 C. F. R. § 1604. 11(a).

中，原告和被告以和解方式结案。美驰储蓄银行诉文森案在美国反性别就业歧视制度中具有里程碑性质的重要意义：第一，联邦最高法院首次承认在职场中遭受性骚扰的女性雇员可依据《民权法》第七篇向法院提起诉讼，[①]从而以判例法的形式将职场性骚扰纳入禁止性别就业歧视范畴，借此再次扩大了违法性别就业歧视概念的外延。第二，联邦最高法院首次将导致有害工作环境认定为被《民权法》第七篇禁止的一种就业歧视后果，并允许单纯遭受有害工作环境侵害的雇员向法院提起诉讼，从而改变了之前将雇员遭受经济损失作为追究雇主就业歧视行为法律责任归责要件前提的做法。在该案中，联邦最高法院对公平就业机会委员会将有害工作环境定义为"导致了一种令人恐惧的有害的或冒犯性的工作环境"的做法予以认可，[②]并进一步明确了判定违法性骚扰行为发生的标准是该行为对受害者而言是"不受欢迎的"而非未经受害者"同意"，从而凸显出对女性雇员人格权的保护。[③] 由此可知，美驰储蓄银行诉文森案将反就业歧视制度的法益保护理念从单纯的保护财产权扩张至人身权与财产权保护并重。

---

① Catherine E. Smith, *Looking to Torts: Exploring the Risks of Workplace Discrimination*, Ohio State Law Journal, Vol. 75, (2014), p. 1209.

② 时隔美驰储蓄银行诉文森案7年后，联邦最高法院进一步明确了因职场性骚扰而导致的"有害工作环境"的认定标准，即应当在对案件的整体事实进行综合判断的基础上认定是否存在有害工作环境。判定的因素包括但不限于性骚扰行为的发生频率和严重性，是身体上的威胁和羞辱还是仅仅是言语上的冒犯，是否干涉了雇员的工作表现，是否对雇员的心理健康造成了影响。联邦最高法院指出并不存在一个起决定性作用的因素，而应当对所有涉案事实进行通盘考虑，并强调被指控的行为必须足够严重或者普遍，以至于产生了一种让一个正常人（a reasonable person）客观上感觉到是有害的工作环境。See Harris v. Forklift Systems, Inc., 510 U. S. 17 (1993).

③ William R. Corbett, *Unmasking a Pretext for Res Ipsa Loquitur: A Proposal to Let Employment Discrimination Speak for Itself*, American University Law Review, Vol. 62, (2013), p. 477.

第四章　美国反就业歧视制度的整体扩张和局部回调（20 世纪 90 年代至今*）

如本书第三章所述，20 世纪 80 年代，美国反就业歧视制度虽得到了一定程度的发展，但因深受以时任总统罗纳德·里根为代表的政治保守派势力的影响而总体上呈现出收缩趋势。[①] 罗纳德·里根总统于 1989 年 1 月卸任，美国反就业歧视制度在经历了短暂的寒冬后迎来了新的发展阶段。20 世纪 90 年代至今，美国反就业歧视制度呈现出整体扩张和局部收缩并存的发展态势。就整体扩张趋势而言，在成文法层面，美国国会先后通过了 1990 年《残疾人保护法》（Americans with Disabilities Act of 1990）、1991 年《民权法》修正案以及 2008 年《反基因信息歧视法》（Genetic Information Nondiscrimination Act of 2008），从而持续以联邦立法的形式扩大反就业歧视制度的保护范围。在判例法层面，21 世纪以来，联邦最高法院通过一系列判决加大了对违法就业歧视行为的纵深打击力度。就局部收缩趋势而言，在违法就业歧视行为得到有效缓解的大环境下，联邦最高法院在司法过程中也对部分反就业歧视制度作出了适当回调，以回应新的社会形势。

第一节　立法上的扩张

20 世纪 90 年代以来，美国反就业歧视制度的发展趋势首先表现为联邦立法上的持续扩张。美国国会于 1990 年和 2008 年分别单独颁行了《残疾人保护法》和《反基因信息歧视法》，从而进一步丰富了反就业歧视联邦立法的制度内涵；此外，美国国会于 1991 年再次修正《民权法》，扩张了 1866 年《民权法》第 1981 条中“订立和执行合同”的含义，对区别影响型歧视指控及其举证责任标准作出了明确规定，降低了区别对待混合动机型歧

---

* 本书此处和下文中使用的“至今”一词所指的时间节点大致为 21 世纪 20 年代。

① Michael Selmi, *The Evolution of Employment Discrimination Law: Changed Doctrine for Changed Social Conditions*, Wisconsin Law Review, Vol. 2014, (2014), p. 953.

视指控的举证责任标准,削弱了雇主相同决策抗辩权的抗辩效果,扩大了雇员请求陪审团裁决雇主支付惩罚性损害赔偿金的范围,以至进一步强化了对雇员公平就业机会权利的保护。

一、1990年《残疾人保护法》

20世纪80年代,随着1964年《民权法》第七篇以及1967年《反就业年龄歧视法》的稳步实施,美国劳动力市场上的少数族群雇员、女性雇员、移民雇员、大龄雇员以及其他具有受法律保护特征的雇员的就业数量和就业质量有了较为显著的改善。但与此同时,另一个数量庞大的劳动力群体——残疾人劳工——越位成为就业歧视现象的主要受害者。美国雇主因担心支付昂贵的医疗保险费用而普遍排斥雇佣残疾人,即使这些被雇佣的残疾人的工作能力并不逊色于普通雇员。此外,有行动困难的雇员常常因上下班不方便而被辞退。这一时期的统计数据显示,2/3的残疾人处于失业状态。残疾人群体中,适龄劳动者的失业比例甚至超过了包括非洲裔美国人在内的其他所有劳动力群体。在这些失业的残疾人群体中,又有2/3属于非自愿失业。具体而言,大约有820万名残疾人因找不到工作而被迫失业。居高不下的失业率导致20%的残疾人生活在贫困线以下,他们的贫困发生率是美国其他群体的2倍。此外,大约一半数量的残疾人的家庭年收入低于15,000美元。统计数据显示,残疾男性的年平均收入比健康男性的年平均收入低36%,残疾女性的年平均收入比健康女性的年平均收入低38%。①

鉴于残疾人群体普遍遭遇的经济和社会困境,美国民权委员会(United States Commission on Civil Rights)于1983年发表官方声明指出:“长期以来,社会倾向于孤立和排斥残疾人士。尽管在过去的20年间有所改善,但歧视残疾人依然是一个严重和普遍存在的社会问题。残疾人遭受的歧视普遍发生在教育、就业、医疗、交通等领域”。1986年,一项引起全国残疾人事务委员会(National Council on Disability)强烈关注的调查表明,残疾与贫穷、失业、缺少教育、社交障碍、购物障碍以及娱乐障碍之间存在高度关联。该调查结果进一步指出,歧视是残疾人成为弱势群体的一个主要原因,且残疾人士中的3/4呼吁将民权保护的范围扩张至禁止歧视残

---

① Robert L. Burgdorf Jr., *The Americans with Disabilities Act: Analysis and Implications of a Second-Generation Civil Rights Statute*, Harvard Civil Rights-Civil Liberties Law Review, Vol. 26, (1991), p. 420-422.

疾人。[①] 对此,美国著名残疾人权利倡议者亨利·维斯卡迪(Henry Viscardi)博士代表美国残疾人群体向社会呼吁:“对于所有美国残疾人而言,他们在生活中遭遇的一个最大障碍就是歧视。现在是我们的社会正式地和坚决地禁止歧视残疾人的时候了”。[②] 1987年,参议院残疾人委员会的报告指出:“几乎没有例外的是,有残疾的美国人都是弱势群体。较之于其他美国人,他们更为贫穷、更缺少教育、更缺乏社会生活,幸福感和获得感更低。”[③]1988年,国会意识到,一方面,4300万美国残疾人在就业、医疗、教育、社会服务等各个领域普遍遭受着严重的歧视;另一方面,他们却不能和遭受种族、性别、肤色、出生地、宗教信仰或者年龄歧视的其他美国人一样获得法律保护和救济。[④]

在此背景下,美国国会以《康复法》(Rehabilitation Act of 1973)为模板,[⑤]于1990年7月26日颁布了《残疾人保护法》(Americans with Disabilities Act of 1990),从而建立了一套较为全面和清晰的禁止歧视残疾人的综合保障机制。《残疾人保护法》由五个部分组成,分别保护残疾人在就业、获得政府服务(如享受公立教育和医疗资源)、获得社会服务(如购物、住宿、出行等)、获取信息(如要求广播电视公司以播出手语画面的方式向残疾人提供服务)等方面享有和其他人平等的权利,并禁止以威胁、胁迫、干涉的方式打击报复行使该法权利或帮助他人行使该法权利的任何人。[⑥]《残疾人保护法》沿用了《康复法》的立法技术,采用三元结构将“残疾”定义为:对个人基本生活能力造成实质性损害的生理上的或者精神上

---

① Robert L. Burgdorf Jr., *The Americans with Disabilities Act: Analysis and Implications of a Second-Generation Civil Rights Statute*, Harvard Civil Rights-Civil Liberties Law Review, Vol. 26, (1991), p. 416-417.

② Lowell P. Weicker, Jr., *Historical background of the Americans with Disabilities Act*, Temple Law Review, Vol. 64, (1991), p. 392.

③ Robert L. Burgdorf Jr., *The Americans with Disabilities Act: Analysis and Implications of a Second-Generation Civil Rights Statute*, Harvard Civil Rights-Civil Liberties Law Review, Vol. 26, (1991), p. 415.

④ Robert L. Burgdorf Jr., *The Americans with Disabilities Act: Analysis and Implications of a Second-Generation Civil Rights Statute*, Harvard Civil Rights-Civil Liberties Law Review, Vol. 26, (1991), p. 434-435.

⑤ 需要指出的是,美国国会早在1973年便通过颁行《康复法》要求联邦政府以及与联邦政府订立了商业合同的雇主采取积极措施保障残疾人就业,并禁止联邦政府以及与联邦政府订立了商业合同或者获得了联邦资金资助的雇主对残疾人实施就业歧视行为。但是《康复法》的调整范围十分有限,其主要规制的是包括联邦政府在内的公共主体对残疾人实施的就业歧视行为。See 29 U. S. C. § § 701-796 (2006).

⑥ 42 U. S. C. § § 12101-12102.

的缺陷,或者具有这种缺陷的历史,或者现在被认为具有这种缺陷。[①] 该法规制的重中之重在于禁止在劳动力市场上歧视残疾人。其第一篇直接以“就业”为标题,禁止受该法调整的雇主、职业介绍所、劳工组织等主体在招聘、雇佣、晋升、解雇和培训环节以及在其他劳动条件和待遇方面歧视符合工作岗位要求的残疾人,[②]从而确保残疾人在劳动力市场上获得公平就业机会并由此实现经济独立。具体而言,该法禁止受其调整的主体以下列方式歧视残疾人:(1)因残疾原因而对求职者或者雇员进行有害的限制、隔离或者分类;(2)以合同或其他方式歧视残疾求职者或雇员;(3)使用对残疾求职者或雇员具有歧视效果的管理标准、条件或者方式;(4)排斥或者侵害同残疾人有私人关系的雇员或者求职者;(5)未对符合工作岗位要求的具有生理或者心理障碍的求职者或者雇员作出合理的调整,或者因为不愿意作出合理的调整而拒绝雇佣残疾人;(6)使用具有排除残疾人效果的资格标准、职业测试或者其他筛选条件,除非这些标准和条件与工作能力相关并具有商业必要性;(7)选择和使用损害残疾人感官、体能或语言能力的职业测试标准。[③] 此外,除对求职者违法使用药品的情形进行调查外,[④]《残疾人保护法》第102(d)(2)条规定,在雇员被雇佣之前,雇主不能为了了解一个求职者是否有残疾或者残疾的严重程度而对求职者进行医学检查或问卷调查;雇主仅被允许调查求职者完成工作任务的能力。[⑤] 国会认为,雇主可以通过求职申请表和面试程序获得关于求职者身体或精神状况的信息;在评估求职者的工作能力之前,雇主可能会使用这些信息去排除有残障的求职者,尤其是一些隐性的残障者,如患有癫痫病、糖尿病、精神疾病、心脏病和癌症的求职者。因此,该法第102(d)(2)条中的禁止性规定旨在确保雇主不会基于这种错误的观念而在招聘环节实施就业歧视。[⑥]

另外,为了兼顾雇主的合理商业需求,该法仅对“符合工作岗位要求”的残疾人提供保护。详言之,符合工作岗位要求的人指的是:“这个人在获得或者不获得合理调整的情况下可以履行其目前从事的工作或者其希望从事的工作的核心职能。”[⑦]然而需要指出的是,因为《残疾人保护法》本身

---

① 42 U.S.C. § 12102(2).

② 42 U.S.C. § § 12111(2), 12112(a).

③ 42 U.S.C. § 12112(b).

④ 42 U.S.C. § 12114(d)(1).

⑤ 42 U.S.C. § 12112(d)(2).

⑥ Harrison v. Benchmark Electronics Huntsville, Inc., 593 F.3d 1206 (11th Cir. 2010).

⑦ 42 U.S.C. § 12111 (8).

并未解释何为一个"工作岗位的核心职能"(an essential function of a job),所以"雇员或者求职者是否符合工作岗位要求"这个问题只能由司法机关以个案裁判的方式进行认定。[①] 依此理解,求职者或雇员依据该法主张公平就业机会权利的前提条件有二:一是基本生活能力受到实质性损害,属于受该法保护的残疾人范畴;二是在获得或者不获得合理调整的情况下可以履行工作岗位的核心职能。换言之,过重的疾病或缺陷(即使雇主作出合理调整,雇员也无法完成本职工作)以及过轻的疾病或缺陷(未对基本生活能力造成实质性损害)均不属于受该法保护的残疾情形。

值得注意的是,除对受该法调整的主体施加消极的不作为义务,即禁止实施歧视残疾人的行为外,《残疾人保护法》第一篇还对受该法调整的主体施加了积极的作为义务,即应当为有残疾的求职者和雇员主动作出合理调整。具体而言,雇主基于残疾而对一个符合工作岗位要求的人实施违法歧视的情形包括:"没有对已知的在生理或者精神上受到限制但在其他方面符合工作岗位要求的残疾求职者或者雇员作出合理的调整,除非可以证明这种调整会对生产经营造成不合理的困难。"[②]此外,该法明确了两种雇主应当主动作出合理调整的情形:(1)采取措施让残疾人可以不费力地使用以及获得供雇员使用的现有设施和设备;(2)通过岗位改革、灵活用工或者修改工作计划、重新分配空缺岗位、购置或者调整设备和装置、适当调整或修改考试和培训资料或政策、提供合格的朗读人或者翻译以及采取其他类似措施为吸纳残疾人就业作出调整。[③] 与此同时,当作出某种调整面临不合理障碍时(如较为困难或者成本过高),《残疾人保护法》并不强行要求义务主体作出此种类型的调整。[④]

相较以 1964 年《民权法》第七篇以及 1967 年《反就业年龄歧视法》为代表的第一代反就业歧视制度而言,《残疾人保护法》向雇主施加的此种积极的作为义务可破解雇主借助"逆向平等"措施规避反就业歧视法律责

---

① 例如,第九巡回上诉法院认定,由于正常出勤是新生儿重症监护部门护士岗位的核心职能,而即使医疗中心对原告作出相应调整,原告(该部门的一名护士)也无法满足被告的出勤要求,故原告不属于《残疾人保护法》中符合工作岗位要求的人。See Samper v. Providence St. Vincent Medical Center, 675 F. 3d 1233(9th Cir. 2013). 又如,第十一巡回上诉法院认定,一个因患有惊恐障碍症(panic disorder)而无法驾驶警车、在街上巡逻、执行逮捕、出庭作证以及从事任何户外警务工作的警察不属于《残疾人保护法》中符合工作岗位要求的人。See Valdes v. City of Doral, 662 F. App'x 803 (11th Cir. 2016).

② 42 U. S. C. § 12112(b)(5).

③ 42 U. S. C. § 12111 (9).

④ 42 U. S. C. § 12112 (b)(5)(A).

任的制度困境。详言之,在第一代反就业歧视制度中,雇主只要未差异化对待受反就业歧视制度保护的雇员或使其遭受有差异化的影响,则无须承担法律责任,即使雇主以对所有雇员都刻薄的方式来实现“就业公平”。例如,在联邦最高法院审理的杨诉联合包裹服务公司(Young v. United Parcel Service)①案中,原告佩吉·杨是被告联合包裹服务公司的兼职快递员,其日常工作任务包括搬举重达70磅的物品。被流产问题困扰的原告于2006年借助体外受精技术成功受孕。鉴于原告之前的流产经历,医生要求她在怀孕的前20周不能搬举超过20磅重的物品,在怀孕的20周以后也不能搬举超过10磅重的物品。于是,原告请求被告按照医嘱对其工作内容进行调整。被告拒绝了原告的请求,并强迫原告不带薪休假,从而致使原告在怀孕期间失去了医疗保险待遇。原告遂以性别就业歧视为由向法院提起诉讼(原告在一审和二审程序中也以残疾就业歧视为由提出了指控,但一审法院和上诉法院均认定怀孕并不属于《残疾人保护法》中的“残疾”)。终审过程中,联邦最高法院指出:被《反怀孕歧视法》修正的《民权法》第七篇并未向雇主施加合理调整义务,故原告必须证明被告对其他实际工作能力和自己类似的雇员作出过调整,方能成功指控雇主实施了违法的区别对待型性别就业歧视行为。

综上可知,《残疾人保护法》中关于禁止在劳动力市场上歧视残疾人的规定较之于1964年《民权法》第七篇以及1967年《反就业年龄歧视法》而言具有显著的进步意义。一方面,不同于早期反就业歧视制度以简单宣示性规定禁止就业歧视为主的立法技术,《残疾人保护法》详细列举了7类禁止针对残疾人实施的就业歧视行为;另一方面,除对受法律调整的主体施加了禁止针对残疾人实施就业歧视行为的消极不作为义务外,《残疾人保护法》还施加了积极的作为义务,即要求义务主体应当针对有残疾的求职者和雇员主动作出合理的调整。由此可知,《残疾人保护法》在借鉴早期反就业歧视立法理念和立法目的的同时,也作出了明显的制度完善和制度创新。鉴于《残疾人保护法》的全面性和明确性,②其被称为是超越了20世纪60年代反就业歧视制度的第二代民权法。对此,时任美国总统乔治·布什(George Bush)将这部法律描述为“具有历史意义的新民权法”以

① Young v. United Parcel Service, 135 S. Ct. 1338 (2015).

② 《残疾人保护法》的发起人国会议员洛厄尔·魏克尔二世(Lowell Weicker, Jr.)在该法通过后自豪地说道:“令我很欣慰的是,这部法律实现了我的一些目标,其在一个较广的范围内禁止歧视残疾人,并明确规定了消除歧视行为的具体方式”。See Lowell P. Weicker, Jr., *Historical Background of the Americans with Disabilities Act*, Temple Law Review, Vol. 64, (1991), p. 392.

及“世界上首部为残疾人提供平等保护的综合性立法”。[①]

二、1991 年《民权法》修正案

20 世纪 90 年代,美国反就业歧视制度在成文法上的另一个重大进展便是国会通过了 1991 年《民权法》修正案。尽管美国国会有权力在必要的时候主动修改法律,但为了保持法律的稳定性,国会在实践中一般很少这样做。在反就业歧视制度领域,国会和联邦最高法院达成了这样一种默契:一方面,国会允许联邦最高法院以判例法的形式创制反就业歧视制度;另一方面,当联邦最高法院的判决严重背离成文法的立法目的时,国会将以修改成文法的方式纠正相关的判例法制度。[②] 如本书第三章所述,联邦最高法院在 20 世纪 80 年代深受以时任总统罗纳德 · 里根为代表的政治保守派势力的影响,作出了一系列违背反就业歧视制度立法初衷的判决。例如,在帕特森诉麦克莱恩银行案中,联邦最高法院基于对 1866 年《民权法》第 1981 条作出的狭义解释,认定雇主在劳动关系存续期间所实施的歧视性种族骚扰行为并没有侵犯原告享有的和白人公民平等的订立和执行合同的权利。在沃德湾食品包装公司诉阿顿尼奥案中,联邦最高法院不但要求雇员具体说明究竟是雇主的哪一项人事政策对少数族群雇员产生了不平等的影响,而且还要求雇员提供极为苛刻的统计数据对此进行举证,并允许雇主适用更为宽松的商业合理性标准进行抗辩,从而导致雇员难以在区别影响型歧视指控中胜诉。在普华会计师事务所诉霍普金斯案中,联邦最高法院的多数法官认为,当雇员提供证据证明性别歧视是雇主进行人事决策的实质性因素时,雇主享有绝对的相同决策抗辩权,即可以通过证明“即使不存在歧视因素也会作出相同的人事决策”而完全免于承担法律责任。国会对联邦最高法院的上述判决表达了强烈不满,并迅速启动修法工作。[③]

1991 年,国会为回应社会各界对反就业歧视制度的现实需求,除将 1866 年《民权法》第 1981 条“订立和执行合同”的定义修正为包括“订立、

---

① Robert L. Burgdorf Jr., *The Americans with Disabilities Act*: *Analysis and Implications of a Second-Generation Civil Rights Statute*, Harvard Civil Rights-Civil Liberties Law Review, Vol. 26, (1991), p. 413-415.

② Michael Selmi, *The Evolution of Employment Discrimination Law*: *Changed Doctrine for Changed Social Conditions*, Wisconsin Law Review, Vol. 2014, (2014), p. 973.

③ Michael Selmi, *The Evolution of Employment Discrimination Law*: *Changed Doctrine for Changed Social Conditions*, Wisconsin Law Review, Vol. 2014, (2014), p. 952.

履行、修改和解除合同以及享有合同的所有好处、权利、条款和待遇”外,[①]还从区别影响型歧视指控的定义及其举证责任标准、区别对待混合动机型歧视指控的举证责任和法律责任、雇员请求陪审团裁决雇主支付惩罚性损害赔偿金等方面对《民权法》作出了重大修改。

第一,1991 年《民权法》修正案充分吸收了联邦最高法院在 1971 年审理格里格斯诉杜克电力公司案时创制的区别影响型歧视指控理论,并将其以成文法的形式加以固定。1991 年《民权法》修正案明确承认,除故意的区别对待型歧视外,还存在第二种类型的违法歧视行为,即非故意的区别影响型歧视。1991 年《民权法》修正案在其第三个立法目的中写道:本修正案的目的是“针对依据 1964 年《民权法》第七篇提起的区别影响型诉讼,确认(法院)裁审的法定权力并对这类案件提供指引”。此外,因察觉到沃德湾食品包装公司诉阿顿尼奥案中的雇员在提起区别影响型歧视指控时存在较大的举证困难,1991 年《民权法》修正案明确规定,当雇员因为受法律保护的特征而遭受到有区别的影响时,若雇主不能证明这种区别影响与工作相关且具有商业必要性,或者雇员可以证明雇主拒绝采取危害性更小的替代措施,那么雇主则实施了区别影响型就业歧视行为。[②] 但与此同时,1991 年《民权法》修正案也指出,“仅仅是反映雇主劳动力结构在种族、肤色、宗教信仰、性别、出生地方面存在比例失衡的统计数据并不能作为充分证明雇主实施了区别影响型就业歧视行为的初步证据”。[③]

第二,1991 年《民权法》修正案吸收了联邦最高法院在审理普华会计师事务所诉霍普金斯案时创制的混合动机理论,并将多数法官支持的实质因素(substantial factor)标准修改为激发因素(motivating factor)标准,从而降低了雇员在区别对待混合动机型歧视指控中的举证责任。该修正案规定:“当雇员说明(demonstrate)种族、肤色、宗教信仰、性别或者出生地是任何雇佣决策的一个激发因素时,可由此而认定存在一个违法的雇佣行为,即使该决策还受到其他因素促动。”[④]由此可知,相较联邦最高法院在麦道飞机制造公司诉格林案中创制的借口分析标准,1991 年《民权法》修正案降低了雇员在区别对待型歧视指控案件中的举证责任,即雇员只要能

① 42 U. S. C. § 1981(b).

② 1991 年《民权法》修正案在废除沃德湾食品包装公司诉阿顿尼奥案中的商业合理性标准的基础上正式将格里格斯诉杜克电力公司案阐述的商业必要性标准确立为区别影响型歧视案件中雇主的抗辩标准,从而增加了雇主抗辩的难度。See 42 U. S. C. § 2000e-2(k)(1)(A)(i)(2011).

③ 42 U. S. C. § 2000e-2(k) (2011).

④ 42 U. S. C. § 2000e-2(m) (2011).

证明就业歧视是雇主进行决策的一个激发因素,便提供了初步证据证明雇主实施了就业歧视行为,并因此而将举证责任转移至雇主。对此,前美国乔治华盛顿大学法学院迈克尔·希尔米(Michael Selmi)教授说道:"在 20 世纪 80 年代末期,雇员在联邦最高法院打(就业歧视)官司几乎都败诉了。但自从 1991 年《民权法》修正案颁布之后,在联邦最高法院打(就业歧视)官司的大部分雇员都胜诉了。"[①]在现代劳动关系实践中,雇主人事决策行为背后的动机较为复杂,雇员难以准确识别不同动机在雇主进行决策时具体起到的作用。1991 年《民权法》修正案以成文法的方式承认了激发因素型混合动机理论,这反映出国会对劳动关系的理解更贴近现代人力资源管理的实际情形。[②]

第三,因国会还对联邦最高法院在审理普华会计师事务所诉霍普金斯案时创制的绝对相同决策抗辩权不满,即在雇员有证据证明就业歧视是雇主决策的一个重要因素的混合动机型歧视指控中,雇主可通过证明"即使不存在歧视因素也会作出相同决策"而完全免于承担法律责任,1991 年《民权法》修正案规定:"如果一个当事人证明雇主实施了第 2000e-2(m)条规定的违法行为,那么雇主为了限制救济措施的类型,可以通过证明即使不存在这种不被允许的激发因素也会作出相同的决策来进行有限的抗辩。"依据该规定,雇主成功行使相同决策抗辩权仅可免于承担特定部分的法律责任,如免于支付惩罚性和补偿性损害赔偿金、免于支付欠付工资或者免于对雇员进行复职等,但不能完全免于承担法律责任。[③] 详言之,当雇员提供证据证明就业歧视是雇主决策行为的一个激发因素时,即使雇主成功行使相同决策抗辩权,法院也可以作出一个宣告式判决(declaratory judgment)要求雇主向雇员支付诉讼费和律师费,[④]或者对雇主发布特定类型的禁令。

第四,1991 年《民权法》修正案除通过成文法的方式对联邦最高法院在 20 世纪 80 年代创设的判例法制度进行"拨乱反正"外,还在完善原《民权法》规定的基础上实现了制度的优化和协调。其中尤为重要的是,国会

---

① Michael Selmi, *The Evolution of Employment Discrimination Law: Changed Doctrine for Changed Social Conditions*, Wisconsin Law Review, Vol. 2014, (2014), p. 953.

② Michael Selmi, *The Evolution of Employment Discrimination Law: Changed Doctrine for Changed Social Conditions*, Wisconsin Law Review, Vol. 2014, (2014), p. 984.

③ 42 U. S. C. § 2000e-5(g) (2011).

④ David Sherwyn, Michael Heise, *The Gross Beast of Burden of Proof: Experimental Evidence on How the Burden of Proof Influences Employment Discrimination Case Outcomes*, Arizona State Law Journal, Vol. 42, (2010), p. 914.

在 1991 年《民权法》修正案中扩大了雇员请求陪审团对就业歧视行为进行裁决的事由范围以及雇主支付补偿性损害赔偿金(compensatory damages)和惩罚性损害赔偿金的范围。国会在 1991 年《民权法》修正案中通过加入第 1981a 条使各种违法就业歧视行为的裁审方式和法律责任更为一致和协调。1991 年之前,《民权法》因侧重于遏制雇主故意实施的种族歧视行为,仅允许遭受故意种族就业歧视行为侵害的雇员依据第 1981 条请求陪审团裁决雇主支付上限不封顶的补偿性损害赔偿金和惩罚性损害赔偿金,[①]但遭受其他类型就业歧视行为(如性别歧视、肤色歧视、宗教信仰歧视、出生地以及残疾[②]歧视)侵害的雇员只能向雇主主张劳动报酬和福利损失,而不能依据《民权法》请求陪审团裁决雇主支付类似的补偿性损害赔偿金和惩罚性损害赔偿金。此外,遭受故意年龄歧视行为侵害的雇员,除可以向雇主主张劳动报酬和福利损失、诉讼费和律师费外,还可以依据 1967 年《反就业年龄歧视法》请求陪审团裁决雇主支付数额等同于劳动报酬和福利损失的违约金。[③] 由此可知,除遭受故意种族歧视行为和故意年龄歧视行为侵害的情形外,雇员在就业歧视诉讼案件中可获得的经济救济措施主要限于就业歧视行为导致的劳动报酬和福利损失。诚如联邦最高法院在审理帕特森诉麦克莱恩银行案时所言:“原告如果依据 1964 年《民权法》第七篇提起诉讼的话,只能向雇主主张就业歧视行为导致的劳动报酬和福利损失。原告如果依据 1866 年《民权法》第 1981 条提起诉讼的话,则可以向雇主主张丰厚的补偿性损害赔偿金和惩罚性损害赔偿金。”[④]《民权法》针对不同类型的就业歧视行为设置了极为不一致和不均

---

① William R. Corbett, *Unmasking a Pretext for Res Ipsa Loquitur: A Proposal to Let Employment Discrimination Speak for Itself*, American University Law Review, Vol. 62, (2013), p. 463.

② 需要说明的是,国会在颁布 1990 年《残疾人保护法》时援引了 1964 年《民权法》中的法律责任对违法歧视残疾人的行为进行制裁。因此,依据 1964 年《民权法》的规定,遭受就业歧视行为侵害的残疾人可以向雇主主张的经济赔偿金也仅为违法歧视行为所导致的劳动报酬和福利损失。See Robert L. Burgdorf Jr. , *The Americans with Disabilities Act: Analysis and Implications of a Second-Generation Civil Rights Statute*, Harvard Civil Rights-Civil Liberties Law Review, Vol. 26, (1991), p. 463-464.

③ 《反就业年龄歧视法》规定,遭受故意年龄歧视行为侵害的雇员可以向雇主主张违约金,违约金的数额等同于违法年龄歧视行为所导致的劳动报酬和福利损失。依此逻辑,遭受故意年龄歧视行为侵害的雇员可获得数额为两倍劳动报酬和福利损失的经济赔偿金。See 29 U. S. C. § 626(b).

④ 这也是遭受职场性骚扰行为侵害的原告布兰达 · 帕特森在该案中选择依据 1866 年《民权法》第 1981 条指控雇主侵犯了其享有的和白人平等的“订立和执行合同”的权利,而没有选择依据 1964 年《民权法》第七篇提起就业歧视指控的关键原因。See Patterson v. McLean Credit Union, 491 U. S. 164, 182 (1989).

衡的法律责任,这对遭受职场性骚扰行为侵害的女性雇员尤为不利。如本书第三章第四节所述,虽然联邦最高法院在美驰储蓄银行诉文森案中认定导致有害工作环境的职场性骚扰行为同样构成被《民权法》第七篇禁止的性别歧视行为,但因该性骚扰行为并未致使原告遭受经济损失,故原告除了主张诉讼费和律师费之外,似乎并不能获得其他形式的经济救济。①

1991 年《民权法》修正案为了改变不同类型就业歧视行为间法律责任的差异,缩小同《反就业年龄歧视法》法律责任的差距,首次允许因为种族、性别、肤色、宗教信仰、出生地和残疾而遭受故意就业歧视行为侵害的雇员除向雇主主张因就业歧视行为引起的劳动报酬和福利损失、诉讼费和律师费外,还可依据《民权法》第七篇或者《残疾人保护法》请求陪审团裁决雇主支付补偿性损害赔偿金和惩罚性损害赔偿金。② 需要指出的是,1991 年《民权法》修正案仅针对雇主故意实施的违法就业歧视行为设置了补偿性损害赔偿和惩罚性损害赔偿法律责任,而实施了区别影响型歧视行为的雇主则无须承担此类法律责任。③ 与此同时,为兼顾国会各方代表的利益以推动 1991 年《民权法》修正案顺利通过,在扩大和协调雇主承担违法就业歧视损害赔偿金责任范围的同时,国会也作出了一定程度的妥协,即对雇主承担这两类损害赔偿金的责任设置了上限。④ 1991 年《民权法》修正案使遭受各类故意就业歧视行为侵害的雇员都有权利在提起区别对待型歧视指控时向雇主主张补偿性损害赔偿金和惩罚性损害赔偿金,从而在一定程度上结束了就业歧视行为法律责任不统一的乱象。此外,尤为值得注意的是,1991 年《民权法》修正案明确规定,补偿性损害赔偿包括赔偿未来预期经济利益损失和因精神烦恼、折磨、不方便、内心痛苦、失去生

---

① William R. Corbett, *Unmasking a Pretext for Res Ipsa Loquitur: A Proposal to Let Employment Discrimination Speak for Itself*, American University Law Review, Vol. 62, (2013), p. 463.

② Martha Chamallas, *Discrimination and Outrage: The Migration from Civil Rights to Tort Law*, William & Mary Law Review, Vol. 48, (2007), p. 2142.

③ 司法实践中,联邦最高法院认为若雇员能证明雇主在故意实施违法就业歧视行为时主观上具有恶意或者对由此而可能产生的后果漠不关心,则可以判决雇主承担惩罚性损害赔偿责任。See Kolstad v. American Dental Ass'n, 527 U. S. 526 (1999).

④ 1991 年《民权法》修正案规定:(1)在本年或者上一年有 20 周以上雇佣人数超过 14 人不足 101 人的被告对每一个原告承担的补偿性损害赔偿金和惩罚性损害赔偿金的数额总计不超过 5 万美元;(2)在本年或者上一年有 20 周以上雇佣人数超过 100 人不足 201 人的被告对每一个原告承担的补偿性损害赔偿金和惩罚性损害赔偿金的数额总计不超过 10 万美元;(3)在本年或者上一年有 20 周以上雇佣人数超过 200 人不足 501 人的被告对每一个原告承担的补偿性损害赔偿金和惩罚性损害赔偿金的数额总计不超过 20 万美元;(4)在本年或者上一年有 20 周以上雇佣人数超过 500 人以上的被告对每一个原告承担的补偿性损害赔偿金和惩罚性损害赔偿金的数额总计不超过 30 万美元。See 42 U. S. C. § 1981a(b)(3).

活乐趣以及其他非经济利益而引起的损失。[①] 依此理解，1991 年《民权法》修正案允许遭受就业歧视行为侵害但未直接蒙受经济损失的雇员在提起区别对待型歧视指控时向雇主主张精神损害赔偿金，从而加大了"有害工作环境型就业歧视行为"的法律责任。

整体而言，1991 年《民权法》修正案一方面在一定程度上统一并扩大了雇主因为种族、性别、肤色、宗教信仰、出生地、残疾因素而故意实施就业歧视行为所承担的法律责任，另一方面也缩小了《民权法》第七篇中上述违法就业歧视行为的法律责任同《反就业年龄歧视法》中雇主故意实施年龄歧视行为的法律责任之间的差距。详言之，若一个雇佣人数规模为 501 人的雇主故意因为种族、性别、肤色、宗教信仰、出生地或残疾因素将一个年收入为 30 万美元的女性雇员解雇且造成该雇员失业一年，那么这个女性雇员基于《民权法》第七篇最多可以向该雇主主张金额为 60 万美元的经济赔偿责任（30 万美元的劳动报酬和福利损失+30 万美元的补偿性损害赔偿金和惩罚性损害赔偿金）。如果同一个雇主因为年龄因素故意将一个年龄为 42 岁且年收入为 30 万美元的雇员解雇且同样造成该雇员失业一年，那么该雇员基于《反就业年龄歧视法》最多也可以向该雇主主张金额为 60 万美元的经济赔偿责任（30 万美元的劳动报酬和福利损失+30 万美元的违约金）。

三、2008 年《反基因信息歧视法》

由美国、英国、法国、德国、日本和中国科学家联合开展的人类基因组测序项目于 1990 年正式启动。2003 年，项目组成功绘制出含有全部人类基因组序列的图谱。然而自从该项目启动以来，一系列的民意测验表明绝大多数的受调查者担心自己会因为基因信息而在就业、医疗保险等领域遭受歧视。[②] 在此社会背景下，经过长达 13 年的立法争议，《反基因信息歧视法》于 2008 年 5 月 21 日经由乔治·布什总统签署后正式成为联邦法律，进而再次扩张了反就业歧视联邦立法的制度外延。需要指出的是，《反基因信息歧视法》和之前的美国反就业歧视制度差异显著。如本书第二章和本章第一节所述，无论是颁行于 20 世纪 60 年代的第一代较为简单的反就业歧视联邦立法（如 1963 年《工资平等法》、1964 年《民权法》第七篇和 1967 年《反就业年龄歧视法》），抑或颁行于 20 世纪 90 年代的第二代较为

---

① See 42 U. S. C. § 1981a(b)(3).

② Mark A. Rothstein, Lance Liebman, Kimberly A. Yuracko, Charlotte Garden, *Employment Law: Cases and Materials* (Ninth Edition), Thomson Reuters/Foundation Press, 2020, p. 192-193.

全面的反就业歧视联邦立法(如 1990 年《残疾人保护法》),它们均体现的是“后发制人”式的立法逻辑。申言之,国会寄希望于以联邦立法的形式对社会上过去和目前出现的一些严重的就业歧视问题加以遏制,从而为未来遭遇类似就业歧视行为侵害的雇员提供公平就业机会。与此形成鲜明对比的是,国会于 2008 年 5 月通过的《反基因信息歧视法》首次采用了“先发制人”式的立法逻辑,即在雇主目前并未普遍基于基因信息而实施就业歧视行为的背景下,国会前瞻性地对未来劳动力市场上可能大范围出现的这种“预设”的就业歧视行为提前进行规制。① 换言之,“《反基因信息歧视法》的颁行并非对大量已经发生的基因歧视行为进行回应……(事实上)几乎没有发生过这种类型的歧视案件。在一定程度上,该法的颁行是为了阻止在未来可能发生的歧视,即当医疗健康记录会常规性地含有基因信息,且基因测试会变得很廉价以至于大范围进行这种检测是划算的时候”。② “准确地说,作为一部独特的预防性立法,《反基因信息歧视法》试图在一种偏见真正损害任何人之前对其进行拦截”。③ 对此,有美国学者评论道:“就是这种先发制人的特征——为未来遭受歧视的人,而不是为过去甚至现在遭受歧视的人提供法律保护——使得《反基因信息歧视法》真正地与众不同。”④本书认为,可基于以上特征而将美国《反基因信息歧视法》视为第三代反就业歧视联邦立法。整体而言,国会前瞻性地颁布《反基因信息歧视法》主要是基于对以下因素的考量。

第一,通过鼓励民众接受基因检测来促进科学研究和保障公民健康。详言之,美国民众因担心泄露基因信息而普遍拒绝接受基因测试,这导致被用于生物基因科学研究的临床样本严重不足,从而阻碍了基因信息技术的发展。一方面,人们普遍害怕接受基因检测的主要原因是他们认为保险公司和雇主会利用基因检测结果对自己和自己的家人进行歧视。调查显示,超过 90%的美国人害怕并反对保险公司和雇主基于基因检测结果中的负面信息作出对自己不利的决策,且近一半的美国人对此表现出严重担

---

① Jessica L. Roberts, *The Genetic Information Nondiscrimination Act as an Antidiscrimination Law*, Notre Dame Law Review, Vol. 86, (2011), p. 600.

② Mark A. Rothstein, Lance Liebman, Kimberly A. Yuracko, Charlotte Garden, *Employment Law: Cases and Materials* (Ninth Edition), Thomson Reuters/Foundation Press, 2020, p. 202-203.

③ Bradley A. Areheart, Jessica L. Roberts, *GINA, Big Data, and the Future of Employee Privacy*, The Yale Law Journal, Vol. 128, (2019), p. 747.

④ Jessica L. Roberts, *Preempting Discrimination: Lessons from the Genetic Information Nondiscrimination Act*, Vanderbilt Law Review, Vol. 63, (2010), p. 441.

忧。[①] 另一方面,由于基因技术的发展需要大量的临床样本,人们因害怕而普遍拒绝接受基因测试严重影响了基因技术的进步。对此,整个生物科技产业由衷希望说服国会通过《反基因信息歧视法》来减轻公众对接受基因测试的担忧,从而促进基因技术的发展。[②] 此外,由于基因信息技术被广泛应用于疾病检测和治疗,所以因害怕泄露基因信息而拒绝接受基因检测的患者恐将错失治疗良机。例如,在被邀请接受乳腺癌基因检测的女性人群中,有 1/3 的受邀者因害怕未来遭受歧视而拒绝接受检测。[③] 对此,国会议员贾德·葛雷格(Judd Gregg)指出:"社会使用新的技术改善人类健康的能力以及科学家为了解、治疗和预防疾病而进行科学研究的能力因为人们害怕遭受歧视而受到威胁。"基于上述理由,国会解释说:"《反基因信息歧视法》对于全面保护公众免于遭受歧视以及缓解人们对未来遭受歧视的担忧是必要的,《反基因信息歧视法》允许人们充分利用基因测试、基因技术、基因研究开展新的基因疗法。"[④]

第二,因为基因信息具有不可改变性,且国会认为人类的生物基因信息具有被保险公司和雇主滥用的潜质,所以有必要对不公平的基因歧视行为进行限制。在国会审议《反基因信息歧视法》的过程中,美国国家基因组研究所主任弗兰西斯·柯林斯(Francis Collins)博士向国会作证说:"尽管基因信息和基因技术对于改善人们的健康有巨大的好处,但基因信息和基因技术也有被滥用的可能。基因信息可能成为人们遭受歧视的理由。"[⑤]具体而言,一方面,雇主在经济因素的驱动下存在基于求职者或雇员的基因信息作出人事决策的可能。例如,雇主可能会基于基因检测结果而拒绝雇佣一个在未来有较大可能身患癌症的求职者,因为雇佣这样一个求职者可能会导致雇主支付的医疗保险费用大幅上升。与此类似,雇主也可能会基于基因检测结果而拒绝提拔一个在未来有较大可能身患重病的

---

① Jessica L. Roberts, *Preempting Discrimination: Lessons from the Genetic Information Nondiscrimination Act*, Vanderbilt Law Review, Vol. 63, (2010), p. 471.

② Maloyre Allison, *Industry Welcomes Genetic Information Nondiscrimination Act*, Nature Biotechnology, Vol. 26, (2008), p. 596-597.

③ See Standards for Privacy for Individually Identifiable Health Information, 65 Fed. Reg. 82462, 82466 (2000).

④ Jessica L. Roberts, *Preempting Discrimination: Lessons from the Genetic Information Nondiscrimination Act*, Vanderbilt Law Review, Vol. 63, (2010), p. 473-474.

⑤ Amanda K. Sarata, Jody Feder, *The Genetic Information Nondiscrimination Act of* 2008 (*GINA*), last visited October 18, 2020, https://fas.org/sgp/crs/misc/RL34584.pdf.

在职雇员,因为雇主将来很可能要另寻他人替代这个雇员,[①]并由此而支付额外的费用。鉴于此,不少美国民众担心雇主会基于基因检测结果而作出对自己不利的人事决策。例如,有受访者焦虑地说道:“我的姐妹们害怕公司在得知她们的基因信息后会将她们解雇。”[②]还有受访者担心雇主会因为基因信息对自己进行歧视:“我就是担心人们用异样的眼光看待我……我不知道这到底算不算歧视,但我觉得歧视是我可以想到的最好的词语。”[③]另一方面,同其他受反就业歧视联邦立法保护的种族、性别、肤色、出生地、年龄和残疾因素类似,基因信息也属于一种人力不可控制的因素。鉴于此,不同领域的学者们认为,由于基因信息也具有这种不可改变的特征,且存在被滥用的可能,所以有必要对其进行保护。有观点指出:“虽然基因歧视是一个相对较新的概念,但它和其他形式的歧视类似。首先,我们的基因信息具有不可改变的特征,因为同种族和性别一样,我们的基因是因遗传而获得的,后天无法改变……”[④]美国国家基因组研究所的专家进一步总结道,“人们既不能选择自己的基因,也不能改变自己的基因。基因和民权法中禁止歧视的种族和性别因素类似。(人们)基于因遗传而获得的不可改变的基因信息进行决策明显是错误的”。[⑤]

简言之,国会在基因歧视行为尚未严重危害个人和社会利益的背景下,前瞻性地颁布《反基因信息歧视法》来禁止未来可能大规模出现的基因歧视行为的理由有二:第一,鼓励更多的民众接受基因检测,从而促进科学技术的进步,并由此提高公众的健康水平;第二,因基于个人不可改变的基因信息而实施歧视行为将严重违背公平价值,故基因歧视具备通过立法进行规制的必要性和合理性。申言之,这两个理由之间本身存在一定的逻辑联系,即第二个理由既是《反基因信息歧视法》的立法目的,即保障雇员的公平就业机会,也可视为《反基因信息歧视法》的调整手段,即通过禁止基因歧视行为来减轻民众对接受基因检测的担忧,以至鼓励更多人接受基

① Jessica L. Roberts, *The Genetic Information Nondiscrimination Act as an Antidiscrimination Law*, Notre Dame Law Review, Vol. 86, (2011), p. 603-604.

② Robert Klitzman, *Views of Discrimination Among Individuals Confronting Genetic Disease*, Journal of Genetic Counseling, Vol. 19, (2010), p. 77.

③ Robert Klitzman, *Views of Discrimination Among Individuals Confronting Genetic Disease*, Journal of Genetic Counseling, Vol. 19, (2010), p. 72-73.

④ Christine Formas Norris, *The Genetic Information Nondiscrimination Act of* 2008: *History, Successes, and Future Considerations*, University of Maryland Law Journal of Race, Religion, Gender and Class, Vol. 7, (2007), p. 194-195.

⑤ Monique K. Mansoura, Francis S. Collins, *Medical Implications of the Genetic Revolution*, Journal of Health Care Law and Policy, Vol. 1, (1998), p. 351.

因检测并由此而促进基因信息科学技术的进步,从而实现提高公众健康水平的目的。

2008年5月21日,《反基因信息歧视法》经由乔治·布什总统签署后正式成为联邦法律。该法由三篇构成:第一篇为禁止健康保险行业中的基因信息歧视行为;第二篇为禁止劳动力市场上的基因信息歧视行为;第三篇为该法的附则部分。其中,第二篇将基因信息(genetic information)定义为"任何与个人基因测试,或其家庭成员基因测试,或其家庭成员表现出的疾病或失调有关的信息",①并禁止雇主、工会、职业介绍所、培训项目基于基因信息因素在招聘、解雇、分类或者其他方面歧视求职者或雇员,且禁止购买、要求或请求求职者或雇员提供基因信息。② 由此观之,较之于传统的反就业歧视联邦立法而言,《反基因信息歧视法》的另一个独特之处在于:雇主违反该法不以其事实上基于受保护的基因信息实施就业歧视行为为前提。这是因为只要雇主要求或请求求职者或雇员提供基因信息便构成违法,即使雇主客观上未获得此类基因信息。③

值得注意的是,《反基因信息歧视法》的权利救济路径与包括1964年《民权法》第七篇在内的其他反就业歧视联邦立法不同。一般而言,为了实现对历史上具有特定特征的弱势群体的矫正正义,反就业歧视联邦立法允许原告针对"事实上产生了歧视性结果但具有中立外观的人事政策"提起区别影响型歧视指控,④且不要求证明被告具有故意歧视的意图。⑤ 由于美国社会目前尚未出现严重的和大范围的基因歧视问题,所以在过去和现在并不存在因遭受基因歧视而产生的传统弱势群体。因此,《反基因信息歧视法》第208(a)条规定:"基于信息的区别影响在本法中不能作为一个诉因。"⑥依此理解,该法仅允许遭受基因信息歧视的原告提起区别对待型歧视指控,而未授权原告提起区别影响型歧视指控。换言之,《反基因信息歧视法》目前仅明文禁止故意歧视行为,而未涉及非故意歧视行为。

另外需要指出的是,在劳动关系领域的司法实践中,《反基因信息歧视

① See Genetic Information Nondiscrimination Act of 2008 § 201(4)(A)(i)-(iii).

② See Genetic Information Nondiscrimination Act of 2008 § § 202-205.

③ Bradley A. Areheart, Jessica L. Roberts, *GINA, Big Data, and the Future of Employee Privacy*, The Yale Law Journal, Vol. 128, (2019), p. 718.

④ 有关区别影响型歧视指控的论述详见本书第二章第五节第三部分。

⑤ Jessica L. Roberts, *The Genetic Information Nondiscrimination Act as an Antidiscrimination Law*, Notre Dame Law Review, Vol. 86, (2011), p. 633.

⑥ See Genetic Information Nondiscrimination Act of 2008 § 208(a).

法》除具有反就业歧视的功效外,客观上还具有保护个人隐私的功能。在《反基因信息歧视法》颁行十周年之际,有学者对该法的实施效果进行实证研究后甚至认为:"在《反基因信息歧视法》颁行的第一个十年间,基于基因测试结果而提出的歧视指控没有成功的先例。相反,大部分依据《反基因信息歧视法》成功提出指控的案件涉及的是不被允许地要求提供受保护的数据。较之于保护不受歧视而言,《反基因信息歧视法》的实际作用更像是保护隐私不受侵犯"。[①] 例如,在罗威诉阿特拉斯物流集团零售服务有限公司[Lowe v. Atlas Logistics Group Retail Services (Atlanta), LLC][②]案中,乔治亚州北部地区法院认定,即使雇主对雇员进行基因信息检测的目的并非了解其未来患有某种疾病的倾向,但雇主在该案中进行的基因信息检测依然违反了《反基因信息歧视法》。该案中,被告阿特拉斯物流集团零售服务有限公司[Atlas Logistics Group Retail Services (Atlanta)]为一些便利店提供仓储服务。令被告感到愤怒的是,有一个神秘的雇员经常在仓库里面排泄大便。为了查清是何人所为,被告要求包括原告杰克·罗威(Jack Lowe)和丹尼斯·雷诺兹(Dennis Reynolds)在内的一些雇员提供口腔拭子,并将这些拭子样本送往实验室同在仓库中发现的粪便进行 DNA 比对。检测结果显示,原告的拭子样本与粪便提取物中的 DNA 不匹配。原告以被告进行的基因检测行为违反了《反基因信息歧视法》为由,向法院提起诉讼。被告在庭审中辩称,《反基因信息歧视法》中规定的基因信息指的是个人具有患某种疾病倾向的信息,而公司要求原告提供的含有 DNA 信息的口腔拭子是为了查清是何人经常在仓库排泄大便,这与被测试者是否具有某种致病基因无关,故本案中的原告提供的口腔拭子并不属于《反基因信息歧视法》中定义的"基因信息"。对此,法院基于对《反基因信息歧视法》进行文本分析而否定了被告的观点。法院认为,该法第 2000ff-1(b)条规定:"雇主请求、要求雇员或者该雇员的家庭成员提供基因信息或者购买基因信息是违法的",并列举了六种被豁免的例外情形。[③] 在这六种被豁免的情形中,部分内容明确允许雇主请求、要求提供或者购买一些和雇员或者其家人患有某种疾病的倾向无关的基因信息。例如,在最后一种被豁免的情形中,该法规定,雇主作为法医实验室为

① Bradley A. Areheart, Jessica L. Roberts, *GINA, Big Data, and the Future of Employee Privacy*, The Yale Law Journal, Vol. 128, (2019), p. 714.

② Lowe v. Atlas Logistics Group Retail Services (Atlanta), LLC, 102 F. Supp. 3d 1360 (N. D. Ga. 2015).

③ 42 U. S. C. § 2000ff-1(b).

进行执法或为鉴定人类遗骸而对其雇员的 DNA 进行分析是合法的。法院依此逻辑认定,如果被告对《反基因信息歧视法》中的“基因信息”的定义的理解是正确的话,那么该法第 2000ff-1(b)条罗列的部分被豁免的例外情形就是多余的,因为按照被告的理解,“基因信息”的定义本身就排除了为鉴定人类遗骸而进行的 DNA 分析的情形。据此,法院支持了陪审团作出的“被告向原告支付损害赔偿金 220 万美元”的裁定。

第二节　司法上的扩张

20 世纪 90 年代至今,美国反就业歧视制度除在成文法层面获得了实质性进展之外,在判例法层面也呈现出较大程度的扩张趋势。脱离被 20 世纪 80 年代政治保守派势力笼罩的阴霾后,[①]面对新的政治气候、经济形势和社会环境,司法机关在反就业歧视领域发挥了一定程度的司法能动性。尤其是进入 21 世纪以来,联邦最高法院以判例法的形式在就业歧视的证据类型、遏制雇主的打击报复行为以及扩充反就业歧视制度外延方面进一步加大了对雇员公平就业机会权利的保护力度,从而呈现出同这一时期成文法层面反就业歧视制度蓬勃发展相辅相成的势态。

一、混合动机型歧视指控不要求原告提供直接证据:沙漠皇宫公司诉科斯塔(Desert Palace, Inc. v. Costa)案

如本书第三章第三节所述,1989 年联邦最高法院在普华会计师事务所诉霍普金斯案中认定,雇主的决策行为可能既具有合法的非歧视性动机,也具有违法的歧视性动机,从而在区别对待型歧视指控中创制了混合动机理论。值得注意的是,该案的主审法官桑德拉·奥康纳强调,“在一个区别对待型歧视指控中,当且仅当原告可以提供直接证据证明一个违法的因素是雇主决策的一个实质性因素时,举证责任才转移至雇主”。[②] 1991

① 需要说明的是,美国劳动法制度的发展趋势深受政治因素的影响,并时常呈现出迂回反复的势态。一般而言,民主党政府更倾向于保障雇员的权利,而共和党政府则更倾向于保障雇主的权利。例如,共和党籍的时任美国总统罗纳德·里根曾专门将一些反工会“急先锋”安插到国家劳动关系委员会(National Labor Relations Board),而民主党籍的比尔·克林顿(Bill Clinton)总统则首次把工会的专职律师直接任命为国家劳动关系委员会委员。与此类似的是,被时任美国总统乔治·布什(共和党籍)任命的国家劳动关系委员会委员作出了大量对雇员不利的行政裁决,而这些行政裁决日后又被由巴拉克·奥巴马(Barack Obama)总统(民主党籍)任命的委员所推翻。See Archibald Cox, Derek Curtis Bok, Robert A. Gorman, Matthew W. Finkin, *Labor Law: Cases and Materials*, Thomson Reuters/Foundation Press, 2011, p. 77.

② Price Waterhouse v. Hopkins, 490 U. S. 228, 276 (1989).

年《民权法》修正案对反就业歧视制度作出了重大修改,[①]其中的一个亮点便是将联邦最高法院在普华会计师事务所诉霍普金斯案中创制的实质因素型混合动机标准修改为激发因素型混合动机标准,从而减少了雇员在区别对待混合动机型歧视指控中的举证责任。但该修正案也留下了一些法律漏洞。一个明显的法律漏洞便是混合动机型歧视指控中的证据标准问题。1991年《民权法》修正案并没有明确说明雇员提交何种类型的就业歧视证据方能在混合动机型歧视指控中请求法院向陪审团作出激发因素型举证责任标准指引。申言之,1991年《民权法》修正案虽然推翻了普华会计师事务所诉霍普金斯案的部分内容,但并没有说清楚桑德拉·奥康纳法官之前在该案中强调的"直接证据"要件是否依然有效。换言之,1991年《民权法》修正案并没有说清楚雇员应当向法院提供有关就业歧视行为的直接证据(direct evidence)[②]还是间接证据(circumstantial evidence)[③]才能要求法院指引陪审团适用激发因素型混合动机举证责任标准。对此,不同法院之间长期存在分歧。[④] 联邦最高法院时隔12年后在沙漠皇宫公司诉科斯塔[⑤]案中以判例法的形式填补了该法律漏洞。

在沙漠皇宫公司诉科斯塔案中,原告凯瑟琳娜·科斯塔(Catharina Costa)是经营博彩业务的沙漠皇宫公司(Desert Palace, Inc.)的唯一一名女性仓管员和重型设备操作人员。凯瑟琳娜·科斯塔因同公司部分管理人员以及同事不合而遭受一系列后果越来越严重的制裁,并最终因此被解雇。被解雇后,凯瑟琳娜·科斯塔依据《民权法》第七篇向内华达地区法

---

① 有关1991年《民权法》修正案的详细内容见本章第一节。1991年《民权法》修正案的主要内容如下:第一,以成文法的形式确立了区别影响型歧视指控,并规定"当雇员因为受法律保护的特征而遭受到有区别的影响时,若雇主不能证明这种区别影响和工作相关并具有商业必要性,或者雇员可以证明雇主拒绝采取危害性更小的替代措施,那么雇主则实施了区别影响型就业歧视行为";第二,将混合动机理论中的实质因素型标准修改为激发因素型标准,从而降低了雇员在区别对待型混合动机歧视指控中的举证责任;第三,削弱了雇主相同决策抗辩权的抗辩效果,即纵使雇主成功行使相同决策抗辩权,法院也可以作出一个宣告式判决要求雇主向雇员支付诉讼费和律师费;第四,扩大了雇员请求陪审团裁决雇主支付补偿性损害赔偿金和惩罚性损害赔偿金的范围。

② 直接证据指的是在不需要借助其他证据或者推断的情况下能够直接确定一个事实的证据,例如目击证人的证人证言。

③ 间接证据指的是需要借助法官或者陪审团进行判断才能将其与特定事实结论进行匹配的证据。例如因为有人看见嫌疑人携带武器逃离谋杀现场,所以陪审团可以推断认为该嫌疑人实施了犯罪行为。

④ David Sherwyn, Michael Heise, Zev J. Eigen, *Experimental Evidence that Retaliation Claims are Unlike other Employment Discrimination Claims*, Seton Hall Law Review, Vol. 44, (2014), p. 469.

⑤ Desert Palace, Inc. v. Costa, 539 U. S. 90 (2003).

院提起诉讼，指控被告沙漠皇宫公司对自己实施了一系列包括违法解雇在内的性别歧视行为。凯瑟琳娜·科斯塔声称公司的同事骂自己是“婊子”，并对自己说“你比男人多两个球”。此外，凯瑟琳娜·科斯塔指出公司的男性雇员很少因为说脏话而受到惩罚，但在被同事用下流的语言辱骂后，她因为用脏话骂了回去而被停职三天。一审过程中，被告声称原告没有提供任何直接证据证明性别是导致被告作出一系列制裁以及解雇决策的激发因素，并以此为由请求地区法院绕开陪审团直接适用简易程序审理该案。地区法院基于原告提供的间接证据否定了被告适用简易程序的请求，并将性别歧视指控的事由交由陪审团裁决。在示意陪审团适用激发因素型举证责任标准时，地区法院解释说如果原告通过优势证据证明了性别是被告解雇原告的一个激发因素，即使被告有其他合法的理由，陪审团也可以裁决被告向原告支付损害赔偿金，除非被告通过优势证据证明即使不存在性别因素也会作出相同决策。依据地区法院的指引，陪审团裁决被告向原告赔偿因解雇而引起的工资损失以及向原告支付补偿性损害赔偿金和惩罚性损害赔偿金。被告不服，以“一审法院作出的陪审团指引在原告没有提供直接证据的情形下错误地将举证责任转移至被告”为由向美国第九巡回上诉法院上诉。二审过程中，第九巡回上诉法院指出，1991 年《民权法》修正案并未对就业歧视指控的证据类型作出具体的要求，也没有提及“直接证据”。上诉法院据此驳回了被告的上诉请求，并维持原判。被告不服，遂以相同理由上诉至联邦最高法院。

联邦最高法院作出终审判决认定，提供关于歧视行为的直接证据并非原告依据《民权法》第七篇获得混合动机型陪审团指引的必要条件。克拉伦斯·托马斯（Clarence Thomas）大法官代表全体法官发表了以下法庭意见：第一，就法律文本而言，1991 年《民权法》修正案并未明确规定原告必须提供直接证据。申言之，1991 年《民权法》修正案清晰无误地说明了原告仅须“说明”（demonstrate）雇主在进行雇佣决策时考虑了一个被禁止的因素即可。此外，包括之前在普华会计师事务所诉霍普金斯案中要求雇员提供直接证据的桑德拉·奥康纳法官在内的大多数法官认为，国会在 1991 年《民权法》修正案中用“激发性的”（motivating）这个词替代“实质性的”（substantial）这个词时并没有提及直接证据，这表明任何能够证明雇主受到歧视因素促动的证据都足以让雇员获得混合动机型陪审团指引。对此，克拉伦斯·托马斯法官进一步解释说，只要原告向法院提供充分的证据说明种族、肤色、宗教信仰、性别或者出生地是雇主进行决策的一个激发因素,法院就可以示意陪审团适用激发因素型举证责任标准。第二,就立法意图而言,国会在 1991 年《民权法》修正案中设置举证责任时使用了和其他反就业歧视联邦立法条款明显不同的措辞。1991 年《民权法》修正案在设置混合动机型歧视指控的举证责任时,仅规定雇员须尽到“说明”程度的举证责任,而国会在其他联邦立法条款中明确将雇主提供确凿的证据(clear and convincing evidence)作为其行使相同决策抗辩权的前提。[①] 由此可知,如果国会在混合动机型歧视指控中希望雇员提供直接证据的话,那么国会完全可以采用另一种措辞。第三,就上下文而言,1991 年《民权法》修正案在第七篇中设置区别影响型歧视指控的举证责任时也使用了“说明”一词。[②] 由于提起区别影响型歧视指控的雇员无须证明雇主具有故意歧视的意图,所以结合上下文可知,混合动机型歧视指控条款中“说明”这个词的含义并不能被解读为要求雇员提供直接证据。第四,因为间接证据在民事诉讼和刑事诉讼中被普遍接受,且联邦最高法院认为,“被告对其决策行为作出的不值得信任的解释本身就是一种可以证明存在故意歧视行为的间接证据”,所以在就业歧视诉讼中,间接证据有时可以起到直接证据的作用,从而具有特殊的价值。

联邦最高法院于 2003 年审结的沙漠皇宫公司诉科斯塔案降低了原告依据《民权法》第七篇提起就业歧视诉讼的举证责任,对反就业歧视制度的实施产生了巨大影响。一方面,1991 年《民权法》修正案明确规定:“当雇员说明种族、肤色、宗教信仰、性别或者出生地是任何雇佣决策的一个激发因素时,可由此而认定存在一个违法的雇佣行为,即使该决策还受到其他因素的促动。”[③]对此,联邦最高法院在进行了严格的文本分析后认为,一旦雇员提供证据证明雇主的决策行为受到歧视因素促动,无论雇主是否具有其他理由,均可认定存在违法的就业歧视行为。另一方面,较之于 1991 年《民权法》修正案在混合动机理论中确立的激发因素型举证责任标准,沙漠皇宫公司诉科斯塔案在判例法层面更进了一步。联邦最高法院认为,只要雇员提供间接证据证明雇主的决策行为受到歧视因素促动,无论雇主是否具有其他理由,均可认定雇主实施了违法的就业歧视行为。综上可知,在区别对待型歧视指控中,较之于联邦最高法院在 1973 年审理麦道飞机制造公司诉格林案时创制的借口分析标准,联邦最高法院时隔 30

---

① 42 U. S. C. § 5851(b)(3)(D).

② 42 U. S. C. § 2000e2(k)(1)(A)(i).

③ 42 U. S. C. § 2000e-2(m).

年后在沙漠皇宫公司诉科斯塔案中创制的混合动机标准明显对原告更为有利。是故,有学者认为,沙漠皇宫公司诉科斯塔案在很大程度上取代甚至废除了麦道飞机制造公司诉格林案创制的标准。[①] 与此相反,也有观点认为由于雇主可通过在混合动机型歧视指控中行使相同决策抗辩权而免于承担高额的补偿性和惩罚性损害赔偿责任,而在麦道飞机制造公司诉格林案创制的借口分析标准中雇主并不享有此类抗辩权,所以就雇员获得法律救济的广度和深度而言,沙漠皇宫公司诉科斯塔案并没有废除或者影响麦道飞机制造公司诉格林案创制的标准。[②]

在司法实践中,由于联邦最高法院在审理沙漠皇宫公司诉科斯塔案时并没有说清楚该案如何同之前审理的麦道飞机制造公司诉格林案进行衔接和协调,从而客观上加剧了区别对待型歧视案件处理结果的不一致。[③]美国第六巡回上诉法院认为借口分析标准仅适用于单一动机型就业歧视案件,而不适用于混合动机型就业歧视案件,即原告一旦证明雇主的决策行为受到了一个歧视性因素的促动即可请求法院示意陪审团适用激发因素标准;[④]与此相反,第八和第十一巡回上诉法院则认为沙漠皇宫公司诉科斯塔案仅涉及对陪审团指引问题的裁决,其并不影响法院长期以来在借口分析标准中考虑间接证据的做法,借口分析标准继续适用于混合动机型就业歧视案件;[⑤]第二和第五巡回上诉法院则在混合动机型歧视指控中采用了一种修正版的借口分析标准,即在借口分析标准的最后一个步骤中允许那些不能证明被告提供了虚假理由的原告可以通过证明被告决策行为背后存在一个歧视性的激发因素来完成举证;[⑥]第四、第九和哥伦比亚特区巡回上诉法院认为借口分析标准和混合动机标准没有本质区别,应当让原告

---

① Stephen M. Rich, *A Matter of Perspective: Textualism, Stare Decisis, and Federal Employment Discrimination Law*, Southern California Law Review, Vol. 87, (2014), p. 1267-1268; William R. Corbett, *McDonnell Douglas*, 1973-2003: *May You Rest in Peace*, University of Pennsylvania Journal of Business Law, Vol. 6, (2003), p. 212-213.

② Matthew R. Scott, Russell D. Chapman, *Much Ado About Nothing-Why Desert Palace Neither Murdered McDonnell Douglas nor Transformed All Employment Discrimination Cases to Mixed-Motive*, St. Mary's Law Journal, Vol. 36, (2004-2005), p. 405.

③ Stephen M. Rich, *A Matter of Perspective: Textualism, Stare Decisis, and Federal Employment Discrimination Law*, Southern California Law Review, Vol. 87, (2014), p. 1268.

④ White v. Baxter Healthcare Corp., 533 F. 3d 381, 400 (6th Cir. 2008).

⑤ Griffith v. City of Des Moines, 387 F. 3d 733, 736 (8th Cir. 2004); Cooper v. S. Co., 390 F. 3d 695, 725 (11th Cir. 2004).

⑥ Machinchick v. PB Power, Inc., 398 F. 3d 345, 352 (5th Cir. 2005); Holcomb v. Iona Coll., 521 F. 3d 130, 141-142 (2d Cir. 2008).

自行选择适用何种标准。①

值得注意的是,尽管联邦最高法院在沙漠皇宫公司诉科斯塔案中创制的混合动机标准使原告可以更容易证明被告实施了违法的就业歧视行为,但依据1991年《民权法》修正案的规定,成功行使相同决策抗辩权的雇主仅需向原告支付诉讼费和律师费。② 由于仅须证明决策行为存在合法的理由即可主张相同决策抗辩权,所以在相当一部分依据混合动机标准审理的区别对待型歧视案件中,雇主向雇员实际支付的经济赔偿仅限于诉讼费和律师费,而这显然不是令大部分遭受就业歧视行为侵害的雇员满意的结果。③ 甚至在一些区别对待型歧视案件中,雇主的律师主动要求法院示意陪审团适用混合动机标准,但雇员的律师因担心不能向雇主主张相对较多的补偿性损害赔偿金和惩罚性损害赔偿金,而仅能获得相对较少的诉讼费和律师费,反而不情愿适用混合动机标准。④

二、扩大对雇主打击报复行为的规制范围

20世纪90年代至今,美国判例法层面反就业歧视制度的扩张还体现为联邦最高法院扩大了对雇主打击报复行为的规制范围。美国现行反就业歧视联邦立法除禁止雇主基于种族、性别、肤色、宗教信仰、出生地、年龄、残疾和基因信息因素而实施就业歧视行为外,还禁止雇主对依法行使公平就业机会权利的雇员进行打击报复。具体而言,《民权法》第七篇、⑤《反就业年龄歧视法》⑥、《残疾人保护法》⑦以及《反基因信息歧视法》⑧均禁止雇主对那些基于受法律保护的特征而抵制就业歧视行为,或者因就业歧视行为参与政府调查或司法诉讼的人进行打击报复。美国国会在上述反就业歧视联邦立法中设置禁止雇主报复条款的目的是确保求职者和雇

---

① Diamond v. Colonial Life, Accident Ins. Co., 416 F. 3d 310, 318 (4th Cir. 2005); McGinest v. GTE Serv. Corp., 360 F. 3d 1103, 1122 (9th Cir. 2004); Fogg v. Gonzales, 492 F. 3d 447, 451 (D. C. Cir. 2007).

② 42 U. S. C. § 2000e-5(g)(2)(B)(i).

③ Michael Selmi, *The Evolution of Employment Discrimination Law: Changed Doctrine for Changed Social Conditions*, Wisconsin Law Review, Vol. 2014, (2014), p. 984-985.

④ David Sherwyn, Michael Heise, Zev J. Eigen, *Experimental Evidence that Retaliation Claims are Unlike other Employment Discrimination Claims*, Seton Hall Law Review, Vol. 44, (2014), p. 471.

⑤ 42 U. S. C. § 2000e-3(a).

⑥ 29 U. S. C. § 623(d).

⑦ 42 U. S. C. § 12203(a).

⑧ Genetic Information Nondiscrimination Act of 2008 § 207(f).

员可以切实获得国会为他们提供的公平就业机会。申言之,禁止雇主报复条款旨在通过鼓励并保护那些勇于同违法就业歧视行为作斗争的个人而实现这些反就业歧视联邦立法的立法目的——保障求职者或者雇员的公平就业机会权利。其逻辑在于,虽然已经离职的雇员或许不会因为担心遭受雇主打击报复而敢于依据反就业歧视联邦立法主张受法律保护的公平就业机会权利,但如果雇主可以随意威胁甚至解雇那些依法行使该权利的求职者或者雇员,那么国会在这些反就业歧视联邦立法中为大部分在职雇员提供的保护措施将在很大程度上被架空。①

整体而言,美国反就业歧视联邦立法中的禁止雇主报复条款可分为两种类型,即抵制条款(opposition clause)和参与条款(participation clause)。因利用公司内部投诉程序或者向公司管理层抱怨雇主对自己或他人实施了违法就业歧视行为而遭受雇主打击报复的雇员可以援引抵制条款寻求法律救济;因作为当事人或者证人参与和就业歧视有关的政府调查程序或者司法诉讼程序而遭受雇主打击报复的雇员可以援引参与条款寻求法律救济。② 较之于抵制条款而言,参与条款的保护范围更为广泛,意义更为深远。任何人以当事人或者证人的身份因就业歧视行为参与公平就业机会委员会的调查程序或法院的司法诉讼程序,即可获得参与条款的保护。由此可知,反就业歧视联邦立法中有关禁止雇主实施打击报复行为的制度并非仅对遭受就业歧视行为侵害的求职者或者雇员本人适用。换言之,法律不仅保护那些因自己遭受就业歧视行为侵害而投诉、抱怨或者提起诉讼的雇员,还保护任何因他人遭受就业歧视行为侵害而投诉、抱怨或者参与政府调查以及司法诉讼程序的个人。③ 例如,一个以证人身份在公平就业机会委员会作证或者向他的上司反映自己的女同事遭受了职场性骚扰的男性雇员将分别受到"参与条款"和"抵制条款"的保护。此外,美国反就业歧视理论对禁止雇主报复条款的适用采"主观主义"标准,即只要雇员有合理的理由善意地认为工作场所中存在违法就业歧视行为,即使法院最终认定该行为事实上并不违法,其同样受到"参与条款"或"抵制条款"的保

---

① Michael Selmi, *The Evolution of Employment Discrimination Law: Changed Doctrine for Changed Social Conditions*, Wisconsin Law Review, Vol. 2014, (2014), p. 987-988.

② David Sherwyn, Michael Heise, Zev J. Eigen, *Experimental Evidence that Retaliation Claims are Unlike other Employment Discrimination Claims*, Seton Hall Law Review, Vol. 44, (2014), p. 479-480.

③ B. Glenn George, *Revenge*, Tulane Law Review, Vol. 83, (2008), p. 446-447.

护。[①]这是因为在雇员并不具备专业法律知识准确判断工作场所中的特定行为是否被反就业歧视制度所禁止的现实语境下,当被雇员合理且善意认为的歧视行为最终被法院认定并不违法时,允许雇主对践行"参与条款"或"抵制条款"的雇员进行报复将妨碍反就业歧视制度基本目的的实现。

值得注意的是,"不同于一些实质性的行为,雇主可能通过微妙的方式实施各种各样的报复行为,从办公室排挤到提供更差的办公环境等,而法院必须认定遭受雇主何种报复行为侵害的雇员才能依据《民权法》第七篇向法院提起诉讼"。[②] 司法实践中,当事人在遭受雇主实施的何种程度的打击报复行为后才能援引抵制条款或者参与条款向法院提起诉讼常常是控辩双方争论的焦点。一方面,法院普遍认为遭受雇主"有形"(tangible)人事决策行为惩罚的雇员,如被雇主解雇或者晋升申请被拒绝,方能向法院提起诉讼;另一方面,当雇主对雇员采取一些更为隐蔽且未造成直接经济损失的打击报复措施时(如在工资水平不变的情况下将雇员调岗至更差的工作岗位或者增加工作难度,或者在工作场所中对雇员进行打压和排挤),不同法院对于雇员能否向其提起诉讼存在分歧。[③] 申言之,各巡回上诉法院之间对于雇员具体要遭受何种程度的损害后果方能援引抵制条款或者参与条款获得反就业歧视制度的保护存在较大分歧。首先,第五巡回上诉法院[④]和第八巡回上诉法院[⑤]狭义地认为,当且仅当雇员受到后果极为严重的人事决策行为的报复时(如被解雇、被降职或者晋升申请被拒绝),其方能向法院提起诉讼。其次,另一些法院则将禁止报复条款的损害后果要件同反就业歧视条款本身的损害后果要件画等号。[⑥] 例如,第四巡回上诉法院[⑦]和第六巡回上诉法院[⑧]认为当雇主在劳动报酬、劳动待遇、劳动条件或者其他劳动权利方面对雇员进行打击报复时,雇员有权利向法院提起诉讼。最后,还有一些法院在雇员援引禁止报复条款时对该条款的损

---

① Mark A. Rothstein, Lance Liebman, Kimberly A. Yuracko, Charlotte Garden, *Employment Law: Cases and Materials* (Ninth Edition), Thomson Reuters/Foundation Press, 2020, p. 373.

② Michael Selmi, *The Evolution of Employment Discrimination Law: Changed Doctrine for Changed Social Conditions*, Wisconsin Law Review, Vol. 2014, (2014), p. 985-986.

③ B. Glenn George, *Revenge*, Tulane Law Review, Vol. 83, (2008), p. 451.

④ Mattern v. Eastman Kodak Co., 104 F. 3d 702, 707 (5th Cir. 1997).

⑤ Manning v. Metro. Life Ins. Co., 127 F. 3d 686, 692-693 (8th Cir. 1997).

⑥ B. Glenn George, *Revenge*, Tulane Law Review, Vol. 83, (2008), p. 451.

⑦ Von Gunten v. Maryland, 243 F. 3d 858, 866 (4th Cir. 2001).

⑧ White v. Burlington N., Santa Fe Ry., 364 F. 3d 789 (6th Cir. 2004).

害后果要件持更为宽松的立场。例如，第七巡回上诉法院、[1]第九巡回上诉法院[2]和哥伦比亚特区巡回上诉法院[3]认为，只要雇主的决策行为可能会“合情合理”地阻止当事人或者其他人实施受法律保护的“抵制”或者“参与”行为，那么遭受雇主不利人事决策行为侵害的个人便有权利向法院提起诉讼。综上可知，在当事人援引禁止雇主报复条款时，对损害后果要件的不同理解折射出不同巡回上诉法院之间对雇主打击报复行为进行规制的立场和范围差异。此外，由于各类反就业歧视联邦立法中的禁止雇主报复条款既未明确说明雇员依法实施抵制行为的外延，也未厘清权利主体的具体范围，所以禁止雇主报复条款在调整一些特殊的劳动争议关系时存在诸多制度模糊之处。进入 21 世纪以来，面对下级法院之间存在的较大分歧以及成文法层面的模糊之处，联邦最高法院以判例法的方式在较大程度上统一、明确并扩张了对雇主打击报复行为进行规制的范围，从而使遭受雇主打击报复行为侵害的当事人在向法院提起报复型歧视指控时更容易胜诉。

（一）降低禁止雇主报复条款的损害后果标准

2006 年联邦最高法院在伯灵顿北方圣达菲铁路公司诉怀特（Burlington Northern & Santa Fe Railway Company v. White）[4]案中首次对当事人援引禁止雇主报复条款的损害后果要件问题作出了回应。在该案中，原告希拉·怀特（Sheila White）是被告伯灵顿北方圣达菲铁路公司（Burlington Northern & Santa Fe Railway Company）田纳西地区线路维护部门的唯一一个女性轨道工（Track Laborer）。虽然轨道工岗位的大部分工作任务涉及体力劳动，如搬运轨道材料、清洁轨道、锄草等，但原告希拉·怀特一开始主要从事的是相对较轻松和较干净的工作——操作叉车。这种工作安排的部分原因是铁路公司在最初对希拉·怀特进行招聘面试时对她之前操作叉车的工作经验表示赞赏。1997 年 9 月，原告向铁路公司管理层反映，她的顶头上司比尔·乔伊纳（Bill Joiner）多次对她说女性不应当在线路维护部门工作，且当着其他男同事的面对她进行言语攻击。铁路公司展开内部调查后对比尔·乔伊纳施加了停职 10 天的惩罚措施，并要求他参加反职场性骚扰培训。同年 9 月 26 日，铁路公司管理人员

---

[1] Washington v. Ⅲ. Dep't of Revenue, 420 F. 3d 658, 662 (7th Cir. 2005).
[2] Ray v. Henderson, 217 F. 3d 1234, 1242-1243 (9th Cir. 2000).
[3] Rochon v. Gonzales, 438 F. 3d 1211, 1217-1218 (D. C. Cir. 2006).
[4] Burlington Northern & Santa Fe Railway Company v. White, 548 U. S. 53 (2006).

马文·布朗(Marvin Brown)将处理结果告知原告,并于当天在工作岗位和劳动报酬不变的情况下对原告的工作内容作出了调整。马文·布朗向原告解释说,很多同事抱怨认为应当让资历更深的男性同事从事更轻松和更干净的工作,所以为了公平起见,我们指派了另一个男性雇员接替你开叉车,而你以后就专门从事其他类型的轨道养护工作。同年 12 月中旬,原告的新顶头上司珀西·夏基(Percy Sharkey)因工作细节同原告发生争执,并向马文·布朗抱怨说原告不服从管理。马文·布朗随即责令原告停职反省。原告不服,遂通过公司内部申诉程序进行申诉。公司进行调查后作出结论认定原告没有不服从管理,并作出了将原告复职以及补发停职期间工资的决定。基于上述事实,原告先后三次向公平就业机会委员会提出指控,控诉伯灵顿北方圣达菲铁路公司因自己之前投诉过比尔·乔伊纳实施的性骚扰行为而以"改变工作内容""日常进行严密监控""无薪停职"等方式持续对自己进行打击报复。公平就业机会委员会调解无果,原告遂依据《民权法》第七篇向地区法院提起诉讼,指控伯灵顿北方圣达菲铁路公司实施了性别歧视行为和打击报复行为。一审过程中,陪审团裁决认为性别歧视指控不成立,但被告的确实施了违反《民权法》第七篇的打击报复行为,并裁决被告向原告支付数额为 43,500 美元的损害赔偿金。被告不服,以"被告并未对原告实施例如解雇、降职、拒绝晋升、拒付工资等有害雇佣行为(adverse employment action),原告不能援引禁止报复条款提起诉讼"为由向第六巡回上诉法院提起上诉。对此,上诉法院认定,即使被告事后通过内部申诉程序撤销了之前作出的停职处罚并向原告支付了停职期间的应得工资,但停职处罚行为本身以及在没有降低工资待遇的情形下改变原告的工作内容均构成有害雇佣行为。被告依然不服,遂上诉至联邦最高法院。

终审过程中,联邦最高法院从文本分析入手,对《民权法》第七篇禁止就业歧视条款以及禁止报复条款之间的措辞差异进行了比较。① 联邦最高法院认为,禁止就业歧视条款禁止雇主在劳动报酬、劳动条件、劳动待遇和劳动权利方面进行歧视,②而禁止报复条款却没有对雇主实施报复行为的具体形式作出说明,而是概括性地规定雇主不得对实施抵制行为或参与行为的雇员进行打击报复。③ 对此,代表多数法官对该案发表法庭意见的史蒂芬·布雷耶(Stephen Breyer)大法官指出:"我们一般推定,当国会采用

① B. Glenn George, *Revenge*, Tulane Law Review, Vol. 83, (2008), p. 453.

② 42 U. S. C. § 2000e-2(a).

③ 42 U. S. C. § 2000e-3(a).

不同的措辞时……国会是故意和特意地在进行有区别的囊括或排除。”换言之,联邦最高法院认为不同的立法语言表达了国会不同的立法目的,并解释说如果将禁止报复条款的适用范围限制在“和重大雇佣决策密切相关”的范畴内,将不能有效制止各种各样的报复行为。此外,联邦最高法院进一步对禁止雇主报复条款的损害后果要件进行了阐释,“我们认为,原告必须证明一个理性的雇员会认为这种被指控的报复行为具有实质性危害(materially adverse)。就本案而言,这意味着这种行为可能会阻碍一个理性的雇员去指控就业歧视或者帮助他人指控就业歧视”。在判断雇主的决策行为是否会对雇员产生实质性危害时,联邦最高法院强调应当具体问题具体分析:“改变工作安排对很多雇员而言没什么影响,但对于一个养育着学龄儿童的年轻母亲来说却意味着重大的影响。一般而言,上司拒绝邀请一个雇员参加午餐会是一件小事,雇员并不能基于此而提起诉讼。但雇主因雇员针对就业歧视进行过投诉而排斥该雇员参加每周例行的对职业发展有重要影响的午餐会,则可能会阻碍一个理性的雇员进行类似的投诉”。申言之,联邦最高法院认为,伯灵顿北方圣达菲铁路公司改变希拉·怀特的工作内容并不必然使后者有权利向法院提起诉讼,但这个问题应当从一个身处原告所处环境的理性人的角度进行综合判断。此外,雇主是否对雇员实施的受法律保护的抵制行为或参与行为造成了实质性危害并不是一个法官能直接处理的法律问题,而是一个应当交由陪审团裁决的事实问题。鉴于一审法院的陪审团认定伯灵顿北方圣达菲铁路公司实施的这两个报复行为(重新分配希拉·怀特的工作任务以及对她施加长达37天的停职惩罚)已对希拉·怀特造成了实质性的有害影响,①所以联邦最高法院作出结论认为,下级法院的陪审团可以合理地裁决认定被告改变原告的具体工作内容对原告构成了实质性危害,并据此而维持了上诉法院的判决。

联邦最高法院在伯灵顿北方圣达菲铁路公司诉怀特案中作出了对原告较为有利的判决,从而以判例法的形式降低了禁止雇主报复条款中的损害后果标准。该案表明,遭受雇主打击报复的原告在依据反就业歧视法中的抵制条款或参与条款提起诉讼时并不以自身遭受直接经济损失为前提条件。相反,原告仅须证明雇主对抵制行为或参与行为作出的反应会在未

---

① 虽然伯灵顿北方圣达菲铁路公司坚持认为因为公司已对希拉·怀特遭受的不公正的停职惩罚作出了弥补,即向希拉·怀特支付了停职期间的应得工资,所以该停职行为不构成《民权法》第七篇中规定的报复行为,但希拉·怀特的以下言论以及其因此而接受医学治疗的事实成功地说服了一审法院的陪审团认定该停职惩罚措施依然对希拉·怀特造成了实质性的有害影响:“这是我这辈子过的最惨的一个圣诞节。没有工资、没有金钱让我们全家人都感到沮丧和悲伤。”

来阻碍一个理性的人同就业歧视行为作斗争即可。对此,有学者评论道:“该判决背后的理论体现了这样一个原理,即消除就业歧视的最佳途径就是鼓励雇员同就业歧视行为作斗争。阻碍雇员的斗争能力会破坏反就业歧视法的目标,所以这种阻碍行为应当被认定为违法的报复行为”。[①] 由此可知,伯灵顿北方圣达菲铁路公司诉怀特案使得很多因对劳动条件或者劳动待遇不满意而在公司内部抱怨,或者向劳动行政部门投诉,或者向法院起诉的雇员受到了《民权法》第七篇的保护。对此,有学者总结道:“无论依据什么标准进行评价,该案都是一个了不起的判决,其对雇员的利益提供了高强度的保护。”[②]司法实践表明,在联邦最高法院审结伯灵顿北方圣达菲铁路公司诉怀特案后,一些下级法院将雇主实施的若干具有一定隐蔽性且并未造成直接经济损失的行为认定为具有实质性危害的违法报复行为。例如,雇员遭受雇主冷眼相待、[③]被书面要求改进工作质量、[④]获得较差的绩效考核结果。[⑤]

(二)扩充抵制条款的行为模式类型

如前文所述,美国反就业歧视联邦立法中的禁止雇主报复条款整体上可分为两种类型,即抵制条款和参与条款。从文本分析而言,参与条款的行为模式较为明确且涵盖范围较广。例如,《民权法》第七篇在设置参与条款时规定:“禁止因为求职者或者雇员在调查、诉讼或者听证程序中依据本章节的规定提出指控、作证或者以任何形式参与或提供帮助而对其进行歧视。”[⑥]由此可知,当雇员针对自己遭遇的就业歧视行为向公平就业机会委员会或者法院提出指控,或者针对他人遭遇的就业歧视行为向公平就业机会委员会或者法院提供证人证言而遭受雇主打击报复时,可以援引参与条款向法院提起诉讼。然而,《民权法》第七篇在设置抵制条款时则使用了较为“粗线条”的语言——“禁止因为求职者或者雇员抵制本章节规定的违法雇佣行为而对其进行歧视”。[⑦] 相比较而言,抵制条款的行为模式较为模糊,法律条款本身并未对何谓“抵制行为”提供具体的指引。联系

---

① David Sherwyn, Michael Heise, Zev J. Eigen, *Experimental Evidence that Retaliation Claims are Unlike other Employment Discrimination Claims*, Seton Hall Law Review, Vol. 44, (2014), p. 482.

② Michael Selmi, *The Evolution of Employment Discrimination Law: Changed Doctrine for Changed Social Conditions*, Wisconsin Law Review, Vol. 2014, (2014), p. 986.

③ Johnson v. Weld Cnty., 594 F. 3d 1202 (10th Cir. 2010).

④ Michael v. Caterpillar Fin. Servs. Corp., 496 F. 3d 584 (6th Cir. 2007).

⑤ Weber v. Battista, 494 F. 3d 179 (D. C. Cir. 2007).

⑥ 42 U. S. C. § 2000e-3(a).

⑦ 42 U. S. C. § 2000e-3(a).

上下文可知,参与条款适用于雇员借助正式的法律程序同违法就业歧视行为作斗争的情形,这包括向公平就业机会委员会或者法院提出指控或者提供证人证言;抵制条款则适用于雇员为了同就业歧视行为作斗争而直接同雇主进行交涉的情形。[①] 司法实践中,雇员实施的受法律保护的抵制行为一般属于目的较为明确、立场较为鲜明的抗议行为,[②]如向自己的上司或者管理层投诉、[③]在雇主的经营场所设置纠察线、[④]拒绝执行被合理认为构成违法歧视的命令、[⑤]要求雇主为残疾人提供便利。[⑥]

然而值得注意的是,就抵制行为而言,当雇员因实施某些目的不那么明确以及立场不那么鲜明的行为而遭受雇主打击报复时,下级法院对于该行为是否属于受法律保护的抵制行为存有异议。联邦最高法院在 2009 年审结的克劳福德诉纳什维尔和戴维森县政府(Crawford v. Metropolitan Government of Nashville and Davidson County)[⑦]案中以扩充抵制条款行为模式类型的方式对该问题作出了回应。该案中,原告维琪·克劳福德(Vicky Crawford)在被解雇前在被告田纳西州纳什维尔和戴维森县政府(Metropolitan Government of Nashville and Davidson County)供职超过 30 年。2002 年,因其他女性雇员投诉新入职的劳动关系处主任吉恩·休斯(Gene Hughes)实施了性骚扰行为,县政府人力资源部门开始着手对吉恩·休斯展开调查,并指派人力资源部门的主任助理维罗妮卡·弗雷泽(Veronica Frazier)负责此事。维罗妮卡·弗雷泽召集了几名包括原告在内的之前和吉恩·休斯有密切工作联系的女性雇员进行谈话。谈话期间,原告如实描述了吉恩·休斯实施的一些性骚扰行为。原告说道,吉

---

① B. Glenn George, *Revenge*, Tulane Law Review, Vol. 83, (2008), p. 448.

② 值得注意的是,一些州的法院甚至认为雇员可以非正式的方式实施受法律保护的抵制行为。例如在布鲁诺诉 RIH 并购公司(Bruno v. RIH Acquisitions MS I, LLC)案中,原告是被告旗下酒店的一个地区主管。当原告将一个条件优秀的前来应聘自助餐厅经理岗位的求职者的资料递给他的上司时,上司告诉原告说:“这个 55 岁的求职者太老了,我不想雇佣另一个占地方的人(another squatter)。”原告则答道:“这样做是不对的。”上司听后回复说,“太糟糕了”,随即拂袖而去,并在走出房间时把该求职者的简历扔向原告。大约一个星期后,被告以管理能力糟糕为由将原告解雇。然而,在此之前被告从未对原告的管理能力做出过任何警告或负面评价。一审法院判决认为,原告实施了受《反就业年龄歧视法》保护的抵制行为,且陪审团合理地裁决认定原告是因为实施了受法律保护的抵制行为而被解雇。See Bruno v. RIH Acquisitions MS I, LLC, 530 F. Supp. 2d 819 (N. D. Miss. 2008).

③ Sumner v. U. S. Postal Serv., 899 F. 2d 203, 206 (2nd Cir. 1990).

④ EEOC v. Crown Zellerbach Corp., 720 F. 2d 1008, 1011 (9th Cir. 1983).

⑤ Moyo v. Gomez, 40 F. 3d 982, 985-986 (9th Cir. 1994).

⑥ Garza v. Abbott Labs., 940 F. Supp. 1227, 1229-1230 (N. D. Ⅲ. 1996).

⑦ Crawford v. Metropolitan Government of Nashville and Davidson County, 555 U. S. 271 (2009).

恩·休斯曾多次要求看自己的胸部,且多次当着自己的面拍他的裤裆,并对自己说“你知道该怎么做”。此外,原告还向维罗妮卡·弗雷泽反映,吉恩·休斯有几次用裤裆顶自己办公室的玻璃,且有一次当自己问他有什么事情的时候,他用手把自己的头压向他的裤裆处。虽然没有其他目击证人,且吉恩·休斯否认这些行为,但维罗妮卡·弗雷泽的调查结论认为,吉恩·休斯存在行为不当。然而,被告不但未对吉恩·休斯采取惩罚措施,反而很快将包括原告在内的三位向调查组提供了性骚扰证据的女性雇员解雇(其中,被告解雇原告的理由是原告挪用公款和滥用药物)。在被告的解雇理由被查明不属实后,原告依据《民权法》第七篇向田纳西州中部地区法院提起诉讼,指控被告因为自己提供了有关吉恩·休斯实施性骚扰行为的证据而对自己实施报复性解雇。一审法院以“抵制条款要求原告积极和持续地实施抵制行为,而原告在参与调查之前并没有提出过任何投诉,且参与条款不适用于雇主内部开展的调查程序”为由,判决原告败诉。原告不服,遂向第六巡回上诉法院提起上诉。二审过程中,上诉法院基于极为类似的理由判决驳回原告的上诉请求。第一,原告仅仅是向维罗妮卡·弗雷泽提供了有关吉恩·休斯实施过性骚扰行为的证据,这并不构成受法律保护的抵制行为,因为原告本人之前并未针对吉恩·休斯的性骚扰行为提出过任何投诉;第二,因为原告参与的是被告内部的调查程序,而不是公平就业机会委员会的调查程序,所以原告并不受到参与条款的保护。原告依然不服,遂最终上诉至联邦最高法院。

终审过程中,被告极力主张二审法院在适用抵制条款时采用的“积极和持续(active and consistent)的行为”标准,并声称,“如果参与过公司内部调查程序的雇员在工作中遇到不顺心的事就能轻易依据禁止雇主报复条款提起诉讼的话,那么雇主很可能就不会对潜在的就业歧视行为展开内部调查了”。对此,联邦最高法院大卫·苏特(David Souter)大法官代表全体法官发表了法庭意见。法庭意见指出,首先,《民权法》第七篇本身没有对“抵制”(oppose)这个词的含义作出解释。一方面,依据《韦氏新国际词典》的解释,可以将其大致理解为与“抵抗”(resist)或者“斗争”(contend against)同义,且“抵制”(oppose)这个词所包含的主动抗争的色彩要弱于“抵抗”(resist);另一方面,《兰登书屋英语词典》直接将“抵制”(oppose)这个词解释为“观点上的否定或反对”。依此理解,由于原告针对吉恩·休斯实施性骚扰行为所作出的陈述可视为一种对吉恩·休斯实施的性骚扰行为的明显反对,所以原告满足抵制条款的行为模式要件。其次，《民权法》第七篇并未规定这种怪异的规则，即仅保护自己主动反映就业歧视行为的雇员，而不保护在雇主针对同一个就业歧视行为展开的调查程序中反映相同就业歧视行为的雇员。依此逻辑，抵制行为并不必然局限于积极和持续的主动揭露行为，对就业歧视行为主动提出质疑的雇员以及应他人要求去解答这种质疑的雇员都满足抵制条款的行为模式要件。最后，有资料表明害怕遭受报复是人们不敢针对自己或他人遭受的就业歧视行为发声的最主要原因。就此而言，如果一个雇员因为在回答雇主的问题时提供了有关就业歧视行为的证据而被雇主制裁但却不能获得法律救济，那么审慎的雇员在未来将很可能对违法就业歧视行为保持沉默。基于上述理由，联邦最高法院作出结论认定，原告维琪·克劳福德实施了受法律保护的抵制行为。综上可知，联邦最高法院在克劳福德诉纳什维尔和戴维森县政府案中扩充了抵制条款的行为模式类型，将之前没有主动针对就业歧视行为进行过投诉，甚至之前没有明确对就业歧视行为表达过担忧或者不悦但在雇主内部调查程序中提供了就业歧视证据的雇员纳入抵制条款的保护范畴。

（三）扩张禁止雇主报复条款的权利主体范围

如前文所述，美国反就业歧视联邦立法中禁止雇主报复条款的作用机理如下：雇员抵制或参与抵制就业歧视行为—雇主对实施抵制行为或参与行为的雇员进行打击报复—遭受雇主报复的雇员依据反就业歧视法中的禁止雇主报复条款提起法律诉讼。由此可知，因实施抵制行为或者参与行为而遭受雇主打击报复的雇员可依据禁止雇主报复条款向法院提起诉讼。一般而言，禁止雇主报复条款的权利主体是因实施了抵制行为或者参与行为而遭受雇主打击报复的当事人。进入21世纪的第一个十年，判例法制度对雇主打击报复行为规制范围的扩大，还体现为其扩张了禁止雇主报复条款的权利主体范围。联邦最高法院在2011年审结的汤普森诉北美不锈钢公司（Thompson v. North American Stainless）①案中对禁止雇主报复条款的权利主体范围作出了突破性的广义解释。在该案中，原告艾瑞克·汤普森（Eric Thompson）和他的未婚妻米莉亚姆·雷加拉多（Miriam Regalado）之前就职于位于肯塔基州卡罗尔郡的北美不锈钢公司（North American Stainless）。2002年9月，原告的未婚妻米莉亚姆·雷加拉多因被解雇而向公平就业机会委员会提出指控，控诉她的上司对她实施了性别歧视行为。2003年2月13日，公平就业机会委员会将该性别歧视指控事由正式

① Thompson v. North American Stainless, 131 S. Ct. 863 (2011).

通知北美不锈钢公司。3周后,北美不锈钢公司将原告艾瑞克·汤普森解雇。被解雇后,原告遂向公平就业机会委员会提出指控,控诉北美不锈钢公司因为自己的未婚妻之前向公平就业机会委员会控诉公司实施了性别歧视行为而怀恨在心,因此而对自己实施报复性解雇。公平就业机会委员会调解未果,原告遂依据《民权法》第七篇向肯塔基州东部地区法院提起诉讼,指控被告北美不锈钢公司以解雇的方式对自己实施打击报复行为。一审过程中,地区法院同意了被告要求适用简易程序的请求,并以"《民权法》第七篇不允许(未实施抵制行为或参与行为的)第三人针对雇主的打击报复行为提起诉讼"为由,驳回了原告的诉讼请求。原告不服,遂上诉至第六巡回上诉法院。二审过程中,上诉法院维持了一审法院的判决并解释说,因为原告艾瑞克·汤普森在该案中并未以自己的名义或者以他的未婚妻米莉亚姆·雷加拉多的名义实施任何受法律保护的抵制行为或者参与行为,所以原告依据《民权法》第七篇指控被告实施了打击报复行为于法无据。原告依然不服,最终上诉至联邦最高法院。

终审过程中,联邦最高法院围绕两个相互关联的问题展开分析。第一,雇主因为一个雇员向公平就业机会委员会投诉自己实施了性别歧视行为而解雇这个雇员的未婚夫是否违反《民权法》第七篇中的禁止报复条款?第二,被解雇的未婚夫是否可以以自己的名义向法院提起诉讼,还是只有之前向公平就业机会委员会投诉的未婚妻可以向法院提起诉讼?就第一个问题而言,北美不锈钢公司辩解说,"如果法院判决原告艾瑞克·汤普森胜诉,那么在雇主解雇任何一个雇员且这个雇员和另一个向公平就业机会委员会提出过指控的雇员之间恰巧存在某种关系的情形下,雇主随时都面临着不确定的法律风险"。联邦最高法院虽然承认了被告此番观点的逻辑,但同时强调认为,"《民权法》第七篇的法律文本并没有对雇主报复第三人的情形作出例外规定,且清晰的法律规则并不支持作出这种偏离法律文本的解释"。联邦最高法院在援引之前审理的伯灵顿北方圣达菲铁路公司诉怀特案时指出,由于《民权法》第七篇禁止雇主对任何实施抵制行为和参与行为的雇员进行打击报复,且没有限制雇主实施打击报复行为的具体类型,所以禁止雇主报复条款的行为模式范围要大于禁止就业歧视条款的行为模式范围。具体而言,联邦最高法院进一步解释道,"就像我们在审理伯灵顿北方圣达菲铁路公司诉怀特案时认为的那样,与《民权法》第七篇中的禁止就业歧视条款不同的是,禁止雇主报复条款并不仅限于禁止雇主实施影响劳动条件和劳动待遇的行为。必须对禁止雇主报复条款进行广义解释，从而使其能规制雇主实施的各种各样可能会阻碍一个理性人提出或支持提出就业歧视指控的报复行为”。“就本案而言，我们认为很显而易见的是，如果一个理性的雇员知道她的未婚夫会被解雇，那么她可能就不会去实施受法律保护的抵制行为或者参与行为了”。基于上述理由，联邦最高法院作出结论认为北美不锈钢公司解雇艾瑞克·汤普森的行为违反了《民权法》第七篇中的禁止雇主报复条款。

就第二个问题而言，联邦最高法院再次从文本分析入手对禁止雇主报复条款进行研究。《民权法》第七篇规定：“声称遭受被告违法雇佣行为侵害的个人可以提起民事诉讼。”①联邦最高法院在该案中采用了所谓的“利益范围标准”（zone of interest standard）去判断原告是否满足《民权法》第七篇中“遭受……侵害的”的定义。② 对此，联邦最高法院认为，国会在《民权法》第七篇的禁止雇主报复条款中使用了“遭受……侵害的”这个短语意味着任何利益受到该法保护的个人都有权利向法院提起诉讼。由于《民权法》第七篇的目的就是保护雇员免于遭受雇主实施的就业歧视行为，且有理由相信被告并非无缘无故解雇原告，而是为了故意报复原告的未婚妻，所以原告处于受《民权法》第七篇保护的利益范围之内。依此逻辑，联邦最高法院作出结论认为原告艾瑞克·汤普森有权利依据《民权法》第七篇向法院提起诉讼。

综上，联邦最高法院在汤普森诉北美不锈钢公司案中再次以判例法的形式扩大了反就业歧视制度对雇主打击报复行为的规制范围，从而使并未实施抵制行为或参与行为的第三人在特定情形下也有权利依据《民权法》第七篇中的禁止雇主报复条款向法院提起诉讼。该案件体现了联邦最高法院在禁止雇主打击报复这个问题上的最新立场，即如果第三人因自己的亲人或者有亲密关系的人之前曾针对就业歧视问题在公司内部进行过投诉，或者向公平就业机会委员会提出过指控，或者向法院提起过诉讼而遭受雇主打击报复，那么该第三人也受到法律保护。对此，有学者评论道：“汤普森诉北美不锈钢公司案不仅体现了联邦最高法院在处理雇主报复案件时对雇员友好的一贯立场，还在雇主对第三人进行报复的情形下极大地

---

① 42 U. S. C. § 2000e-5(f)(1).

② 美国法中的利益范围标准指的是，如果当事人的利益处于法律规定旨在保护的利益范围之内，那么在该利益范围内遭受侵害的当事人有权利向法院提起诉讼。

扩张了禁止雇主报复条款中雇员权利的含义和范围。”①但值得注意的是,汤普森诉北美不锈钢公司案在一定程度上也引发了社会各界的猜忌和质疑。在针对被告对原告实施的解雇行为是否违反了《民权法》第七篇中的禁止雇主报复条款以及原告是否有权利向法院提起诉讼这两个问题展开辩论时,被告曾请求联邦最高法院回答以下问题,即如果法院认定雇主对第三人作出的人事决策构成报复行为且该第三人有权利向法院提起诉讼,那么该第三人和实施抵制或参与行为的另一个人之间具体应当存在何种类型的关系?一方面,联邦最高法院概括性地回答说,若雇主解雇一个实施抵制行为或者参与行为的雇员的近亲属(close family member)一般将构成违法的报复行为,但若只是解雇一个实施抵制行为或者参与行为的雇员的普通朋友(mere acquaintance)则一般不会构成违法的报复行为;另一方面,联邦最高法院拒绝进一步对受到禁止雇主报复条款保护的第三人和实施抵制或参与行为的另一个人之间的关系进行类型化,强调应当具体问题具体分析,并解释说:“鉴于《民权法》第七篇采用了调整范围较广的立法语言以及工作场所中雇主报复行为的复杂性,不能将禁止雇主报复条款简化为一种具有固定行为模式的规则。”但由此而引发的疑问是,在受法律保护的近亲属和不受法律保护的普通朋友之间,如何认定并未实施抵制行为或参与行为的第三人(如兄弟姐妹、男女朋友、最好的朋友)是否有权利依据《民权法》第七篇中的禁止雇主报复条款向法院提起诉讼。

综上所述,进入 21 世纪以来,联邦最高法院在审理被誉为“禁止雇主打击报复三部曲”的系列案件过程中(伯灵顿北方圣达菲铁路公司诉怀特案、克劳福德诉纳什维尔和戴维森县政府案和汤普森诉北美不锈钢公司案),分别通过降低禁止雇主报复条款的损害后果标准、扩充抵制条款的行为模式类型以及扩张禁止雇主报复条款的权利主体范围,在判例法层面强有力地提升了反就业歧视制度对雇主打击报复行为的规制力度,从而进一步强化了反就业歧视联邦立法对遭受雇主打击报复行为侵害的雇员的保护强度。

三、联邦最高法院将跨性别者首次纳入反就业歧视制度保护范畴

进入 21 世纪以来,反就业歧视制度在判例法层面的最新进展便是联

---

① Frank J. Cavico, Bahaudin G. Mujtaba, *Managers Be Warned! Third-Party Retaliation Lawsuits and the United States Supreme Court*, International Journal of Business and Social Science, Vol. 2, (2011), p. 13.

邦最高法院在2020年6月15日合并审理的博斯托克诉克莱顿县(Bostock v. Clayton County)[①]案、高空跳伞公司诉扎尔达(Altitude Express, Inc. v. Zarda)[②]案以及哈里斯丧葬公司诉公平就业机会委员会(R. G. & G. R. Harris Funeral Homes, Inc. v. Equal Employment Opportunity Commission)[③]案中首次承认跨性别者享有公平就业机会权利,受到《民权法》第七篇有关禁止性别歧视规定的保护。跨性别者一般指的是LGBT群体,即女同性恋者(lesbian)、男同性恋者(gay)、双性恋者(bisexual)和变性者(transgender)。[④]跨性别群体是美国劳动力市场的一个重要组成部分,但囿于《民权法》第七篇中的性别歧视概念不清晰以及大多数下级法院对此持保守立场,跨性别群体曾长期普遍遭受严重就业歧视。联邦最高法院在最近合并审理的上述三个案件中对性别歧视概念的外延进行了扩张,使其将雇主针对跨性别者实施的就业歧视行为囊括在内,从而在判例法层面再次扩充了反就业歧视制度对雇员公平就业机会权利的保护范围。

(一)跨性别者普遍遭受严重就业歧视

在美国目前的劳动力市场中,跨性别者约占劳动力总量的6.28%。具体而言,受雇于公共部门的跨性别者人数超过100万,受雇于私人部门的跨性别者人数超过700万。[⑤] 虽然求职者和雇员的性取向(sexual orientation)和性别认同(gender identity)[⑥]和他们在劳动力市场上潜在的

---

① Bostock v. Clayton County, 590 U. S. (2020).

② Altitude Express, Inc. v. Zarda, 590 U. S. (2020).

③ R. G. , G. R. Harris Funeral Homes Inc. v. Equal Employment Opportunity Commission, 590 U. S. (2020).

④ 需要说明的是,由于跨性别者有时还包括缺乏男性气概的“伪娘”(queer),因而也可以被称为LGBTQ群体。See Note, *Executive Order No. 13, 672: Executive Order Prohibits Federal Government and Contractor Employment Discrimination on the Basis of Sexual Orientation or Gender Identity*, Harvard Law Review, Vol. 128, (2015), p. 1304.

⑤ Shalyn L. Caulley, *The Next Frontier To LGBT Equality. Securing Workplace Discrimination Protections*, University of Illinois Law Review, Vol. 2017, (2017), p. 911, 919.

⑥ 美国心理学会认为,性取向指的是个人对异性、同性或两性产生的持久情感,喜爱、爱情或性吸引的现象。一般而言,性取向可分为异性恋、同性恋以及双性恋三类。此外,性取向不同于生物性别、性别认同以及社会性别。生物性别指的是解剖学、生理学以及基因上的性别特征;性别认同指的是个人对自己性别的心理感受;社会性别指的是由社会准则定义的具有男性气质的特征或者具有女性气质的特征。See American Psychological Association, *Sexual Orientation and Homosexuality*, https://web.archive.org/web/20130808032050/http://www.apa.org/helpcenter/sexual-orientation.aspx.

工作能力或者实际的工作表现并无直接关联,[1]但跨性别者却普遍遭受就业歧视行为侵害。[2] 20 世纪末期和 21 世纪初期开展的一系列实证研究表明,就业歧视行为对跨性别者造成了严重的负面影响。例如,就业歧视行为导致跨性别雇员遭受严重的心理健康损害和生理健康损害、[3]认知功能受损、[4]因害怕进入公众视线而选择居家办公甚至离职。[5] 整体而言,在劳动力市场上受到歧视的跨性别者通常会经历精神失常、沮丧、压抑、自尊心受挫和孤独,甚至具有强烈的自残或自杀倾向。[6] 在美国劳动力市场上的跨性别雇员群体中,有 7%~41%的受访者反映自己曾受到过各种各样就业歧视行为的有害影响,如被同事辱骂、嘲笑、骚扰或者办公室被恶意破坏。[7] 此外,跨性别者遭遇的就业歧视还体现在有形的劳动条件和劳动待遇方面。研究数据显示,在生产效率相同的情况下,男同性恋雇员一般比

---

① 有学者指出,雇主对跨性别者实施的就业歧视行为从经济角度考虑并不理性,理由有四个:第一,由于性取向和性别认同与工作能力以及工作表现并无直接关联,所以雇主对跨性别者进行就业歧视会人为地缩小可供选拔的求职者范围,并可能因此而错过最符合招聘条件的求职者,从而导致低效率的招聘;第二,由于相当一部分的跨性别雇员隐瞒了自己的性取向或者性别认同,所以雇主公然对跨性别者进行就业歧视将导致这部分雇员的离职率上升,从而增加雇主的人力资源成本和行政管理成本;第三,在一些已经为跨性别雇员提供了公平就业机会权利的州中,雇主对跨性别雇员实施就业歧视行为恐将面临高额的损害赔偿金;第四,公然对跨性别者实施就业歧视行为可能会导致雇主的社会声誉受损,从而造成生意伙伴和顾客流失。See Shalyn L. Caulley, *The Next Frontier to LGBT Equality. Securing Workplace Discrimination Protections*, University of Illinois Law Review, Vol. 2017, (2017), p. 915-917.

② Shalyn L. Caulley, *The Next Frontier to LGBT Equality. Securing Workplace Discrimination Protections*, University of Illinois Law Review, Vol. 2017, (2017), p. 912.

③ Craig R. Waldo, *Working in a Majority Context: A Structural Model of Heterosexism as Minority Stress in the Workplace*, Journal of Counseling Psychology, Vol. 46, (1999), p. 229.

④ Juan M. Madera, *The Cognitive Effects of Hiding One's Homosexuality in the Workplace*, Industrial and Organizational Psychology, Vol. 3, (2010), p. 87.

⑤ Jennifer C. Pizer et al., *Evidence of Persistent and Pervasive Workplace Discrimination Against LGBT People: The Need for Federal Legislation Prohibiting Discrimination and Providing for Equal Employment Benefits*, Loyola of Los Angeles Law Review, Vol. 45, (2012), p. 741.

⑥ Jennifer C. Pizer, Brad Sears, Christy Mallory, Nan D. Hunter, *Evidence of Persistent and Pervasive Workplace Discrimination Against LGBT People: The Need for Federal Legislation Prohibiting Discrimination and Providing for Equal Employment Benefits*, Loyola of Los Angeles Law Review, Vol. 45, (2012), p. 740-741.

⑦ Shalyn L. Caulley, *The Next Frontier to LGBT Equality. Securing Workplace Discrimination Protections*, University of Illinois Law Review, Vol. 2017, (2017), p. 914.

男异性恋雇员的劳动报酬低 10%~32%；[①]在改变性别的雇员群体中，家庭年收入低于 1 万美元的比例高达 15%，这个比例约为全美国低收入家庭占总人口比例的 4 倍；11%~28%的跨性别雇员因为自己的性取向被雇主拒绝晋升；10%的同性恋雇员和双性恋雇员以及 25%的改变了性别的雇员由于性取向或者性别认同问题被直接解雇。值得注意的是，雇主在劳动力市场上针对跨性别者实施的就业歧视行为不仅侵害了跨性别雇员群体的利益，还不利于国民经济的整体发展。当每个雇员能与最适合自己的工作岗位匹配时，劳动力市场将因"人尽其才"而最大限度地释放生产力潜能，从而实现劳动力资源的优化配置。有研究认为，美国雇主若能对跨性别者实施更为包容的劳动人事政策，全美国一年可以多创造约 90 亿美元的财富。[②]

因跨性别人士在美国社会普遍遭受歧视，跨性别群体在美国为争取权利平等而进行斗争的历史由来已久。目前有超过 500 个组织致力于为跨性别者在包括劳动就业领域在内的日常生活的各个方面实现权利平等。这些组织每年的花费总计高达 5.3 亿美元，它们在全美国雇用了成千上万的专职雇员为跨性别者争取权利平等提供帮助。例如，在司法诉讼、政治游说和选举方面推动反跨性别歧视法律和政策的制定和实施，或者帮助有需求的跨性别者处理某些具体事务，或者致力于通过宣传和教育逐步改变美国社会对跨性别者的消极态度。[③] 尤其是自从 2015 年 6 月联邦最高法院在奥贝格费尔诉霍奇斯(Obergefell v. Hodges)[④]案中首次承认同性婚姻的合法性以来，[⑤]跨性别群体在备受鼓舞的同时更希望能趁热打铁将这个案件的影响力推广至包括劳动关系在内的其他社会生活领域。在接受哥伦比亚广播电视公司(Columbia Broadcasting System)采访时，美国人权运动战线(Human Rights Campaign)前主席查德·格里芬(Chad Griffin)说

① Jennifer C. Pizer, Brad Sears, Christy Mallory, Nan D. Hunter, *Evidence of Persistent and Pervasive Workplace Discrimination Against LGBT People: The Need for Federal Legislation Prohibiting Discrimination and Providing for Equal Employment Benefits*, Loyola of Los Angeles Law Review, Vol. 45, (2012), p. 737.

② Shalyn L. Caulley, *The Next Frontier to LGBT Equality. Securing Workplace Discrimination Protections*, University of Illinois Law Review, Vol. 2017, (2017), p. 914-917.

③ Shalyn L. Caulley, *The Next Frontier to LGBT Equality. Securing Workplace Discrimination Protections*, University of Illinois Law Review, Vol. 2017, (2017), p. 917.

④ Obergefell v. Hodges, 135 S. Ct. 2584 (2015).

⑤ 安东尼·肯尼迪(Anthony Kennedy)法官在该案中代表多数法官发表的法庭意见指出：缔结婚姻的权利是内生于个人自由中的一项基本权利，且依据《宪法第十四修正案》中的正当程序条款和平等保护条款，同性夫妻的这种权利和自由不能被剥夺。

道:“尽管奥贝格费尔诉霍奇斯案是一个里程碑式的跨越,但我们的目标还远未完全实现,我们还有很长一段路要走……这个案件判决后,目前在美国大部分的州,如果你(跨性别者)在上午10时登记结婚,那么中午就会被解雇,而下午就会被从家里赶出去,仅仅因为你在‘脸书’上晒了结婚照片。”[①]此外,就在奥贝格费尔诉霍奇斯案审结的第二个月,另一个跨性别者权利运动组织——前进运动联盟(Movement Advancement Project)的统计数据也表明跨性别者在争取公平就业机会权利的道路上依然任重道远。“虽然自2015年6月起,成千上万的美国跨性别公民被赋予合法缔结婚姻的权利,但就在2015年7月仍然有52%的跨性别者面临被雇主解雇的风险。”[②]由此观之,颇具讽刺意味的是:一方面,奥贝格费尔诉霍奇斯案在判例法层面使美国成千上万的跨性别者有权利缔结同性婚姻;另一方面,同性婚姻合法化似乎却加剧了跨性别者在劳动力市场上遭受就业歧视的情形。有观点认为,“同性婚姻合法化使得雇主针对跨性别者实施就业歧视行为更为容易。例如,雇主会在第一时间就配偶的劳动福利事项询问很多新婚夫妇”。[③]

(二)跨性别者主张公平就业机会权利长期受阻

如前文所述,雇主对跨性别者实施就业歧视行为对跨性别求职者和雇员、雇主本身以及整个国民经济均有负面影响。然而,在劳动力市场上遭受就业歧视的跨性别求职者和雇员却长期处于难以主张公平就业机会权利的窘境。就成文法而言,一方面,美国国会自20世纪70年代起便持续收到禁止在劳动力市场上歧视跨性别者的立法建议;另一方面,以“不符合宗教教义”为代表的各种反对声音不绝于耳,[④]国会议员在这个问题上很

---

① Melanie Arter, *Human Rights Campaign Calls for "Full and Comprehensive Nondiscrimination Protections" for LGBT*, last visited November 1, 2020, https://www.cnsnews.com/news/article/melanie-hunter/human-rights-campaign-president-calls-full-and-comprehensive.

② Movement Advancement Project, *In June* 2015, *Thousands of LGBT People Across America Gained the Freedom to Marry*, last visited November 1, 2020, https://www.lgbtmap.org/image/Infographic-Post-Marriage-01.2.jpg.

③ Emma Green, *Can States Protect LGBT Rights Without Compromising Religious Freedom*, https://www.theatlantic.com/politics/archive/2016/01/lgbt-discrimination-protection-states-religion/422730/.

④ 美国的宗教势力较为强大,除专门的宗教场所和机构外,教会还经营着数量庞大的实体组织。具体而言,美国有13%的医院为教会医院,76%的私立中学为教会学校,50%的收养机构附属于教会。这些由教会经营的实体组织雇佣了大量的世俗雇员。See Erik S. Thompson, *Compromising Equality: An Analysis of the Religious Exemption in the Employment Non-Discrimination Act and its Impact on LGBT Workers*, Boston College Journal of Law & Social Justice, Vol. 35, (2015), p. 302-303.

难达成一致。[1] 虽然在这个过程中出现了两部较为具有代表性的联邦立法议案，即《禁止雇佣歧视法案》[2]（Employment Non-Discrimination Act）和《平等法案》[3]（Equality Act），但就目前的政治形势而言，这两部联邦层面的立法议案尚无很快成为法律的可能性。在相对漫长的立法进程中，《禁止雇佣歧视法案》曾历史性地在国会下议院获得通过，但下议院议长约

---

① 需要注意的是，虽然在过去的数十年间跨性别者遭受歧视的现象日益严重和普遍，且美国社会呼吁为跨性别者提供平等权利保护的声音也越来越大，但也有相当一部分美国民众反对通过联邦立法的方式为跨性别者提供平等权利保护。反对者的理由主要有以下六点：第一，为跨性别者提供公平就业机会不符合宗教教义。这是反对为跨性别者提供平等权利保护的最主要理由。虽然美国社会目前对同性恋的接受程度已远远高于过去，但大部分美国人依然认为同性恋是不道德的行为。由于同性恋行为违背了传统的宗教教义，宗教人士担心为跨性别者提供平等保护会改变社会对性的观点，损害人们对传统的或体现于圣经中的性道德的社会认知，因而极力抵制包括联邦立法在内的各种为跨性别者提供平等保护的措施。第二，不宜以联邦立法的方式在全国层面为跨性别者提供统一的平等保护。具体而言，一些国会议员以及司法机关认为，是否应当为跨性别者提供平等保护以及提供何种类型的平等保护应当交由各州自行决定，而不宜在全国层面一刀切式地进行联邦立法。第三，颁行此种类型的联邦立法会对《民权法》第七篇产生喧宾夺主式的影响。有观点认为，如果以联邦立法的形式对《民权法》第七篇进行修正，使其将禁止性取向歧视和性别认同歧视包括在内，会使《民权法》第七篇的保护重点转变为禁止歧视跨性别者，从而导致民权运动的成果被侵蚀。第四，会导致滥诉。另一个主流的观点认为，以联邦立法的形式统一为跨性别者提供公平就业机会将导致无止境的诉讼，从而加重行政机关和司法机关的负担，浪费大量的社会资源。第五，为跨性别者提供公平就业机会不符合反就业歧视法的基本原理。有观点认为，因为同种族、性别、肤色等因素不同，性取向和性别认同是人们可以改变和控制的因素，所以以联邦立法的形式为跨性别者提供公平就业机会权利将给予跨性别者以法律特权。第六，没有必要为跨性别者提供反就业歧视联邦立法保护。还有观点认为，现行反就业歧视制度已较为完备，跨性别者已经受到了各种各样反就业歧视联邦立法的保护。联邦立法不应当对劳动力市场进行过度干预。See Shalyn L. Caulley, *The Next Frontier to LGBT Equality. Securing Workplace Discrimination Protections*, University of Illinois Law Review, Vol. 2017, (2017), p. 931-939.

② 《禁止雇佣歧视法案》是由时任美国国会议员麦克雷·杰夫（Merkley Jeff）以《民权法》为模板组织起草的单行联邦法。该立法议案于 2013 年 11 月 7 日在下议院获得通过后，便一直处于停滞状态。2013 年版本的《禁止雇佣歧视法案》第 4(a)条规定："雇主不得因为个人事实上的或者被察觉的性取向或者性别认同而未能或者拒绝雇佣，或者解雇任何个人，或者在劳动报酬、劳动条件和待遇、劳动权利方面歧视任何个人。雇主不得因为个人事实上的或者被察觉的性取向或者性别认同而对雇员或者求职者进行限制、隔离或者分类，从而以任何形式剥夺任何人的就业权利或者对他们雇员的身份造成有害影响。"第 4(e)条禁止雇主对同跨性别者谈恋爱的个人实施就业歧视行为。第 5 条禁止雇主对实施抵制行为和参与行为的个人进行打击报复。See *Employment Non-Discrimination Act of* 2013, last visited November 1, 2020, https://www.congress.gov/bill/113th-congress/senate-bill/815/text.

③ 《平等法案》是由时任美国国会议员戴维·西西里恩（David Cicilline）组织起草的立法议案。与《禁止雇佣歧视法案》不同的是，该立法议案旨在修正《民权法》第七篇，使《民权法》第七篇将性取向和性别认同因素纳入其保护的范畴之内。See *Equality Act*, last visited July 17, 2022, https://www.congress.gov/bill/117th-congress/senate-bill/393? q=%7B%22search%22%3A%5B%22Equality+Act%22%2C%22Equality%22%2C%22Act%22%5D%7D&s=1&r=14.

翰 · 博纳(John Boehner)却在表达反对意见时立场坚定地说道,“有关劳动保护的现行联邦法律太多了,增加这种类型的法律保护将导致法院面临新的滥诉情形”。[①] 对此,“政策制定者、跨性别权利拥护者以及学界似乎一致认为,美国跨性别者在短期内继续遭受歧视是跨性别者最终能够获得明确的以身份为基础的立法保护所必须付出的代价”。[②] 总体而言,美国目前在联邦立法层面并未明确禁止雇主基于性取向或者性别认同因素对跨性别求职者和雇员实施就业歧视行为。

就判例法而言,尽管联邦最高法院曾在 1989 年审结的普华会计师事务所诉霍普金斯案中认定,雇主基于性别成见(sex-stereotyping)而对雇员进行歧视属于违法的性别歧视行为,雇员有权利依据《民权法》第七篇向法院提起诉讼,[③]但大部分下级法院基于以下两个理由并不愿意将《民权法》第七篇禁止的性别歧视行为解释为性取向歧视和性别认同歧视。首先,大部分下级法院认为,国会缺乏将性别歧视解释为性取向歧视或者性别认同歧视的立法意图。[④] 例如,第一、[⑤]第二、[⑥]第三、[⑦]第四、[⑧]第五、[⑨]第六、[⑩]第七、[⑪]第八、[⑫]第十[⑬]巡回上诉法院认为,从《民权法》第七篇的立法史或者文本来看,国会并没有将性别歧视解释为性取向歧视或者性别认同

---

① Note, *Executive Order No. 13,672: Executive Order Prohibits Federal Government and Contractor Employment Discrimination on the Basis of Sexual Orientation or Gender Identity*, Harvard Law Review, Vol. 128, (2015), p. 1306.

② Alex Reed, *RFRA v. ENDA: Religious Freedom and Employment Discrimination*, Virginia Journal of Social Policy & the Law, Vol. 23, (2016), p. 36.

③ 如本书第三章第三节所述,在普华会计师事务所诉霍普金斯案中,雇主反复劝告原告言行举止和穿着要更像女人。联邦最高法院认为,雇主因性别成见而对雇员实施的就业歧视行为属于被《民权法》第七篇禁止的性别歧视行为,并进一步解释说,“我们现在还没有自由到这种程度,即雇主可以通过假设或者坚持要求雇员要和自己对雇员类型持有的成见相匹配来对雇员进行评估”。最终,联邦最高法院作出结论认为,依据《民权法》第七篇的规定,雇主的决策行为必须完全与性别无涉。

④ Note, *Employment Nondiscrimination Act of 2009: Congress Considers Bill to Prohibit Employment Discrimination on the Basis of Sexual Orientation and Gender Identity*, Harvard Law Review, Vol. 123, (2010), p. 1805.

⑤ Higgins v. New Balance Athletic Shoe, Inc., 194 F. 3d 252, 259 (1st Cir. 1999).

⑥ Simonton v. Runyon, 232 F. 3d 33, 35 (2nd Cir. 2000).

⑦ Bibby v. Phila. Coca Cola Bottling Co., 260 F. 3d 257, 261 (3rd Cir. 2001).

⑧ Wrightson v. Pizza Hut of Am., Inc., 99 F. 3d 138, 143 (4th Cir. 1996)

⑨ Smith v. Liberty Mut. Ins. Co., 569 F. 2d 325, 326-327 (5th Cir. 1978).

⑩ Vickers v. Fairfield Med. Ctr., 453 F. 3d 757, 764-765 (6th Cir. 2006)

⑪ Spearman v. Ford Motor Co., 231 F. 3d 1080, 1084 (7th Cir. 2000).

⑫ Williamson v. A. G. Edwards & Sons, Inc., 876 F. 2d 69, 70 (8th Cir. 1989).

⑬ Medina v. Income Support Div., 413 F. 3d 1131, 1135 (10th Cir. 2005).

歧视的意图,且国会之后也多次否决了明确将性取向作为一个受法律保护的特征的立法议案。其次,囿于普华会计师事务所诉霍普金斯案中的特殊事实情形,少数下级法院在遵循联邦最高法院创制的这种判例法制度时,仅将《民权法》第七篇中的禁止性别歧视条款适用于雇主基于性别成见对雇员进行歧视的情形,即雇主因男性雇员缺乏阳刚之气或者女性雇员缺乏女人味而进行歧视,[①]但却无法保护所有跨性别者的公平就业机会权利。具体而言,虽然雇员的性取向以及性别认同可能会导致雇主因性别成见而对雇员进行歧视。例如,男性雇员因言行举止或穿着打扮表现出明显的女性化特征而导致雇主基于性别成见对该雇员进行歧视。但由于男同性恋者中"扮演"男性角色的个体可能依然表现出男子气概,女同性恋者中"扮演"女性角色的个体可能依然展露出女人味,双性恋者以及变性者的言行举止可能依然符合其(原始)生物性别特征,所以并非所有的跨性别者都与联邦最高法院在普华会计师事务所诉霍普金斯案中处理的性别成见情形吻合。由此可知,虽然性取向歧视以及性别认同歧视和性别成见歧视之间可能存在重合之处,即一个男同性恋者可能既因为缺乏阳刚之气被雇主歧视,也可能因为和同性交往被雇主歧视,[②]但性取向歧视以及性别认同歧视并不完全等同于性别成见歧视。换言之,当跨性别者并未表现出与其(原始)生物性别特征不吻合的言行举止或者穿着打扮时,这些跨性别求职者和雇员并未受到联邦最高法院在普华会计师事务所诉霍普金斯案中创制的判例法制度的保护。依此逻辑,跨性别者的言行举止或者穿着打扮必须要在工作场所中展现出足够明显的同性恋特征(女性要足够阳刚,男性要足够阴柔),才能依据《民权法》第七篇向少数几个巡回上诉法院主张公平就业机会权利,否则跨性别者的公平就业机会权利并不受到保

---

① 在联邦最高法院审结普华会计师事务所诉霍普金斯案后,《民权法》第七篇中的性别歧视概念被扩张至囊括了性别成见歧视。其内在逻辑表现为:雇主基于女性雇员没有精心打扮或化妆而对她们实施的歧视行为就是性别歧视,因为如果她们不是女性,这种歧视就不会发生;与此类似的是,雇主基于男性雇员浓妆艳抹或者在言行举止方面表现出女性化特征而对他们实施的歧视行为就是性别歧视,因为如果他们不是男性的话,这种歧视也不会发生。See Mark A. Rothstein, Lance Liebman, Kimberly A. Yuracko, Charlotte Garden, *Employment Law: Cases and Materials* (Ninth Edition), Thomson Reuters/Foundation Press, 2020, p. 291.

② Shalyn L. Caulley, *The Next Frontier to LGBT Equality. Securing Workplace Discrimination Protections*, University of Illinois Law Review, Vol. 2017, (2017), p. 920-921.

护。[①] 例如,在毕比诉费城可口可乐灌装公司(Bibby v. Phila. Coca Cola Bottling Company)[②]案中,第三巡回上诉法院在拒绝为跨性别原告提供法律救济时解释说,原告不能仅因为雇主对自己实施了性取向歧视行为而依据《民权法》第七篇获得法律救济,但是"如果原告可以证明自己的言行举止不符合被告对传统性别概念的理解,且被告的这种性别成见促使被告实施了性取向歧视行为的话,原告才能获得法律救济"。[③] 申言之,一方面,大部分巡回上诉法院以缺乏国会意图为理由,完全拒绝承认跨性别者的公平就业机会权利;另一方面,少数巡回上诉法院将性取向歧视以及性别认同歧视严格同普华会计师事务所诉霍普金斯案中的性别成见歧视加以区分,从而导致相当一部分遭受就业歧视的跨性别者因为自己并未表现出和(原始)生物性别特征不符的言行举止或穿着打扮而被排除在判例法制度的保护范围之外。事实上,由于跨性别者在职场上通常会刻意隐瞒自己的性取向或者性别认同,所以大部分跨性别者难以依据联邦最高法院在普华会计师事务所诉霍普金斯案中创制的性别成见理论提起诉讼。[④] 综上所述,在 2020 年联邦最高法院合并审理博斯托克诉克莱顿县案、高空跳伞公司诉扎尔达案以及哈里斯丧葬公司诉公平就业机会委员会案之前,由于大部分的跨性别者难以依据《民权法》第七篇中的禁止性别歧视条款向法院提起诉讼,[⑤]所以雇主在大部分情况下可合法地基于雇员的性取向或者

---

① Brian Soucek, *Perceived Homosexuals: Looking Gay Enough for Title* Ⅶ, American University Law Review, Vol. 63, (2014), p. 716-717.

② Bibby v. Phila. Coca Cola Bottling Co., 260 F. 3d 257, 265 (3rd Cir. 2001).

③ 与此类似的是,第六巡回上诉法院认为,雇主因为一个变性者不符合自己对于一个男人应当如何言行举止的性别成见而对该变性者实施的性别歧视行为违反了《民权法》第七篇。See Smith v. City of Salem, Ohio, 378 F. 3d 566, 572 (6th Cir. 2004). 第七巡回上诉法院也认为,《民权法》第七篇禁止雇主因为雇员的外表或者行为不符合传统的性别特征而对雇员进行歧视。See Doe v. City of Belleville, 119 F. 3d 563, 580 (7th Cir. 1997).

④ Brian Soucek, *Perceived Homosexuals: Looking Gay Enough for Title* Ⅶ, American University Law Review, Vol. 63, (2014), p. 781-782.

⑤ Shalyn L. Caulley, *The Next Frontier to LGBT Equality. Securing Workplace Discrimination Protections*, University of Illinois Law Review, Vol. 2017, (2017), p. 940.

性别认同而作出解雇决策，[①]这导致美国跨性别者在劳动力市场上极为容易遭受就业歧视。

（三）联邦最高法院首次承认跨性别者享有公平就业机会权利

2020年6月15日，联邦最高法院在合并审理的博斯托克诉克莱顿县[②]案、高空跳伞公司诉扎尔达[③]案以及哈里斯丧葬公司诉公平就业机会委员会[④]案中正式将跨性别者纳入《民权法》第七篇的保护范畴，从而再次在判例法层面对美国反就业歧视制度进行了重要扩张。这三个案件标志

---

① 需要指出的是，虽然在2020年联邦最高法院审理博斯托克诉克莱顿县案、高空跳伞公司诉扎尔达案以及哈里斯丧葬公司诉公平就业机会委员会案之前，并不存在国家层面的成文法制度或者判例法制度为跨性别者提供公平就业机会权利，但是美国总统发布的总统令（presidential executive order）、公平就业机会委员会作出的行政裁决以及一些地方层面的州立法确实在不同程度上为跨性别者提供了反就业歧视保护。然而整体观之，这些措施的实际作用较为有限。首先，就总统令而言，令跨性别者欢欣鼓舞的是，2014年7月21日，时任美国总统巴拉克·奥巴马签署了第13672号总统令（Exec. Order No. 13,672, 79 Fed. Reg. 42,971）。该总统令全面禁止联邦雇主以及每年和联邦政府生意往来超过1万美元的合同承包商基于雇员的性取向和性别认同实施就业歧视行为。但值得注意的是，第13672号总统令反而从另一个侧面反映出巴拉克·奥巴马总统为跨性别者提供公平就业机会权利的主张不被国会接受。发布总统令和颁布联邦立法有着本质区别，前者是总统个人的行为，后者是国家意志的体现。一般而言，当总统的立法建议不被国会接受时，总统才会退而求其次选择动用行政权力发布总统令。较之于联邦立法而言，总统令的稳定性较差且调整范围有限。一方面，联邦立法的废、立、改须经历漫长的立法程序，并获得多数国会议员同意，且下一届总统有权力单方撤销前任总统签署的总统令。另一方面，第13672号总统令仅对联邦政府以及每年和联邦政府生意往来超过1万美元的合同承包商有约束力，但对地方政府和私人部门中的雇主并无约束力。其次，就公平就业机会委员会作出的行政裁决而言，虽然公平就业机会委员会在2012年以及2015年处理的两个案件中分别将雇主实施的性别认同歧视行为和性取向歧视行为认定为《民权法》第七篇禁止的性别歧视行为（Mia Macy v. Department of Justice, EEOC Appeal No. 0120120821; David Baldwin v. Department of Transportation, EEOC Appeal No. 0120133080），但是公平就业机会委员会作为一个行政机关，其对《民权法》第七篇作出的解释对联邦法院以及劳动关系的当事人并没有法律上的约束力。最后，就州立法而言，虽然美国目前大部分州允许雇主基于雇员的性取向或者性别认同而实施就业歧视行为，但也有22个州以州立法的方式为跨性别者提供了不同程度的公平就业机会权利。其中有包括纽约州、新泽西州在内的20个州禁止雇主在劳动力市场上基于性取向或者性别认同实施就业歧视行为，另外还有威斯康星和新罕布什尔这两个州禁止雇主基于雇员的性取向实施就业歧视行为（German Lopez, *How most States allow Discrimination against LGBTQ People*, https://www.vox.com/2015/4/22/8465027/lgbt-nondiscrimination-laws）。综上，鉴于大部分州完全没有为跨性别者提供任何公平就业机会权利，少数一些州为跨性别者提供了较为全面的公平就业机会权利，还有极少数的州为跨性别者提供了部分公平就业机会权利，跨性别者在州立法层面享有的公平就业机会权利极为不平衡。换言之，跨性别者是否享有公平就业机会权利在很大程度上取决于他们在哪个州求职和就业。

② Bostock v. Clayton County, 590 U. S. (2020).

③ Altitude Express, Inc. v. Zarda, 590 U. S. (2020).

④ R. G. , G. R. Harris Funeral Homes Inc. v. Equal Employment Opportunity Commission, 590 U. S. (2020).

着跨性别群体数十年以来为争取权利平等而进行斗争的又一次重大胜利,具有里程碑性质的历史意义。在博斯托克诉克莱顿县案中,原告杰拉尔德·博斯托克(Gerald Bostock)于 2003 年起就职于佐治亚州亚特兰大市大都会地区克莱顿县(Clayton County)的青少年法庭。① 任职期间,原告因工作表现良好而屡次获得表彰。2013 年年初,原告加入了一个由男同性恋者组成的垒球联盟,因而在一次工作会议上一些同事当着原告上司的面公开指责原告的性取向和性别认同不正常。不久之后,被告克莱顿县对原告经手的项目资金展开内部审计,且随后以"作为县政府雇员操守不当(conduct unbecoming a county employee)"为由将其解雇。被解雇后,原告杰拉尔德·博斯托克向公平就业机会委员会提出指控,控诉被告克莱顿县的解雇决策构成违法性别就业歧视行为。公平就业机会委员会处理无果后,原告于 2016 年依据《民权法》第七篇向佐治亚州北部地区法院提起诉讼,指控被告因自己是同性恋而以"不当使用资金"为借口将自己违法解雇。一审过程中,地区法院在遵循第十一巡回上诉法院先例的基础上认为《民权法》第七篇并未禁止雇主基于性取向实施就业歧视行为,②从而驳回了原告的诉讼请求。原告不服,上诉至第十一巡回上诉法院。二审过程中,上诉法院同样以"原告的诉讼请求缺乏法律依据"为由,判决维持原判。原告依然不服,遂最终上诉至联邦最高法院。

与博斯托克诉克莱顿县案中的法律问题类似的是高空跳伞公司诉扎尔达案。在高空跳伞公司诉扎尔达案中,原告唐纳德·扎尔达(Donald Zarda)于 2010 年起在被告高空跳伞公司(Altitude Express, Inc.)处担任跳伞教练。唐纳德·扎尔达在进行双人跳伞教学时,因需要使用跳伞设备将自己和顾客捆绑在一起,所以不可避免地和顾客有肢体接触。为了避免让女性顾客因肢体接触而感到不安,唐纳德·扎尔达有时会主动告诉女性顾客自己是同性恋。有一次,一个女性顾客的男朋友向被告投诉说,原告在进行双人跳伞教学时以自己是同性恋为借口不合理地抚摸自己的女朋友。被告得知该情况后将原告解雇。原告否认自己同该女性顾客有不合理的肢体接触,并先后向公平就业机会委员会和纽约东部地区法院提出指控,控诉被告是基于性别成见以及自己的性取向而违法实施解雇行为。2014 年 10 月 4 日,原告唐纳德·扎尔达在瑞士跳伞时身亡,该案由他的家

---

① 原告所处的佐治亚州并未颁行禁止雇主基于雇员的性取向或者性别认同而实施就业歧视行为的州立法。See German Lopez, *How most States allow Discrimination against LGBTQ People*, https://www.vox.com/2015/4/22/8465027/lgbt-nondiscrimination-laws.

② Evans v. Georgia Regional Hospital, 850 F. 3d 1248 (11th Cir. 2017).

人代为进行。一审期间,虽然公平就业机会委员会发布了一个行政意见将《民权法》第七篇中有关禁止性别歧视的规定解释为包括基于性取向而进行歧视的情形在内,但因该行政意见对联邦法院并不具有约束力,一审法院依然以"《民权法》第七篇并未禁止雇主基于性取向实施就业歧视行为"为由判决被告胜诉。原告方面不服,遂上诉至第二巡回上诉法院。二审期间,原告唐纳德·扎尔达的代理律师格雷戈里·安托利诺(Gregory Antollino)[①]指出,"如果雇主基于性取向进行歧视,那么雇主必然考虑了雇员的性别……雇主不可能完全将性别和性取向分开"。[②] 对此,上诉法院全体法官满席审理后认为,性取向确实属于《民权法》第七篇中禁止雇主基于性别因素实施就业歧视行为的范畴,并进一步解释说,"因为性取向是受《民权法》第七篇保护的性别因素的一个功能(组成部分),所以性取向也受到法律保护"。依此逻辑,第二巡回上诉法院撤销了一审法院的判决,并改判原告胜诉。被告不服,遂上诉至联邦最高法院。

在哈里斯丧葬公司诉公平就业机会委员会案中,雇员艾米·史蒂芬斯(Aimee Stephens)于 2007 年至 2013 年在位于密歇根州的哈里斯丧葬公司(R. G. & G. R. Harris Funeral Homes, Inc.)处担任葬礼司仪,并有着良好的工作表现。2013 年之前,艾米·史蒂芬斯以男性的身份在丧葬公司工作。2013 年 7 月 31 日,艾米·史蒂芬斯发送邮件告知公司自己将接受变性手术,手术恢复之后会穿着女性服饰上班,并希望公司能在员工手册中将自己的性别改为女性。在得知这一情况的两周后,丧葬公司的负责人托马斯·罗斯特(Thomas Rost)将艾米·史蒂芬斯解雇。艾米·史蒂芬斯随即向公平就业机会委员会提出指控,控诉哈里斯丧葬公司的解雇行为构成性别歧视。公平就业机会委员会经调查后认定丧葬公司的解雇行为违反了《民权法》第七篇,并代表艾米·史蒂芬斯向密歇根州东部地区法院提起诉讼。一审过程中,地区法院基于以下两点理由判决哈里斯丧葬公司胜诉:第一,改变性别和性别认同均不属于《民权法》第七篇的保护类型;第二,托马斯·罗斯特是一位虔诚的基督教信徒,依据《宗教自由复兴法》(Religious Freedom Restoration Act),他有权利按照自己的宗教信仰经营丧葬公司。因为基督教教义反对改变性别,所以哈里斯丧葬公司有权利解雇艾米·史蒂芬斯。公平就业机会委员会不服,遂向第六巡回上诉法院提起上诉。二审期间,上诉法院在借鉴普华会计师事务所诉霍普金斯案中的

---

① 格雷戈里·安托利诺是美国反就业歧视领域一位著名的民权法律师。

② Ariane de Vogue, *LGBT Employment Cases on Road to Supreme Court*, https://edition.cnn.com/2017/09/26/politics/lgbt-employment-case/index.html.

性别成见理论的基础上，以“《民权法》第七篇中的禁止性别歧视条款适用于改变性别的情形以及托马斯·罗斯特并未向法院证明自己的宗教自由具体受到了何种侵害”为由撤销了一审法院的判决，并改判公平就业机会委员会胜诉。哈里斯丧葬公司不服，于是上诉至联邦最高法院。然而就在联邦最高法院作出终审判决的前一个月，艾米·史蒂芬斯因肾脏疾病医治无效身亡。如上所述，因本案的法律问题和联邦最高法院同一时期受理的博斯托克诉克莱顿县案以及高空跳伞公司诉扎尔达案的法律问题性质相同，联邦最高法院决定对这三个案件进行合并审理。

终审过程中，针对《民权法》第七篇中的性别歧视概念是否包括性取向歧视在内这个问题，联邦最高法院收到了大量和案件结果有利害关系的案外各界人士提供的法律意见（amicus curiae briefs）。其中有超过36份法律意见支持雇员杰拉尔德·博斯托克、唐纳德·扎尔达以及艾米·史蒂芬斯。在一份支持对跨性别者提供公平就业机会权利保护的法律意见中，包括亚马逊（Amazon. com Inc.）、美国航空（American Airlines）、梅西百货（Macy's Inc.）、保德信金融（Prudential Financial Inc.）等在内的206个知名企业联合声明要求联邦最高法院为跨性别劳工提供反就业歧视保护。例如，保德信金融集团的总法律顾问蒂姆·哈里斯（Tim Harris）在法律意见中说道：“我们在各个州都有雇员，不管我们的雇员住在哪里，法律都应当保护他们。如果不是这样的话，我们的雇员又如何能全身心地投入工作呢？不能因为他们的性取向或者性别认同而拒绝雇佣或提拔他们，或者对任何人支付更低的工资、进行降职和骚扰……吸引最优秀的人才并确保他们能在一个包容的环境中发展是我们一项重要的商业策略。”①与此针锋相对的是，有超过25份法律意见支持雇主克莱顿县、高空跳伞公司以及哈里斯丧葬公司。其中，影响力较大的是联邦政府向联邦最高法院提交的一份法律意见。该法律意见认为，虽然国会在这方面可以专门立法，但目前的《民权法》第七篇本身禁止的性别歧视仅仅指的是禁止雇主基于雇员的生物性别实施歧视行为，并不包括禁止性取向歧视在内。② 与此类似的

---

① Erin Mulvaney, *Major Companies Ask High Court to Support LGBT Worker Rights*, last visited November 6, 2020, https://news. bloomberglaw. com/daily-labor-report/major-companies-tell-supreme-court-to-support-lgbt-worker-rights.

② 联邦政府的法律意见似乎自相矛盾。在哈里斯丧葬公司诉公平就业机会委员会案中，隶属于联邦政府的公平就业机会委员会代表雇员向法院指控雇主基于性取向而实施的解雇行为属于被《民权法》第七篇禁止的性别歧视行为。See Amy Howe, *Symposium: Justices to consider federal employment protection for LGBT employees*, https://www. scotusblog. com/2019/09/symposium-justices-to-consider-federal-employment-protection-for-lgbt-employees.

是,雇主们坚持认为,“将《民权法》第七篇扩张至包括禁止性取向歧视在内应当由立法机关来进行,而不是司法机关”。面对原告和被告之间截然相反的观点,尼尔·戈萨奇(Neil Gorsuch)大法官代表联邦最高法院的多数法官发表了法庭意见。法庭意见认为,性取向和性别认同属于《民权法》第七篇的保护范围。对此,尼尔·戈萨奇大法官精辟地解释说:“在雇主因为一个雇员是同性恋者或者是变性者而实施解雇行为的情形下,如果将该被解雇的雇员表现出的特征或者实施的行为放到具有另一种性别的雇员身上,雇主是不会实施解雇行为的。性别因素在雇主解雇决策中起到了关键的和无法掩盖的作用,而这正是《民权法》第七篇所禁止的。那些颁布《民权法》的人可能没有预期到他们的立法会导致这种奇特的结果。但是立法者眼光的局限性不能作为忽视现实法律需求的理由。”基于上述推理,联邦最高法院于2020年6月15日作出结论认定,雇主克莱顿县、高空跳伞公司以及哈里斯丧葬公司分别因为雇员杰拉尔德·博斯托克、唐纳德·扎尔达以及艾米·史蒂芬斯的性取向或者性别认同而故意实施解雇行为违反了《民权法》第七篇。

如上所述,在博斯托克诉克莱顿县案、高空跳伞公司诉扎尔达案以及哈里斯丧葬公司诉公平就业机会委员会案中,联邦最高法院在判例法层面再次对禁止性别歧视的外延进行了扩张,这标志着跨性别者在争取公平就业机会权利的道路上取得了又一次重大胜利。对此,美国人权运动战线(Human Rights Campaign)现任主席阿方索·大卫(Alphonso David)表达了高度的赞赏:“这对于跨性别者的平等而言是一个里程碑式的胜利。不能仅仅因为一个人是谁或者和谁谈恋爱而拒绝雇佣或者解雇他。在过去的二十年中,一些州的法院认为对跨性别者进行歧视是违法的。联邦最高法院如今作出的这个历史性判决确认了这种观点。”①此外,反诋毁同性恋者联盟(Gay & Lesbian Alliance Against Defamation)的负责人莎拉·艾莉(Sarah Ellis)评论道,“联邦最高法院作出的这个历史性判决确认了一个本来就不应当存在争议的问题:美国的跨性别者不必再因为自己的身份而担心失去工作了”。② 然而同样值得注意的是,博斯托克诉克莱顿县案、高空跳伞公司诉扎尔达案以及哈里斯丧葬公司诉公平就业机会委员会案也引

① Elizabeth Bibi, *Human Rights Campaign: Supreme Court is on right side of History for LGBTQ Rights*, last visited November 7, 2020, https://www.hrc.org/news/hrc-supreme-court-is-on-right-side-of-history-for-lgbtq-rights.

② Devin Dwyer, Alexandra Svokos, *Supreme Court Bans LGBT Employment Discrimination*, last visited November 7, 2020, https://abcnews.go.com/Politics/supreme-court-makes-historic-ruling-lgbt-employment-discrimination/story?id=71254749.

起了较大的争议。具体而言,性取向和性别认同与传统的种族、(生物)性别、肤色、宗教信仰、出生地、年龄、残疾以及基因信息特征存在较大差异。一方面,跨性别者的性取向和性别认同在一定程度上与传统的伦理道德和宗教教义不符;另一方面,由于人们可以在不同程度上控制和改变自己的性取向以及性别认同,所以对性取向和性别认同进行保护并不完全符合反就业歧视制度的基本原理。① 对此,美国南部浸信会伦理和宗教自由委员会(Southern Baptist Convention's Ethics and Religious Liberty Commission)主席罗素·摩尔(Russell Moore)表达了宗教界的强烈担忧:"这个判决将对宗教自由产生巨大影响,从而在未来会引起那些对性和性别有着坚定宗教观点的宗教组织围绕这个案件到底意味着什么进行常年的法律诉讼和斗争。"②与此类似的是,美国天主教主教会议(United States Conference of Catholic Bishops)主席、红衣大主教乔斯·戈麦斯(Jose Gomez)在联邦最高法院对这三个案件作出终审判决的当天愤慨地说道:"我感到很担忧的是,美国联邦最高法院实质性地改变了我们国家民权法中关于性别的法律含义。这是一种将会对我们生活的很多方面造成有害影响的不公。"③

第三节　司法上的局部回调

20 世纪 90 年代至今,美国反就业歧视制度在整体上呈现扩张态势的同时,也在司法层面表现出一定程度的局部收缩特征,这似乎是对这一时期该制度在成文法和判例法层面突飞猛进般扩张的一种回调。联邦最高法院在该时期对美国反就业歧视制度进行局部回调的制度背景有二。第一,如本章第一节第二部分所述,1991 年《民权法》修正案吸收了联邦最高法院在审理普华会计师事务所诉霍普金斯案时创制的混合动机理论,并将多数法官支持的实质因素型标准修改为激发因素型标准,从而降低了雇员

---

① 需要说明的是,禁止雇主基于个人不可改变和不可控制的特征实施就业歧视行为是反就业歧视制度的基本原理。虽然从严格意义上而言,个人可以控制和改变自己的宗教信仰,但其他几类受反就业歧视制度保护的个人特征均具有不可改变性和不可控制性。

② Sarah Pulliam Bailey, *Christian Conservatives Rattled after Supreme Court Rules against LGBT Discrimination*, https://www.washingtonpost.com/religion/2020/06/15/bostock-court-faith-conservatives-lgbt/.

③ Public Affairs Office of United States Conference of Catholic Bishops, *President of U. S. Bishops' Conference Issues Statement on Supreme Court Decision on Legal Definition of "Sex" in Civil Rights Law*, last visited July 17, 2022, https://www.usccb.org/news/2020/president-us-bishops-conference-issues-statement-supreme-court-decision-legal-definition.

在区别对待型混合动机歧视指控中的举证责任。1991 年《民权法》修正案规定:“当雇员证明种族、肤色、宗教、性别或者出生地是任何雇佣决策的一个激发因素时,可由此而认定存在一个违法的雇佣行为,即使该决策还受到其他因素的促动。”①前已述及,较之于麦道飞机制造公司诉格林案中的借口分析标准,②1991 年《民权法》修正案降低了雇员提起区别对待型歧视指控时的举证责任,即雇员只要能证明就业歧视是雇主进行决策的一个激发因素,那么便提供了初步证据证明雇主实施了就业歧视行为,并因此而将举证责任转移至雇主。但 1991 年《民权法》修正案也留下了一些未解之谜。例如,1991 年《民权法》修正案规定的激发因素型混合动机举证责任标准是否适用于被《民权法》第七篇其他条款禁止的雇主打击报复情形?是否适用于被视为同《民权法》第七篇属于同一类型的其他反就业歧视联邦立法(如《反就业年龄歧视法》和《残疾人保护法》)? 换言之,虽然 1991 年《民权法》修正案明确规定激发因素型混合动机标准适用于因种族、性别、肤色、宗教、出生地因素而遭受歧视的雇员,但并未明确说明是否适用于因年龄、残疾因素遭受就业歧视以及因实施抵制行为或参与行为而遭受雇主打击报复的雇员。第二,发轫于 20 世纪 60 年代的美国反就业歧视制度运行近半个世纪以来,承载该制度的社会环境发生了较大变化。一方面,由于早期的就业歧视行为普遍折射出劳动力市场上公然存在的劳动力歧视和劳动力隔离现象,且社会普遍认为种族、性别等特征象征着不同的劳动能力和劳动兴趣,③所以联邦最高法院在 20 世纪 70 年代审理的格里格斯诉杜克电力公司案中创制了区别影响型歧视指控理论,且其被 1991 年《民权法》修正案以成文法的形式加以确定。申言之,鉴于美国劳动力市场在 20 世纪 60 年代至 70 年代公然充斥着大量劳动力歧视和劳动力隔离的现象,司法机关倾向于将就业歧视推定为雇主劳动力结构失衡的一个默认解释。在此种社会背景下,区别影响型歧视指控理论允许雇员在无须证明雇主具有主观歧视意图的情形下,凭借客观统计数据指控雇主实施的表面上中性的标准或政策因对受法律保护的特定雇员群体在事实上造成了有害影响而违反《民权法》第七篇。④ 另一方面,进入 20 世纪 90 年代以来,随着美国反就业歧视制度在成文法和判例法层面的不断完善和发展以

---

① 42 U. S. C. § 2000e-2(m) (2011).

② 有关麦道飞机制造公司诉格林案的论述详见本书第二章第五节第二部分。

③ Michael Selmi, *The Evolution of Employment Discrimination Law: Changed Doctrine for Changed Social Conditions*, Wisconsin Law Review, Vol. 2014, (2014), p. 938.

④ 有关格里格斯诉杜克电力公司案的论述详见本书第二章第五节第三部分。

及劳动力市场上的就业歧视行为整体上得到有效遏制,[①]国会对雇员仅凭借客观统计数据指控雇主采用的一项表面上中立的人事政策或标准构成区别影响型就业歧视行为表现出越来越多的质疑。[②] 进入 21 世纪以来,为明确激发因素型混合动机举证责任标准的适用范围,为回应承载反就业歧视制度的社会环境的变迁,联邦最高法院在判例法层面对反就业歧视制度进行了局部回调。

一、对年龄歧视案件适用"若无则不"标准:格罗斯诉 FBL 金融服务公司(Gross v. FBL Financial Services)案

自 1991 年《民权法》修正案引入激发因素型混合动机标准以来,下级法院对于该标准是否适用于《反就业年龄歧视法》举棋不定。由于 1964 年《民权法》第七篇[③]和《反就业年龄歧视法》[④]采用了极为相似的立法技术禁止雇主对具有受法律保护特征的雇员进行就业歧视,且均使用了相同的措辞——"因为"(because of)——所以一些巡回上诉法院习惯性地将联邦最高法院在处理《民权法》第七篇案件时创制的举证责任标准适用于《反就业年龄歧视法》。具体而言,一些巡回上诉法院曾先后将麦道飞机制造公司诉格林案中的借口分析标准和普华会计师事务所诉霍普金斯案中的实质因素型混合动机标准适用于就业年龄歧视案件。然而,由于国会在 1991 年《民权法》修正案中规定激发因素型混合动机标准时并未提及《反就业年龄歧视法》,下级法院在处理就业年龄歧视案件时陷入了左右为难的困境。一方面,将 1991 年《民权法》修正案中的激发因素型混合动机标准适用于就业年龄歧视案件缺乏国会直接授权;另一方面,继续适用普华会计师事务所诉霍普金斯案中的实质因素型混合动机标准又面临该案已

① Michael Selmi, *The Evolution of Employment Discrimination Law*: *Changed Doctrine for Changed Social Conditions*, Wisconsin Law Review, Vol. 2014, (2014), p. 939-940.

② 1991 年《民权法》修正案规定:"仅仅是反映雇主劳动力结构在种族、肤色、宗教、性别、出生地方面存在失衡的统计数据并不能作为充分证明雇主实施了区别影响型就业歧视行为的初步证据"。See 42 U. S. C. § 2000e-2(k) (2011).

③ 1964 年《民权法》第七篇规定:"雇主因为种族、肤色、宗教、性别或者出生地而未能雇佣任何人,或者拒绝雇佣任何人,或者在劳动报酬、工作条件和待遇、劳动权利方面歧视任何人是违法的"。See 42 U. S. C. § 2000e-2 (2012).

④ 1967 年《反就业年龄歧视法》规定:"雇主因为年龄因素而未能雇佣任何人,或者拒绝雇佣任何人,或者在劳动报酬、工作条件和待遇、劳动权利方面歧视任何人是违法的"。See 29 U. S. C. § 623(a) (2018).

被1991年《民权法》修正案推翻之窘境。[①]

1991年《民权法》修正案颁布18年之后，联邦最高法院于2009年在格罗斯诉FBL金融服务公司[②]案中另辟蹊径式地拒绝采用混合动机理论处理就业年龄歧视案件，转而主张适用“若无则不”（but-for）型因果关系举证责任标准，从而大幅度提高了雇员的举证难度。在该案中，原告杰克·格罗斯（Jack Gross）是被告FBL金融服务公司（FBL Financial Services, Inc.）的一名雇员。在原告年满54周岁时，被告将原告调至另一个相对不那么重要的岗位工作，并将原告之前从事的很多工作业务交由原告之前的下属处理。原告认为被告是因为自己年龄大而对自己进行降职。2004年4月，原告依据《反就业年龄歧视法》向艾奥瓦州南部地区法院提起诉讼，指控被告实施了年龄歧视行为。一审期间，地区法院依循1991年《民权法》修正案中的激发因素型混合动机标准对陪审团作出了以下指引：“只要年龄在雇主降职决策中起到了作用，那么年龄就是一个激发因素。如果原告通过优势证据证明了年龄是雇主作出降职决策的一个激发因素的话，那么应当裁决原告胜诉；如果被告能证明即使不考虑原告的年龄也会作出相同决策的话，可以裁决免除被告的损害赔偿责任。”依据地区法院的上述指引，陪审团裁决原告胜诉，并责令被告向原告支付46,945美元的损害赔偿金。被告不服，上诉至第八巡回上诉法院。二审期间，上诉法院认为由于原告从未提交直接证据证明年龄是导致自己被降职的一个激发因素，所以原告没有权利获得激发因素型陪审团指引。据此，上诉法院以“一审法院错误依据联邦最高法院在普华会计师事务所诉霍普金斯案中确立的混合动机标准对陪审团作出指引”为由，撤销了一审法院的判决。原告不服，最终上诉至联邦最高法院。

终审期间，被告坚持认为，由于桑德拉·奥康纳法官在创制混合动机标准的普华会计师事务所诉霍普金斯案中明确要求原告提供有关违法就业歧视行为的直接证据，而本案中的原告并未提供任何此类直接证据，所以不应当适用混合动机标准。与此针锋相对的是，原告则认为，因为《反就业年龄歧视法》没有明确要求原告提供直接证据，且要求原告提供直接证据不符合联邦最高法院对沙漠皇宫公司诉科斯塔案作出的判决，[③]所以适

---

① David Sherwyn, Michael Heise, Zev J. Eigen, *Experimental Evidence that Retaliation Claims are Unlike other Employment Discrimination Claims*, Seton Hall Law Review, Vol. 44, (2014), p. 471-472.

② Gross v. FBL Fin. Servs., Inc., 557 U. S. 167 (2009).

③ 有关沙漠皇宫公司诉科斯塔案的论述见本章第二节第一部分。

用混合动机标准不应当以提供直接证据为前提。面对原告和被告之间截然对立的观点,联邦最高法院围绕应当适用何种举证责任标准处理就业年龄歧视问题进行了分析。克拉伦斯·托马斯(Clarence Thomas)大法官代表多数法官对本案发表了法庭意见。法庭意见认为 1991 年《民权法》修正案中的激发因素型混合动机标准以及联邦最高法院之前在普华会计师事务所诉霍普金斯案中创制的实质因素型混合动机标准均不适用于年龄就业歧视案件,而应当在本案中适用"若无则不"(but-for)型因果关系举证责任标准,即原告必须通过优势证据证明若不是因为年龄因素,被告就不会对自己进行调岗。申言之,克拉伦斯·托马斯大法官基于以下两点理由认为,在就业年龄歧视案件中,即使原告有证据证明年龄是雇主决策时的一个激发因素或实质因素,举证责任也并不因此而转移至被告(证明即使不考虑年龄因素也会作出相同的决策)。第一,由于普华会计师事务所诉霍普金斯案中的实质因素型混合动机标准已被 1991 年《民权法》修正案推翻,联邦最高法院在无先例可遵循的情况下有权力通过对《反就业年龄歧视法》进行文本分析而确定举证责任标准。① 克拉伦斯·托马斯大法官查阅了多部字典后指出,《反就业年龄歧视法》中有关"禁止雇主因为年龄而进行歧视"的规定中的"因为"(because of)这个词组的一般含义等同于"因某种理由而"(by reason of)或者"基于某种原因而"(on account of)。基于此种文本解释,克拉伦斯·托马斯大法官认为《反就业年龄歧视法》中"因为"这个词组的一般含义意味着"年龄就是雇主决定对雇员作出不利决策的原因"。第二,法庭意见认为,在本案中适用 1991 年《民权法》修正案中的激发因素型混合动机标准缺乏国会立法意图支持。详言之,鉴于国会在 1991 年《民权法》修正案中确立激发因素型混合动机标准时并未提及《反就业年龄歧视法》,克拉伦斯·托马斯大法官由此判断分析,如果国会有意在《反就业年龄歧视法》中引入激发因素型混合动机标准,其完全有能力在通过 1991 年《民权法》修正案的同时将激发因素型混合动机标准扩展至《反就业年龄歧视法》。但实际情况是国会仅在《民权法》第七篇中规定了激发因素型混合动机标准,这说明国会故意拒绝对《反就业年龄歧视法》作出类似修改。对此,克拉伦斯·托马斯大法官告诫说,"在没有进行仔细研究的情况下,我们不能把适用于某一部法律中的规则类推适用到另一部法律中去"。基于上述理由,法庭意见拒绝在本案中适用混合动机

---

① Stephen M. Rich, *A Matter of Perspective: Textualism, Stare Decisis, and Federal Employment Discrimination Law*, Southern California Law Review, Vol. 87, (2014), p. 1244-1245.

标准,转而采用了极为严格的“若无则不”型因果关系举证责任标准要求原告证明“若不是因为年龄因素,被告就不会对自己进行调岗”。值得注意的是,既不同于普华会计师事务所诉霍普金斯案中的实质因素型混合动机标准以及1991年《民权法》修正案中的激发因素型混合动机标准,也不同于麦道飞机制造公司诉格林案中的借口分析标准,联邦最高法院在格罗斯诉FBL金融服务公司案中采用的“若无则不”型因果关系举证责任标准几乎将举证责任完全施加给了原告一方,[①]即要求原告证明年龄是雇主进行决策的唯一理由,从而大幅度提高了原告的举证责任强度。

综上可知,联邦最高法院2009年审结的格罗斯诉FBL金融服务公司案反映出美国反就业歧视制度在司法层面的局部收缩。然而需要指出的是,鉴于《反就业年龄歧视法》有着与《民权法》第七篇相同的立法目的、立法技术以及立法术语,联邦最高法院在该案中另辟蹊径式地采用“若无则不”型因果关系举证责任标准也引发了大量质疑。在这些质疑声中,颇具代表性的便是参与该案审理的史蒂芬·布雷耶(Stephen Breyer)大法官发表的反对意见。史蒂芬·布雷耶认为,“若无则不”型因果关系举证责任标准对于认定具有外部性特征的侵权行为而言是合理的,但对于认定和人的思维有关的歧视性动机而言是不合理的。[②] 此外,依据联邦最高法院对该案作出的判决,“因为”这个词语在《反就业年龄歧视法》中意味着“雇员必须证明年龄是雇主进行决策的唯一理由”,而其在《民权法》第七篇中却意味着“雇员仅须证明受法律保护的特征是雇主进行决策的理由之一”。对此,有学者认为格罗斯诉FBL金融服务公司案是联邦最高法院采用侵权法路径处理的就业歧视案件中最令人失望和恐慌的案件。[③] 与此类似的是,美国丹佛大学法学院院长马丁·卡茨(Martin Katz)分析认为该案存在以下四个方面的问题:第一,联邦最高法院在没有解释为什么要将年龄歧视案件同种族歧视案件或者性别歧视案件区分开来的情况下破坏了反就业歧视制度举证责任标准的一致性;第二,该案同国会在1991年《民权法》修正案中扩张反就业歧视制度的基本精神不符;第三,法庭意见最多仅说明了为何1991年《民权法》修正案不适用于《反就业年龄歧视法》,但并未说明为何联邦最高法院之前在审理普华会计师事务所诉霍普金斯案时创

① Stephen M. Rich, *A Matter of Perspective*: *Textualism*, *Stare Decisis*, *and Federal Employment Discrimination Law*, Southern California Law Review, Vol. 87, (2014), p. 1247.

② Mark A. Rothstein, Lance Liebman, Kimberly A. Yuracko, Charlotte Garden, *Employment Law*: *Cases and Materials* (Ninth Edition), Thomson Reuters/Foundation Press, 2020, p. 437.

③ William R. Corbett, *Unmasking a Pretext for Res Ipsa Loquitur*: *A Proposal to Let Employment Discrimination Speak for Itself*, American University Law Review, Vol. 62, (2013), p. 477.

制的实质因素型混合动机标准不适用;第四,该案采用了现代反就业歧视制度中最严格的“若无则不”型因果关系举证责任标准——拒绝引入举证责任转移机制,完全由原告承担举证责任——从而对因年龄因素遭受就业歧视的原告极为不利。[①] 此外,实证研究表明,对原告而言,由于联邦最高法院在格罗斯诉 FBL 金融服务公司案中创制的“若无则不”型因果关系举证责任标准的举证难度过大,甚至出现了律师不愿意在年龄就业歧视案件中代理雇员的局面。[②]

鉴于格罗斯诉 FBL 金融服务公司案引发的各种争议,以斯科特 · 罗伯特(Scott Robert)为代表的国会议员在 2020 年年初向国会提交了《保护大龄劳动者免受歧视法》(Protecting Older Workers against Discrimination Act)立法议案,旨在推翻格罗斯诉 FBL 金融服务公司案。该立法议案在充分借鉴 1991 年《民权法》修正案中的激发因素型混合动机标准的基础上规定,“不应当要求原告证明年龄是雇主进行决策的唯一理由……当原告证明年龄是雇主任何决策行为的一个激发因素时,雇主的该决策行为是违法的,即使雇主的该决策行为还受到其他因素的促动”。[③] 然而,由于美国联邦层面的劳动立法历来存在较大分歧和争议,诚如美国康奈尔大学法学教授大卫 · 沙文(David Sherwyn)和迈克尔 · 海斯(Michael Heise)所言,“在当前的政治气候下,就像很多人推测的那样,国会通过任何新的劳动法议案的机会渺茫”。[④]

二、对区别影响型歧视指控的限制:里奇诉迪斯特法诺(Ricci v. DeStefano)案

如本书第二章第五节第三部分所述,在 20 世纪 60 年代至 70 年代,鉴于美国社会的各行各业普遍呈现出劳动力结构比例严重失衡之态势,联邦最高法院倾向于将就业歧视作为雇主劳动力结构比例失衡的一个默认解释。在此社会背景下,联邦最高法院在 1971 年审结的格里格斯诉杜克电力公司案中创制了区别影响型歧视指控理论,且该理论日后被 1991 年《民

---

① Martin J. Katz, *Gross Disunity*, Penn State Law Review, Vol. 114, (2010), p. 858-859.

② David Sherwyn, Michael Heise, *The Gross Beast of Burden of Proof: Experimental Evidence on How the Burden of Proof Influences Employment Discrimination Case Outcomes*, Arizona State Law Journal, Vol. 42, (2010), p. 903-904.

③ *Protecting Older Workers Against Discrimination Act*, last visited November 11, 2020, https://www.congress.gov/bill/116th-congress/house-bill/1230/text.

④ David Sherwyn, Michael Heise, *The Gross Beast of Burden of Proof: Experimental Evidence on How the Burden of Proof Influences Employment Discrimination Case Outcomes*, Arizona State Law Journal, Vol. 42, (2010), p. 904.

权法》修正案以成文法的形式加以确定。在区别影响型歧视指控中，原告在无须证明雇主具有主观歧视意图的便利下，得以凭借客观统计数据指控雇主实施的表面上中性的标准或政策对受法律保护的特定雇员群体在事实上造成了有害影响。当雇主无法证明这些标准或政策同工作职责合理相关且具有商业必要性时，雇主实施的这些表面上中性的标准或政策则构成被《民权法》第七篇禁止的违法就业歧视行为。由此可知，较之于区别对待型歧视案件而言，雇员在区别影响型歧视案件中无须证明雇主具有实施就业歧视行为的主观意图，因而承担着相对较轻的举证责任。然而值得注意的是，自 1971 年联邦最高法院创制区别影响型歧视指控理论以来，随着反就业歧视制度在成文法层面以及判例法层面的日趋完备，美国劳动力市场上的就业歧视现象整体上得到了较大程度的遏制。进入 21 世纪以来，在承载反就业歧视制度的社会环境发生显著变化的背景下，联邦最高法院在里奇诉迪斯特法诺[①]案中对雇员提起区别影响型歧视指控作出了重大限制，从而使得美国反就业歧视制度中的区别影响型歧视指控理论剧烈收缩。

时隔格里格斯诉杜克电力公司案 38 年后，联邦最高法院在 2009 年审结的里奇诉迪斯特法诺案中对区别影响型歧视指控理论进行了重大调整。该案的基本事实情形如下：康涅狄格州纽黑文市（New Haven City）具有依据书面考试成绩对符合条件的消防员进行择优提拔的历史传统。[②] 2003 年年末，在一次共有 118 名消防员参加的晋升中尉和上尉的选拔考试中，白人消防员应试者的成绩普遍优于其他少数族群消防员。因参加这次考试的 27 名黑人消防员中没有任何一名消防员能基于考试成绩获得晋升，所以该考试结果引起了激烈的内部争议。[③] 白人消防员应试者坚持要求纽黑文市政府确认该考试成绩，而其他少数族群消防员应试者则以向法院提起区别影响型就业歧视指控为要挟，强烈要求取消该考试成绩。因担

---

① Ricci v. DeStefano, 557 U. S. 557 (2009).

② 纽黑文市市政宪章建立了一套晋升和聘用公务员的绩效评价制度。该制度要求市政部门应当在各个岗位的公务员队伍中晋升职业能力测试结果最优的候选人。职业能力测试由各相关单位组织和实施，且该市的公共服务署（Civil Service Board）将对所有通过该测试的候选人的名单进行确认。

③ 具体而言，有 77 名消防员报名参加考试角逐 8 个空缺的中尉岗位，其中白人 43 名、黑人 19 名、西班牙裔人 15 名；在这 77 个报名者中，34 人通过了考试，其中白人 25 名、黑人 6 名、西班牙裔人 3 名；在通过考试的这 34 人中，前 10 名均为白人。另有 41 名消防员报名参加考试角逐 9 个空缺的上尉岗位，其中白人 25 名、黑人和西班牙裔人分别为 8 名；在这 41 个报名者中，22 人通过了考试，其中白人 16 名、黑人和西班牙裔人分别为 3 名；在通过考试的这 22 人中，前 9 名候选人由 7 名白人和 2 名西班牙裔人组成。

心吃官司,纽黑文市政府以考试结果存在“统计上的种族差异”为由宣布取消该考试成绩,并声明不会单单依据书面考试结果晋升任何消防员。于是,包括弗兰克·里奇(Frank Ricci)在内的 19 名白人消防员和 1 名西班牙裔消防员虽然通过了晋升考试,但却因为纽黑文市政府取消考试成绩而未能如期获得提拔,遂依据《民权法》第七篇向康涅狄格州地区法院提起诉讼,指控纽黑文市政府基于种族因素取消考试成绩的行为构成种族歧视。一审期间,弗兰克·里奇向法院作证称,自己为了准备这次考试放弃了另一份兼职工作,每天花费数小时进行复习,并且为了克服自己的阅读障碍还特意花费了 1000 美元请朋友将复习资料拷入磁带。相反,以纽黑文市市长约翰·迪斯特法诺(John DeStefano)为代表的被告方则抗辩认为,将取消考试成绩的行为视为种族歧视是不合理的,市政府这样做是为了主动遵守《民权法》第七篇,此举不含有实施区别对待型歧视行为的主观意图。被告方进一步解释道,由于考试结果对少数族群消防员产生了有区别的影响,所以如果不取消考试成绩,则纽黑文市政府恐将由于少数族群雇员依据《民权法》第七篇提起区别影响型歧视指控而承担法律责任。地区法院认为被告组织的此次书面考试客观上对少数族群消防员产生了有区别的影响,所以被告取消考试成绩是为了消除这种和种族因素密切相关的差异性影响。依此逻辑,地区法院从法律层面分析认为,被告取消考试成绩的行为不具有歧视的主观过错,因而不构成区别对待型歧视行为。基于上述理由,地区法院适用简易程序驳回了原告方的诉讼请求,进而判决被告胜诉。原告方不服,遂上诉至第二巡回上诉法院。二审期间,上诉法院同样以“《民权法》第七篇是原告提起诉讼的法律依据之一,被告撤销考试成绩的行为恰好是为了遵守《民权法》第七篇,因而受到法律保护”为由,判决维持原判。原告方依然不服,最终上诉至联邦最高法院。

终审期间,联邦最高法院主要围绕“被告组织的书面测试是否构成可对区别对待型歧视行为进行抗辩的区别影响型歧视行为”问题进行审理。质言之,在《民权法》第七篇既禁止区别影响型歧视也禁止区别对待型歧视的现实语境下,本案争议的焦点在于,被告是否被允许以主动遵守禁止区别影响型歧视条款的名义违反禁止区别对待型歧视条款。对此,安东尼·肯尼迪大法官代表多数法官发表了法庭意见。法庭意见认为,被告采用的书面测试事实上并不构成区别影响型歧视行为,被告取消考试结果的行为不公正地基于种族因素剥夺了原告方的晋升机会,因而违反了《民权法》第七篇,理由如下。

第一,《民权法》第七篇既禁止区别对待型歧视行为,即雇主基于种族、肤色、宗教信仰、性别和出生地因素故意进行歧视,也禁止区别影响型歧视行为,即雇主在没有主观歧视意图的情况下通过实施特定的政策或者标准使得受法律保护的特定雇员群体在事实上遭受比例不合理的有害影响。申言之,《民权法》第七篇中的区别对待理论在本案中禁止雇主基于种族因素进行人事决策,而该法中的区别影响理论则要求雇主基于种族因素进行人事决策。鉴于此,实施了区别对待型歧视行为的雇主可援引禁止区别影响型歧视条款进行抗辩,这是因为该法在本案中不能被解读为在禁止区别对待型歧视行为的同时也要求雇主遵守禁止区别影响型歧视条款。

第二,在区别影响型歧视指控中,当雇员通过提交初步证据证明雇主实施的政策或标准客观上对受法律保护的特定雇员群体产生了比例不合理的有害影响时,雇主可以通过主张"被指控的政策或标准同工作需要直接相关且具有商业必要性"进行抗辩。雇主成功进行抗辩后,雇员依然可以通过证明雇主拒绝采用对受法律保护的特定雇员群体危害性更小且同样符合雇主商业需求的替代措施而胜诉。鉴于此,雇主必须提供确凿证据证明"如果不取消考试成绩,自己将在区别影响型歧视指控中承担法律责任",方能出于避免实施区别影响型歧视行为的目的"合法"实施区别对待型歧视行为。

第三,该案的证据表明,被告因白人消防员应试者的成绩普遍高于黑人消防员应试者而取消考试成绩。若没有正当理由,这种取消考试成绩的行为明显属于被《民权法》第七篇禁止的区别对待型种族歧视行为。由此观之,本案的主要问题在于被告采用的书面测试行为是否构成可对其之后实施的区别对待型歧视行为进行抗辩的区别影响型歧视行为。依据联邦最高法院过去处理《宪法第十四修正案》平等保护条款(equal protection clause)的类似判例,①当且仅当存在"有力证据"(strong basis in evidence)证明原告基于种族因素而作出的决策对于纠正之前存在的种族歧视现象具有必要性时,这种"逆向歧视行为"方合宪。鉴于《民权法》第七篇中的区别影响型歧视条款同区别对待型歧视条款在本案中有着类似的逻辑关系,故应当采用"有力证据标准"解决这两个条款之间的利害冲突。

第四,考试结果对黑人消防员群体造成了比例明显不合理的影响,若黑人消防员群体提起区别影响型歧视指控,这将构成证明纽黑文市实施了

---

① Watson v. Fort Worth Bank & Trust, 487 U. S. 977 (1988); Richmond v. J. A. Croson Company, 488 U. S. 469 (1989); Wygant v. Jackson Board of Education, 476 U. S. 267 (1986).

区别影响型歧视行为的初步证据。[①] 对此,原告方和被告方均无异议。但是这种存在种族比例失衡的初步统计证据远不能作为证明“纽黑文市如果确认了该考试成绩就会承担《民权法》第七篇中的法律责任”的有力证据。因为当且仅当书面考试同工作需要无关且不具备商业必要性,以及纽黑文市拒绝采用对受法律保护的特定群体不利影响更小的其他类似替代措施时,纽黑文市才会被追究法律责任。然而联邦最高法院分析认为,本案中既无有力证据表明该书面测试同工作需要无关且不具备必要性,也无确凿证据表明纽黑文市拒绝采用对受法律保护的特定群体不利影响更小的其他类似替代措施。因此,仅仅是因为担心吃官司并不能作为纽黑文市以牺牲那些通过考试的白人消防员的利益为代价而取消考试成绩的正当理由。综上,联邦最高法院依据上述法庭意见以“纽黑文市基于种族因素取消考试成绩的行为违反《民权法》第七篇”为由撤销了二审法院的判决,并要求二审法院按照该法庭意见对本案进行重审。

2009 年联邦最高法院审结的里奇诉迪斯特法诺案从判例法层面对美国反就业歧视制度中的区别影响型歧视理论作出了重大限制,体现了美国反就业歧视制度在司法层面上的收缩。对此,美国密歇根大学法学院理查德·普里默斯(Richard Primus)教授指出:里奇诉迪斯特法诺案将区别影响型歧视理论描述为是《民权法》第七篇中区别对待型歧视理论的例外豁免情形,且当且仅当存在有力证据证明被告未采取纠正措施时,《民权法》第七篇才会对被告实施的区别影响型歧视行为施加法律责任。[②] 质言之,联邦最高法院在该案中明确拒绝仅依据客观统计数据认定雇主实施了区别影响型歧视行为。这在一定程度上大幅提高了美国公共部门中的少数族群雇员(尤其是公安和消防部门中的少数族群雇员)提起区别影响型歧视指控的难度。里奇诉迪斯特法诺案的事实情节在美国消防和公安部门中具有普遍性。事实上,因全国动乱问题咨询委员会(National Advisory Commission on Civil Disorders)在 1968 年发布的报告中指出,“美国社会在 1967 年因种族因素而发生全国性暴乱的其中一个原因是各个城市的警

---

① 在晋升上尉的考试中,白人应试者的通过率为 64%,黑人和西班牙裔应试者的通过率均为 37.5%;在晋升中尉的考试中,白人应试者的通过率为 58.1%,黑人和西班牙裔应试者的通过率分别为 31.6%和 20%。总体而言,少数族群应试者的通过率均低于白人应试者通过率的 4/5。由此可知,依据美国公平就业机会委员会 1978 年制定的“五分之四规则”,可以将该考试结果认定为是纽黑文市实施了区别影响型歧视行为的初步证据。有关“五分之四规则”的阐述见本书第二章第五节第三部分末。

② Richard Primus, *The Future of Disparate Impact*, Michigan Law Review, Vol. 108, (2010), p. 1344, 1361.

察大部分是白人,这种警力配备不能反映其所在地区实际人口的种族结构”,[①]所以自1971年联邦最高法院在格里格斯诉杜克电力公司案中创制区别影响型歧视指控理论以来,公共部门中的少数族群求职者和雇员一直是依据《民权法》第七篇提起区别影响型歧视指控的主力军。于是有观点认为:“回顾区别影响法的历史,公共雇主在处理种族问题方面最不值得信任。”[②]这些公共部门中的少数族群求职者和雇员提起区别影响型就业歧视诉讼的主要事实证据便是雇主组织进行的书面考试对少数族群求职者和雇员产生了比例不合理的有害影响,且屡试不爽。[③]

里奇诉迪斯特法诺案表明雇员不再能够依据20世纪70年代的格里格斯诉杜克电力公司案通过向法院简单提供反映劳动力结构比例失衡的统计数据去充分证明雇主实施了区别影响型就业歧视行为。[④] 然而,由此而引发的疑问是,为什么少数族群求职者和雇员在20世纪70年代和80年代能简单地通过质疑书面测试结果比例不合理而成功提起区别影响型歧视指控,但进入21世纪后,联邦最高法院在里奇诉迪斯特法诺案中对该问题的态度发生了如此大的转变?对此,一个合理的解释便是区别影响型歧视指控理论运行的社会环境发生了变化。申言之,由于种族隔离和种族歧视导致整个非洲裔美国人群体在20世纪70年代和80年代严重缺乏教育和培训,所以司法机关倾向于将对少数族群求职者和雇员不利的考试结果推定为是教育机会不平等的产物。[⑤] 这便是区别影响型歧视指控的理论基础。换言之,在区别影响型歧视指控理论早期,由于各行各业中的劳动力结构普遍失衡,公然就业歧视现象较为普遍,司法机关倾向于从反映雇主劳动力结构比例失衡的统计数据中直接推定雇主实施了就业歧视行为。[⑥] 于是,在法院依据《民权法》第七篇创制区别影响型歧视理论以来,美国南部那些有着公然种族歧视历史的雇主是遭受该理论制裁的主

---

① 全国动乱问题咨询委员会也被称为肯纳委员会(Kerner Commission),其由时任美国总统林登·约翰逊要求建立,负责调查全美1967年爆发种族动乱的具体原因。

② Richard Primus, *The Future of Disparate Impact*, Michigan Law Review, Vol. 108, (2010), p. 1365.

③ Michael Selmi, *The Evolution of Employment Discrimination Law: Changed Doctrine for Changed Social Conditions*, Wisconsin Law Review, Vol. 2014, (2014), p. 959-961.

④ 有关格里格斯诉杜克电力公司案的详情见本书第二章第五节第三部分。

⑤ 例如,联邦最高法院曾在格里格斯诉杜克电力公司案中查明以下事实:北卡罗来纳州20世纪60年代的人口普查显示,有34%的白人男性拥有高中学历,而仅有12%的黑人男性拥有高中学历。

⑥ Michael Selmi, *The Evolution of Employment Discrimination Law: Changed Doctrine for Changed Social Conditions*, Wisconsin Law Review, Vol. 2014, (2014), p. 993.

要群体之一。[①]受此社会大环境影响,司法机关并未要求求职者或者雇员进一步解释为什么雇主实施的标准或者政策会对受法律保护的特定雇员群体产生比例不合理的有害影响。

然而,进入 21 世纪后,随着美国社会平权运动(affirmative action)在教育、就业、医疗、消费等领域的持续纵深推进,公然的种族歧视和种族隔离问题得到了明显改善,司法机关再将教育机会不公平默认为是考试结果对少数族群求职者和雇员群体造成有害影响的理由便缺乏了以往存在的那种社会基础。[②] 例如,在处理里奇诉迪斯特法诺案的过程中,对于为什么少数族群消防员应试者的成绩普遍要比白人消防员差这个问题,多数法官倾向于认为这是因为白人消防员应试者更用心准备考试、工作更努力。安东尼·肯尼迪法官指出:"很多白人消防员应试者复习了好几个月,花费了大量的精力和金钱,所以纽黑文市政府仅仅依据考试结果的原始统计数据而取消考试成绩对他们造成了极为严重的后果。"[③]

由此观之,联邦最高法院在里奇诉迪斯特法诺案中传递了以下信息:依据《民权法》第七篇提起区别影响型歧视指控的原告在解释为什么雇主实施的标准或者政策会对受法律保护的特定雇员群体产生比例不合理的有害影响时,必须进一步证明雇主实施的标准或者政策同工作需要无关或不具有商业必要性,或者雇主拒绝采用危害性更小的类似替代措施。对此,有学者指出:"联邦最高法院在里奇诉迪斯特法诺案中对《民权法》第七篇作出的解释同其在《民权法》第七篇颁行早期作出的同类解释相比有着明显的转变。"[④]这种转变表现为:鉴于就业歧视行为在 20 世纪 60 年代之前是合法的,且美国劳动力市场上大量充斥着就业歧视的现象一直持续至 20 世纪 70 年代,早期的司法机关倾向于将就业歧视视为雇主劳动力结构比例失衡的默认解释;进入 21 世纪以来,由于劳动力市场上的就业歧视问题在一定程度上得到了有效遏制,[⑤]在没有其他证据时,司法机关不再愿意将就业歧视作为雇主劳动力结构比例失衡的默认解释。[⑥] 依此理解,里

① Richard Primus, *The Future of Disparate Impact*, Michigan Law Review, Vol. 108, (2010), p. 1365-1366.

② Michael Selmi, *The Evolution of Employment Discrimination Law: Changed Doctrine for Changed Social Conditions*, Wisconsin Law Review, Vol. 2014, (2014), p. 963.

③ Ricci v. DeStefano, 557 U. S. 557, 593 (2009).

④ Stephen M. Rich, *A Matter of Perspective: Textualism, Stare Decisis, and Federal Employment Discrimination Law*, Southern California Law Review, Vol. 87, (2014), p. 1263.

⑤ 有关美国反就业歧视制度的运行现状详见本书第五章第一节。

⑥ Michael Selmi, *The Evolution of Employment Discrimination Law: Changed Doctrine for Changed Social Conditions*, Wisconsin Law Review, Vol. 2014, (2014), p. 972.

奇诉迪斯特法诺案反映了21世纪美国反就业歧视制度在判例法层面的另一次收缩。

需要说明的是,联邦最高法院在里奇诉迪斯特法诺案中对区别影响型歧视理论作出以上限制似乎也受到宪法因素的影响。本案中确实存在,但被联邦最高法院回避的一个宪法问题便是——区别影响型歧视理论是否违反了美国《宪法第十四修正案》中的平等保护条款。虽然联邦最高法院在此案中认定纽黑文市组织的书面考试不构成区别影响型歧视,进而巧妙地回避了这个宪法问题,但此案的判决背后隐藏着更深层次的宪法逻辑。详言之,《民权法》第七篇中禁止区别对待条款是《宪法第十四修正案》中平等保护条款在反就业歧视制度领域的具体表现。于是乎,《民权法》第七篇中禁止区别影响条款和禁止区别对待条款之间的冲突在一定程度上便上升成为《民权法》第七篇中禁止区别影响条款和《宪法第十四修正案》中平等保护条款之间的冲突。依此逻辑,即使联邦最高法院可在本案中基于《民权法》第七篇中的一个条款去对抗《民权法》第七篇中的另一个条款,但却不能对抗宪法。[①] 由此观之,当《民权法》第七篇中的禁止区别影响条款和禁止区别对待条款发生冲突时,禁止区别影响条款让位于被宪法加持的禁止区别对待条款便是顺理成章之事。

三、对报复案件适用"若无则不"标准:得克萨斯大学西南医学中心诉纳萨尔(University of Texas Southwestern Medical Center v. Nassar)案

如本节开篇所述,美国国会并未说明1991年《民权法》修正案中规定的激发因素型混合动机标准是否适用于被《民权法》第七篇其他条款禁止的雇主打击报复情形。换言之,虽然1991年《民权法》修正案明文规定激发因素型混合动机标准适用于因种族、性别、肤色、宗教信仰、出生地因素而遭受歧视的雇员,但并未明确说明是否适用于因实施抵制行为或参与行为而遭受雇主打击报复的雇员。国会颁布1991年《民权法》修正案22年之后,联邦最高法院在2013年审结的得克萨斯大学西南医学中心诉纳萨尔[②]案中采用了同格罗斯诉FBL金融服务公司案类似的分析路径,认定报复案件应当适用"若无则不"型因果关系举证责任标准。该案是联邦最高法院进入21世纪以来对美国反就业歧视制度作出的最近的一次回调。

在得克萨斯大学西南医学中心诉纳萨尔案中,原告内埃尔·纳萨尔

---

① Richard Primus, *The Future of Disparate Impact*, Michigan Law Review, Vol. 108, (2010), p. 1344.

② University of Texas Southwestern Medical Center v. Nassar, 570 U. S. 338 (2013).

(Naiel Nassar)博士是一名具有中东血统的埃及裔穆斯林。自 1995 年起,原告在被告得克萨斯大学西南医学中心(University of Texas Southwestern Medical Center)处任教,并在附属于被告的帕克兰纪念医院(Parkland Memorial Hospital)以及与被告有合作关系的艾米莉亚司法诊所(Amelia Court Clinic)从事艾滋病诊疗工作。2004 年,帕克兰纪念医院聘任贝斯·莱敏(Beth Levine)博士担任原告所在诊室的主任。上任前,贝斯·莱敏向她管理的诊室的几名医生提前了解了一下诊室的基本情况。在了解情况的过程中,她同其他几名医生的谈话时间在 15 分钟至 20 分钟,但同原告内埃尔·纳萨尔的谈话时间长达一个半小时。上任后,贝斯·莱敏向自己的下属(原告在帕克兰纪念医院的顶头上司)菲利普·凯瑟(Phillip Keiser)询问有关原告工作能力和职业道德的情况。虽然菲利普·凯瑟回答说原告比其他医生都勤奋,但贝斯·莱敏对此回答表现出高度不信任。对此,原告曾多次向贝斯·莱敏的领导格雷戈里·菲茨(Gregory Fitz)抱怨贝斯·莱敏针对自己的工作能力无端进行审查和质疑。2005 年,在面试另一名中东裔医生时,贝斯·莱敏表示反对,并当着原告的面说道:"中东人很懒惰。"2006 年,这名接受面试的中东裔医生成功入职帕克兰纪念医院,贝斯·莱敏当着菲利普·凯瑟的面抱怨说:"医院又多雇佣了一个懒人。"菲利普·凯瑟将贝斯·莱敏的这番话以及她多次对原告的工作能力进行审查的事实如实告知了原告。为避免在这种不友好的环境中工作,原告向帕克兰纪念医院申请转岗。因贝斯·莱敏极力阻挠,医院拒绝了原告的转岗申请。

无奈之下,原告希冀摆脱贝斯·莱敏的领导,并专职在与被告无附属关系的艾米莉亚司法诊所从事艾滋病诊疗工作。于是,原告主动从得克萨斯大学西南医学中心离职,并在辞职信中写道:"受到贝斯·莱敏的持续骚扰和歧视是自己离职的主要原因……贝斯·莱敏这样做是因为她对阿拉伯人和穆斯林人的宗教信仰、种族和文化有偏见。"格雷戈里·菲茨得知此事后,深感震惊并表示,"贝斯·莱敏受到了公开侮辱,内埃尔·纳萨尔必须对贝斯·莱敏进行公开道歉"。此外,格雷戈里·菲茨对艾米莉亚司法诊所继续雇佣原告表达了强烈不满。虽然艾米莉亚司法诊所并不直接隶属于得克萨斯大学西南医学中心,但艾米莉亚司法诊所在医生聘用方面同得克萨斯大学西南医学中心签有人才推荐协议。在得克萨斯大学西南医学中心的强烈反对下,艾米莉亚司法诊所拒绝继续雇佣原告。于是,原告内埃尔·纳萨尔向公平就业机会委员会提出以下指控:第一,贝斯·莱敏基于自己的种族、宗教信仰和血统对自己进行歧视和骚扰,并迫使自己离职;第二,格雷戈里·菲茨因为自己投诉贝斯·莱敏实施了就业歧视行为而对自己进行打击报复。公平就业机会委员会处理无果后,原告于2008年依据《民权法》第七篇向地区法院提起诉讼,指控被告得克萨斯大学西南医学中心实施了歧视性质的推定解雇(constructive discharge)行为以及打击报复行为。① 一审期间,针对原告指控的打击报复行为,地区法院对陪审团作出了激发因素型混合动机举证责任标准指引,并告知陪审团:原告不需要证明报复是被告强烈反对艾米莉亚司法诊所继续雇佣原告的唯一动机,原告只需要证明被告这样做至少存在报复性目的即可。正是在这种举证责任标准的指引下,陪审团裁决原告胜诉,并要求被告向原告支付全额欠付工资以及损害赔偿金共计340万美元。被告不服,遂上诉至第五巡回上诉法院。二审过程中,被告反对一审法院对陪审团作出的激发因素型混合动机举证责任标准指引并声称,"原告必须证明报复是被告强烈反对艾米莉亚司法诊所继续雇佣原告的唯一动机"。对此,上诉法院并不认同,并以"存在确凿证据认定被告实施了报复行为,但认定存在推定解雇行为的证据不充分"为由,维持了一审法院陪审团作出的被告对原告实施了报复行为的裁决,但撤销了被告实施了推定解雇行为的裁决。被告依然不服,最终上诉至联邦最高法院。

终审过程中,联邦最高法院主要围绕应当适用何种举证责任标准判断雇主的打击报复行为展开分析。被告坚持认为应当适用严格的"若无则不"型因果关系举证责任标准,即原告必须证明报复是被告强烈反对艾米莉亚司法诊所继续雇佣原告的唯一动机方能胜诉。相反,原告则认为应当适用更为宽松的激发因素型混合动机举证责任标准,即自己仅需证明报复是导致被告强烈反对艾米莉亚司法诊所继续雇佣自己的动机之一。换言之,本案争议的焦点为1991年《民权法》修正案中的激发因素型混合动机举证责任标准是否适用于雇主因雇员实施参与行为或者抵制行为而实施打击报复的情形。对此,安东尼·肯尼迪法官代表大多数法官发表了法庭意见。法庭意见认为应当适用"若无则不"型因果关系举证责任标准处理被指控的打击报复行为,而非激发因素型混合动机举证责任标准。安东尼·肯尼迪法官基于以下理由得出该结论。第一,就上下文整体分析而言,1964年《民权法》第七篇第2000e-2(a)条规定:"因为任何人的种族、

---

① 推定解雇为劳动法上的特有概念,指的是因雇主单方改变劳动条件导致雇员的劳动权益受到了无法承受的损害,雇员迫不得已主动解除劳动关系的情形。就本案而言,尽管从表面上看是原告主动从得克萨斯大学西南医学中心离职,但事实上是得克萨斯大学西南医学中心迫使原告离职。

肤色、宗教、性别或者出生地……而进行歧视是违法的。"1991 年《民权法》修正案在该条款中加入了激发因素型混合动机举证责任标准,并将其作为第 2000e-2(m)条。然而,1964 年《民权法》第七篇将"禁止雇主因为雇员实施了参与行为或者抵制行为而对雇员进行打击报复"的内容规定在了另一个条款中,即第 2000e-3(a)条。基于此,安东尼·肯尼迪法官结合法律文本的上下文结构认为,第 2000e-2(m)条中规定的激发因素型混合动机举证责任标准不适用于第 2000e-3(a)条中规定的禁止雇主实施打击报复行为的情形。对此,安东尼·肯尼迪法官进一步解释道:"1991 年《民权法》修正案并没有涉及雇主实施打击报复行为的情形,鉴于这种明确的立法规定,我们事后去判断国会是否在立法过程中遗漏了什么内容是不合理的……由于国会仅在有关禁止身份型歧视的条款中加入了激发因素型混合动机举证责任标准,而未在禁止打击报复的条款中加入此种举证责任标准,所以 1991 年《民权法》修正案的效力仅限于前者。"换言之,法庭意见侧重于强调身份型歧视(status-based discrimination)行为和行为型歧视(conduct-based discrimination)行为之间的差异,并认为 1991 年《民权法》修正案中的激发因素型混合动机举证责任标准仅适用于雇主基于身份因素而实施的歧视行为,而不适用于雇主基于行为因素而实施的歧视行为。第二,就法律文本分析而言,法庭意见认为,依据联邦最高法院 2009 年审结的格罗斯诉 FBL 金融服务公司案以及一般的侵权法概念,法律条款中"因为(because)"这个词在无特别说明的情况下指的就是"若无则不"型因果关系举证责任标准,即若不是因为存在特定情形,就不会发生这种被指控的结果。第三,法庭意见还指出,在打击报复案件中降低原告的举证责任标准将增加原告滥诉的情形,从而削弱雇主和法院去处理真正迫切需要解决的就业歧视问题的能力。2013 年 6 月 24 日,联邦最高法院依据上述法庭意见撤销了二审法院的判决,并认定原告应当根据"若无则不"型因果关系举证责任标准证明报复是被告强烈反对艾米莉亚司法诊所继续雇佣原告的唯一动机。

综上所述,得克萨斯大学西南医学中心诉纳萨尔案标志着举证责任标准问题在打击报复案件中的尘埃落定。自 2009 年审结格罗斯诉 FBL 金融服务公司案 4 年后,联邦最高法院采用文本分析和整体分析路径再次得出结论认为应当对原告施加极为严格的"若无则不"型因果关系举证责任标准,从而在判例法层面对美国反就业歧视制度再次进行了回调。值得注意的是,虽然联邦最高法院目前并没有在判例法层面明确《残疾人保护法》中的举证责任标准,但基于联邦最高法院在格罗斯诉 FBL 金融服务公司案和得克萨斯大学西南医学中心诉纳萨尔案中的审判逻辑，[①]有充分的理由认为联邦最高法院也会对因残疾而遭受就业歧视的雇员适用"若无则不"型因果关系举证责任标准，即要求雇员向法院证明残疾是雇主作出不利人事决策的唯一理由。[②] 依此逻辑，随着得克萨斯大学西南医学中心诉纳萨尔案的审结，美国反就业歧视制度中的举证责任标准问题逐渐呈现出一分为二的景象。遭受身份型歧视行为侵害的雇员依据《民权法》第七篇向法院提起诉讼时适用的是激发因素型混合动机举证责任标准，而遭受行为型歧视行为侵害的雇员以及因年龄因素或残疾因素而遭受就业歧视行为侵害的雇员在分别依据《民权法》第七篇以及《反就业年龄歧视法》和《残疾人保护法》向法院提起诉讼时适用的却是"若无则不"型因果关系举证责任标准。申言之，因为种族、肤色、宗教、性别、出生地而遭受就业歧视的雇员只需向法院证明受法律保护的特征是导致雇主作出不利人事决策的一个激发因素即可，而因实施参与行为或者抵制行为而招致雇主报复以及因年龄因素或残疾因素而遭受就业歧视的雇员必须向法院证明报复或者年龄因素或残疾因素是导致雇主作出不利人事决策的唯一理由。由此可知，虽然《民权法》第七篇、《反就业年龄歧视法》以及《残疾人保护法》在禁止雇主实施身份型歧视行为和行为型歧视行为时几乎采用了完全相同的措辞，但联邦最高法院却仅将激发因素型混合动机举证责任标准适用于被《民权法》第七篇禁止的身份型歧视行为，而对雇主实施的其他类型的就业歧视行为适用极为严格的"若无则不"型因果关系举证责任标准。对此，一些学者质疑联邦最高法院对几乎完全相同的法律术语作出截然不同的解释令人难以理解且缺乏正当性。[③]

---

① 与《反就业年龄歧视法》和《民权法》第七篇中的禁止雇主报复条款类似的是：第一，国会同样没有在《残疾人保护法》中明确规定激发因素型混合动机举证责任标准；第二，《残疾人保护法》中也使用了"因为"（because of）这一术语，即禁止因为残疾而对求职者或者雇员进行歧视。

② David Sherwyn, Michael Heise, Zev J. Eigen, *Experimental Evidence that Retaliation Claims are Unlike other Employment Discrimination Claims*, Seton Hall Law Review, Vol. 44, (2014), p. 470; David Sherwyn, Michael Heise, *The Gross Beast of Burden of Proof: Experimental Evidence on how the Burden of Proof Influences Employment Discrimination Case Outcomes*, Arizona State Law Journal, Vol. 42, (2010), p. 901.

③ David Sherwyn, Michael Heise, Zev J. Eigen, *Experimental Evidence that Retaliation Claims are Unlike other Employment Discrimination Claims*, Seton Hall Law Review, Vol. 44, (2014), p. 472.

第五章　美国反就业歧视制度评析与启示

发轫于20世纪60年代的美国反就业歧视制度至今已60余载。成文法层面的反就业歧视联邦立法日趋完备，经历了从无到有、从简单到复杂、从“后发制人”到“先发制人”的发展轨迹。以1963年《工资平等法》、1964年《民权法》第七篇以及1967年《反就业年龄歧视法》为代表的第一代美国反就业歧视联邦立法通过简单宣示性设置禁止性规范，禁止雇主对具有受法律保护的特征或实施了受法律保护的行为的求职者或雇员进行歧视，首开美国反就业歧视联邦立法之先河，奠定了近代美国反就业歧视制度的基础。[①] 以1990年《残疾人保护法》为代表的第二代美国反就业歧视联邦立法除通过设置禁止性规范向雇主施加消极的不作为义务外，还对雇主施加了积极的作为义务，即要求雇主应当对有残疾的求职者和雇员主动作出合理调整，从而进一步夯实了残疾求职者和雇员的公平就业机会权利。[②] 以2008年《反基因信息歧视法》为代表的第三代美国反就业歧视联邦立法首次采用“先发制人”的立法逻辑，在雇主并未普遍基于基因信息而实施就业歧视行为的背景下前瞻性地对未来劳动力市场上可能大范围出现的这种基因信息歧视行为提前进行规制。[③] 与此同时，联邦最高法院在判例法层面通过一个又一个的司法判决从就业歧视行为的类型（区别影响型歧视和区别对待型歧视）、举证责任标准（借口分析标准、混合动机标准、“若无则不”标准）以及就业歧视概念的外延（如联邦最高法院先后将雇主实施的性骚扰行为、基于性取向和性别认同对跨性别者实施的歧视行为认定为性别歧视）等方面对美国反就业歧视制度逐步进行完善、细化、扩张和回调，从而使静止于纸上的公平就业机会权利落到实处。时至今日，在成文法层面的制度供给和判例法层面的司法适用的相互交织下，美国反就业歧视制度历经60余载的发展已进入相对较为稳定的状态，这为总结其正反两方面的经验和教训提供了良好的契机。

---

① 有关这些联邦立法的具体内容详见本书第二章。

② 有关1990年《残疾人保护法》的具体内容详见本书第四章第一节第一部分。

③ 有关2008年《反基因信息歧视法》的具体内容详见本书第四章第一节第三部分。

第一节 美国反就业歧视制度的运行现状

美国是一个多种族、多民族、多元文化的移民国家，其劳动力市场上存在的就业歧视问题曾被公认为世界之最。20世纪60年代至今，随着成文法层面反就业歧视联邦立法的日趋完备以及联邦最高法院在判例法层面的查漏补缺，美国劳动力市场上的就业歧视问题整体上得到了较大程度的改善。公平就业机会委员会的统计数据显示：从1966年至2013年，私人部门中女性雇员占总就业人数的比例从31.5%提升至48.7%；在同一时期，包括非洲裔、西班牙裔、亚洲裔美国人和印第安原住民在内的少数族群雇员占总就业人数的比例从11.4%升至35.8%，涨幅为214%。[①] 与此类似的是，公平就业机会委员会2018年发布的报告指出：从1992年至2017年，55周岁及以上的大龄劳动者占总就业人数的比例翻了一番，从12%上升至24%。[②] 此外，劳工统计局的数据显示，从2011年至2019年，16周岁及以上的残疾人的失业率从15%降至7.3%，降幅超过51%。[③] 此外，有数据显示美国女性劳工在1951年的整体收入仅占男性劳工整体收入的73.9%。该比例在2012年有了显著提升，其中年龄在16~34岁阶段的女性劳工的整体收入占到了对应年龄阶段男性劳工的整体收入的90%。[④]

然而非官方的统计数据显示：截至2010年，美国黑人男性雇员的劳动报酬平均比具有相似年龄和教育背景的白人男性雇员低23%；黑人男性的失业率是白人男性的2倍，且年龄在20~60岁的黑人男性户主有近1/3处于失业状态。[⑤] 同一时期，有1/3的美国女性在贫困线边缘上挣扎；大龄劳工群体依然面临最高的长期失业风险；适龄残疾劳工的就业率低至

---

① U.S. Equal Employment Opportunity Commission, *Indicators* (2013) *With a look at EEO-1 data for the 50th Anniversary*, last visited May 31, 2021, https://www.eeoc.gov/statistics/indicators-2013with-look-eeo-1-data-50th-anniversary.

② Victoria A. Lipnic, *The State of Age Discrimination and Older Workers in the U.S.* 50 *Years After the Age Discrimination in Employment Act* (*ADEA*), last visited May 31, 2021, https://www.eeoc.gov/reports/state-age-discrimination-and-older-workers-us-50-years-after-age-discrimination-employment.

③ U.S. Bureau of Labor Statistics, *Historical Disability Employment Data*, last visited May 31, 2021, https://www.bls.gov/webapps/legacy/cpsatab6.htm.

④ Mark A. Rothstein, Lance Liebman, Kimberly A. Yuracko, Charlotte Garden, *Employment Law: Cases and Materials* (Ninth Edition), Thomson Reuters/Foundation Press, 2020, p. 583.

⑤ Jenny Bourne, "*A Stone of Hope*": *The Civil Rights Act of* 1964 *and Its Impact on the Economic Status of Black Americans*, Louisiana Law Review, Vol. 74, (2014), p. 1197.

18%，仅为适龄无残疾劳工就业率的28%。[①] 此外，受新冠疫情影响，已育女性因需要腾出更多的时间和精力居家照顾无法正常上学的子女，吸收少数族裔就业最多的餐饮、住宿、交通运输等服务行业大规模停工或歇业，残疾人和老年人本身的身体功能障碍或基础性疾病更容易引发严重的新冠病毒感染并发症甚至死亡，均进一步加剧了美国劳动力市场中弱势劳工群体面临的就业歧视风险。[②] 回顾以往，美国反就业歧视制度在平衡求职者和雇员的公平就业机会权利、雇主的用工自主权以及良性劳动力市场竞争机制所承载的社会公共利益时呈现出若干值得总结和分析的特征。

一、有效规制显性就业歧视而对隐性就业歧视规制不足

劳动力市场上的就业歧视行为可分为两种类型：雇主故意实施的显性就业歧视（explicit employment discrimination）行为以及雇主非故意（无意识）实施的隐性就业歧视（implicit employment discrimination）行为。[③] 一般而言，遭受显性就业歧视行为侵害的雇员可以提起区别对待型歧视指控，而遭受隐性就业歧视行为侵害的雇员可以提起区别影响型歧视指控。从成文法层面观之，虽然雇员可以依据反就业歧视联邦立法向法院提起区别对待型歧视指控和区别影响型歧视指控，但1991年《民权法》修正案对区别影响型歧视指控的证据要件作出了以下限制："仅仅是反映雇主劳动力结构在种族、肤色、宗教、性别、出生地方面存在失衡的统计数据并不能作为充分证明雇主实施了区别影响型就业歧视行为的初步证据"，[④]从而加大了雇员提起区别影响型歧视指控的难度。从判例法层面观之，一方面，联邦最高法院认为提起区别对待型歧视指控的雇员无论是适用"若无则不"型因果关系举证责任标准，还是适用激发因素型混合动机举证责任标准，都必须证明雇主具有基于受法律保护的特征而故意实施就业歧视行

① Jessica L. Roberts, *Rethinking Employment Discrimination Harms*, Indiana Law Journal, Vol. 91, (2016), p. 401-402.

② Ann C. McGinley, *Looking South: Toward Principled Protection of U. S. Workers*, FIU Law Review, Vol. 16, (2022), p. 742, 758-759.

③ 显性就业歧视也被称为第一代就业歧视，指的是通过有意识的公开对特定劳工群体的就业机会进行排斥和隔离，从而维持劳动力市场的分裂状态；隐性就业歧视也被称为第二代就业歧视，指的是通过工作场所交互模式中存在的无意识的、微妙的、认知性的或结构性的偏见对非主流雇员群体进行排斥。See Susan Sturm, *Second Generation Employment Discrimination: A Structural Approach*, Columbia Law Review, Vol. 101, (2001), p. 465-468.

④ 42 U. S. C. § 2000e-2(k) (2011).

为的意图；[①]另一方面，虽然向法院提起区别影响型歧视指控的雇员无须直接证明雇主具有歧视的主观意图，但里奇诉迪斯特法诺案表明，[②]联邦最高法院从判例法层面对区别影响型歧视指控作出了重大限制，即明确拒绝仅依据客观统计数据认定雇主实施了区别影响型歧视行为，并愿意接受雇主针对劳动力结构比例失衡作出的解释，从而在很大程度上否定了区别影响型歧视指控理论。[③] 综上可知，美国反就业歧视制度目前规制的重心是劳动力市场上的显性就业歧视行为，即雇主故意实施的就业歧视行为。

随着美国反就业歧视制度的逐步完备和发展，尤其是国会在 1991 年《民权法》修正案中引入了激发因素型混合动机举证责任标准，并规定所有受《民权法》第七篇保护的雇员可向雇主主张补偿性损害赔偿金和惩罚性损害赔偿金，美国劳动力市场上的就业歧视问题确实整体上得到了有效缓解。[④] 然而值得注意的是，美国劳动力市场上的就业歧视问题整体上得到有效缓解主要指的是显性就业歧视行为的减少。更准确地说，虽然劳动力市场上显性就业歧视行为得到了有效遏制，但隐性就业歧视现象却有增无减。甚至有观点认为，就业歧视更多的是类型发生了变化，而不是真的减少了。[⑤] 申言之，在美国现行反就业歧视制度的规制下，劳动力市场上的就业歧视形态发生了显著变化，即从早期以公然的显性就业歧视为主转变为目前以无意识的隐性就业歧视为主。具体而言，一方面，随着成文法和判例法层面反就业歧视制度对显性就业歧视行为的有效规制以及美国民众公平就业机会权利意识的觉醒，[⑥]20 世纪 60 年代至 70 年代那种充斥于

① David Hausman, *How Congress Could Reduce Job Discrimination by Promoting Anonymous Hiring*, Stanford Law Review, Vol. 64, (2012), p. 1346.

② 有关里奇诉迪斯特法诺案的详情见本书第四章第三节第二部分。

③ Michael Selmi, *The Evolution of Employment Discrimination Law: Changed Doctrine for Changed Social Conditions*, Wisconsin Law Review, Vol. 2014, (2014), p. 990-991.

④ Michael Selmi, *The Evolution of Employment Discrimination Law: Changed Doctrine for Changed Social Conditions*, Wisconsin Law Review, Vol. 2014, (2014), p. 974.

⑤ Katharine T. Bartlett, *Making Good on Good Intentions: The Critical Role of Motivation inReducing Implicit Workplace Discrimination*, Virginia Law Review, Vol. 95, (2009), p. 1904-1905.

⑥ 鉴于劳动力结构的多元化一方面有助于企业通过广纳贤才进行技术创新和研发，另一方面有助于企业通过赢得良好的社会声誉而获得顾客认可，为求职者和雇员提供公平就业机会日益成为一种企业文化。甚至在 20 世纪 80 年代美国反就业歧视制度因深受以罗纳德 · 里根总统为代表的政治保守派势力影响而出现明显收缩时，一些企业依然呼吁维护求职者和雇员的公平就业机会权利。例如美国制药巨头默克(Merck)公司的首席执行官曾说，为少数族群求职者提供公平就业机会权利是我们企业文化和公司章程的一部分。此外，在当时针对 120 多家大型企业的 CEO 展开的调查中，有 95%的 CEO 表示他们会继续维护少数族群和妇女的公平就业机会权利。参见[美]特里 · H. 安德森：《美国平权运动史》，启蒙编译所译，上海社会科学院出版社 2017 年版，第 244、245 页。

劳动力市场的雇主故意实施的显性就业歧视行为得到了有效遏制。时至今日，鲜有雇主敢于因为雇员具有受法律保护的特征或者因为雇员实施了受法律保护的行为而公然地、赤裸裸地进行就业歧视。换言之，以往那种明目张胆地含有"不雇佣少数族群求职者"或者"不雇佣女性"内容的招聘广告已成往事。相反，很多雇主如今制定了一些含有禁止就业歧视内容的劳动规章制度。[①] 另一方面，美国学界普遍认为，现行反就业歧视制度对于雇主在无意识状态下实施的隐性就业歧视行为规制不力。大量社会学和心理学文献表明，决策者无意识的偏见和成见对决策行为本身产生了较大影响。[②] 尤其是在雇主具有较大自由裁量空间的人事决策过程中，招聘、晋升、解雇等决策行为深受决策者无意识的偏见和成见的影响。[③] 鉴于联邦立法很少对无意识就业歧视问题作出回应，且联邦最高法院不再愿意将就业歧视作为统计数据中雇主劳动力结构比例失衡的默认解释，所以美国当前的反就业歧视制度为隐性就业歧视行为的滋生提供了"温床"。一些制度性的或者系统性的就业歧视行为往往以微妙而错综复杂的形式呈现，从而在工作场所中形成了一种歧视文化。在这种歧视文化中，随着一系列分散的、细微的隐性就业歧视行为日积月累，雇员的公平就业机会权利恐将遭受浸入式的慢性侵害。这种隐性就业歧视现象的一个显著特征便是并不存在一个具体的行为人或一个单独的事件直接导致雇员的公平就业机会权利受损。相反，雇员公平就业机会权利受损乃工作场所中一系列分散的、微妙的日常行为累积所致。[④] 就隐性就业歧视行为的作用机理而言，行为人基于对特定雇员群体的成见以及对属于该群体的雇员的偏见而进行歧视性区别对待。[⑤] 例如，单位新来了一名黑人雇员。对此，一些白人同事和领导可能会认为，这是单位为纠正劳动力结构中长期存在的种族比例失

---

① Susan Sturm, *Second Generation Employment Discrimination: A Structural Approach*, Columbia Law Review, Vol. 101, (2001), p. 459-460.

② David Hausman, *How Congress Could Reduce Job Discrimination by Promoting Anonymous Hiring*, Stanford Law Review, Vol. 64, (2012), p. 1346-1347.

③ Susan Sturm, *Second Generation Employment Discrimination: A Structural Approach*, Columbia Law Review, Vol. 101, (2001), p. 468-474.

④ Michael Selmi, *The Evolution of Employment Discrimination Law: Changed Doctrine for Changed Social Conditions*, Wisconsin Law Review, Vol. 2014, (2014), p. 981.

⑤ 成见指的是对一个群体的刻板印象，例如人们普遍认为黑人的文化程度较低；偏见指的是基于成见而对属于这个集体的成员抱有的主观评价，例如因为他是一个黑人，所以他给人的第一印象是未受过良好的教育；歧视指的是基于偏见而对特定个体的消极对待。See Katharine T. Bartlett, *Making Good on Good Intentions: The Critical Role of Motivation in Reducing Implicit Workplace Discrimination*, Virginia Law Review, Vol. 95, (2009), p. 1908.

衡现象而特意采取积极行动计划降低招聘标准的结果。[①] 换言之,在这些白人同事和领导眼里,这名初来乍到的黑人雇员工作能力欠佳。于是,在这种先入为主式的质疑氛围中,这名黑人雇员入职后可能会持续遭受白人同事和领导的无意识冷落和排斥,并由此而形成糟糕的人际关系。久而久之,这将导致其职业发展受到各种无形的限制。依此理解,由于隐性就业歧视是一种浸入式的、积累式的、情景式的和关系式的慢性伤害行为,且行为主体往往对于他们自身所抱有的成见或偏见并不知情,[②]所以美国目前以规制雇主故意实施的显性就业歧视行为为重心的反就业歧视制度对于规制雇主无意识实施的隐性就业歧视行为呈现出杯水车薪之势。

诚如哥伦比亚大学法学院苏珊·斯特姆(Susan Sturm)教授所言:"工作场所中的隐性就业歧视现象具有结构性、关系性和情景性特征。"[③]联邦最高法院于 2011 年审结的沃尔玛超市股份有限公司诉杜克斯(Wal-Mart Stores, Inc. v. Dukes)[④]案从一个侧面反映出美国现行反就业歧视制度对具有结构性特征的隐性就业歧视行为的规制颇为不力。沃尔玛超市股份有限公司诉杜克斯案因涉案人数之多在美国史无前例而轰动一时。在该案中,贝蒂·杜克斯(Betty Dukes)是加利福尼亚州匹兹堡市沃尔玛超市的一位女性迎宾导购。贝蒂·杜克斯因向其供职的沃尔玛超市申请参加岗位晋升培训遭拒,便于 2000 年和另外几名女性雇员同事一道依据《民权法》第七篇向地区法院提起集体诉讼,声称希望代表全美国 150 万名现在或者曾经受雇于沃尔玛超市的女性雇员指控沃尔玛超市股份有限公司实施了性别就业歧视行为,即沃尔玛超市股份有限公司的管理政策导致女性雇员群体整体上比男性雇员群体收入更低且更难升职,并基于此向沃尔玛超市股份有限公司主张工资损失和惩罚性损害赔偿金。原告方声称,被告沃尔玛超市股份有限公司作为美国盈利能力最强的零售商以及全世界最大的私人雇主,其工作场所中普遍存在性别歧视现象。原告方提供的统计数据显示,沃尔玛超市股份有限公司的女性雇员占雇员总数的 70% 以上,但仅有 30% 的经理是女性,且女性雇员的工资在每个地区均普遍低于男性雇员。据此,原告方声称,被告在薪酬和晋升等事项上明显偏袒男性

---

① 有关积极行动计划的论述详见本书第二章第五节第四部分。

② Michael Selmi, *The Evolution of Employment Discrimination Law: Changed Doctrine for Changed Social Conditions*, Wisconsin Law Review, Vol. 2014, (2014), p. 976.

③ Susan Sturm, *Second Generation Employment Discrimination: A Structural Approach*, Columbia Law Review, Vol. 101, (2001), p. 460.

④ Wal-Mart Stores, Inc. v. Dukes, 564 U. S. 338 (2011).

雇员群体,从而对女性雇员群体造成了有区别的有害影响。对此,被告则抗辩认为,依据《联邦民事诉讼程序规则》(Federal Rules of Civil Procedure)第23条的规定,原告方主张的这种集体诉讼所覆盖的女性雇员群体规模巨大且诉讼成本极高,故法院应当要求原告以个人的形式提起诉讼。一审过程中,地区法院认定原告方已经依据《联邦民事诉讼程序规则》提供了证据证明"最终的救济措施对于被集体诉讼覆盖的整个当事人群体是合理的",从而确认了原告方提起集体诉讼的资格。被告不服,遂上诉至第九巡回上诉法院。二审期间,上诉法院同样以"原告方主张的集体诉讼所涉及的当事人具有共同性"为由维持了一审裁定。被告依然不服,最终上诉至联邦最高法院。

终审期间,联邦最高法院基于以下理由认定原告方主张的集体诉讼所涉及的当事人的实际情况因差异较大而不具备提起集体诉讼所需的共同性,从而撤销了下级法院的判决。首先,原告方主张的集体诉讼所涉及的当事人之间缺乏"法律或事实上的共同性"。《联邦民事诉讼程序规则》第23(a)条规定,提起集体诉讼的当事人必须证明集体诉讼所涉及的当事人之间具有"法律或事实上的共同性"。就本案而言,原告方必须证明沃尔玛超市股份有限公司实施了一项统一的歧视性政策,从而导致在沃尔玛超市工作的其他女性雇员也遭受了和自己相同的侵害。然而,原告方在本案中并没有提供这种证据。相反,被告统一制定并实施了一项含有具体制裁措施的禁止性别歧视的规章制度。其次,原告方提供的证据显示被告在人事决策方面给予了各个门店经理相当大的经营管理权。虽然被告可能会因为个别门店经理实施了就业歧视行为而承担雇主转承责任,但这并不意味着全美国150万名沃尔玛超市的女性雇员在本案中作为集体诉讼的原告是适格的,因为全美国沃尔玛超市的门店经理不可能作出完全相同的人事决策。综上,原告方提交的有关劳动力结构性别比例失衡的统计数据并不能证明其提起的集体诉讼所涉及的所有当事人之间具有共同性。[①] 最后,法院依据《民权法》第七篇审理就业歧视案件的关键在于查明雇主作出一个特定人事决策行为背后的理由和动机,而原告方在本案中希望一次性针对几百万个人事决策行为提出指控。由此可知,在这些数量巨大的

---

① 对此,联邦最高法院安东尼·斯卡利亚(Antonin Scalia)法官在代表多数法官发表法庭意见时说道,总而言之,我们同意第九巡回上诉法院首席法官亚历克斯·科津斯基(Alex Kozinski)的观点:"集体诉讼中的这些雇员遍布于全美50个州的3400个沃尔玛门店中,她们在不同层级的岗位上从事着不同的工作,她们的工作年限有长有短,她们的上司形形色色,她们受公司不同片区的各种各样的政策的调整。一些雇员发展得很好,而另一些雇员发展得较差。除性别以及共同提起该诉讼外,她们几乎没有什么共同之处。"

人事决策之间相互缺乏联系的情况下,不能指望通过审理原告方提出的就业歧视指控而得出一个对全美国所有可能面临性别歧视问题的沃尔玛超市女性雇员均适用的答案。联邦最高法院最终认定原告方提起的集体诉讼所涉及的当事人的主体资格不适格,并撤销了一审法院和二审法院的裁定。

尽管沃尔玛超市股份有限公司诉杜克斯案主要处理的是原告方提起集体诉讼所涉及的当事人的范围问题,但联邦最高法院在该案中承认,在认定集体诉讼的当事人之间是否具有共同性时必然会涉及对原告方声称的“被告对集体诉讼涉及的当事人普遍实施了性别歧视行为”之观点的判断。换言之,原告方可通过证明被告对集体诉讼所涉及的当事人普遍实施了性别歧视行为而满足《联邦民事诉讼程序规则》第 23 条中的“共同性”要件。然而值得注意的是,联邦最高法院在处理该案中存在的这种结构性隐性就业歧视问题时,因无法识别被告具体实施了一项明确具有性别歧视内容的政策或者措施,故无论是适用区别影响型歧视理论,还是适用区别对待型歧视理论均不奏效。[①] 就适用区别对待型歧视理论而言,本案中不但没有证据表明被告具有实施性别歧视行为的主观意图,反而有证据表明被告专门制定了含有禁止性别歧视内容的劳动规章制度。对此,联邦最高法院认为,雇主的自主用工权即使产生了歧视性的结果也不能作为雇员依据《民权法》第七篇提起区别对待型歧视指控的基础,并态度鲜明地指出:“仅仅是证明沃尔玛的自主用工政策导致了劳动力结构性别比例失衡还远远不够。”就区别影响型歧视理论而言,结合 1991 年《民权法》修正案以及里奇诉迪斯特法诺案的判决可知,仅仅是反映雇主劳动力结构在性别方面存在比例失衡的统计数据并不能证明雇主实施了区别影响型就业歧视行为。对此,美国犹他大学法学院教授劳拉·凯斯勒(Laura Kessler)评论道,“联邦最高法院在沃尔玛超市股份有限公司诉杜克斯案中否定了原告方试图对被告工作场所中存在的结构性歧视问题进行改革的努力,这等同于含蓄地否定了《民权法》第七篇中区别对待型歧视指控和区别影响型歧视指控中的雇主责任理论”。[②] 由此可知,联邦最高法院在该案中判定被告是否对原告方提起的集体诉讼所涉及的当事人实施了性别歧视行为时,尤为强调《民权法》第七篇中的歧视意图要件,而强调歧视意图要件对

① Michael Selmi, *The Evolution of Employment Discrimination Law: Changed Doctrine for Changed Social Conditions*, Wisconsin Law Review, Vol. 2014, (2014), p. 991.

② Laura T. Kessler, *Employment Discrimination and the Domino Effect*, Florida State University Law Review, Vol. 44, (2017), p. 1087.

于规制雇主无意识造成的结构性隐性就业歧视行为极为不利。[1] 该案的裁定结果表明联邦最高法院对结构性隐性就业歧视现象选择保持沉默。对此，有学者戏谑道："除了识别那些以最公然的形式实施的歧视行为之外，联邦最高法院失去了识别歧视行为的能力。"[2]

综上所述，美国反就业歧视制度运行以来，虽然劳动力市场上的显性就业歧视问题整体上得到了有效控制，但隐性就业歧视问题仍根深蒂固。沃尔玛超市股份有限公司诉杜克斯案从一个侧面反映出现行美国反就业歧视制度"侧重于对公然的雇主故意实施的显性就业歧视行为进行规制，而对雇主无意识造成的隐性就业歧视行为规制不力"的现状。如前文所述，随着成文法层面和判例法层面反就业歧视制度的不断发展以及美国民众公平就业机会权利意识的觉醒，美国劳动力市场上的就业歧视问题整体上得到了显著改善。虽然雇主故意实施的显性就业歧视行为是目前美国反就业歧视制度规制的重中之重，且其在就业歧视案件中也相对容易被证明（遭受显性就业歧视行为侵害的雇员常常可以向法院提供直接证据证明雇主的言论、行为、政策中含有歧视性内容），但时至今日鲜有雇主敢明目张胆地制定或实施一项明显含有就业歧视内容的政策或者措施。需要指出的是，美国反就业歧视制度所规制的就业歧视行为并非仅为显性就业歧视行为。早在 1973 年的麦道飞机制造公司诉格林案中，[3]联邦最高法院便强调："毫无疑问的是，《民权法》第七篇禁止任何类型的种族歧视，不论是不明显的还是明显的。"[4]

二、雇员提起就业歧视指控的胜诉率和案件数量双下降[5]

就反就业歧视制度的司法裁判规则而言，就业歧视是司法机关在特定的社会环境下基于直接证据和（或）间接证据对雇主的人事决策行为在法

① David Hausman, *How Congress Could Reduce Job Discrimination by Promoting Anonymous Hiring*, Stanford Law Review, Vol. 64, (2012), p. 1348.

② Michael Selmi, *The Evolution of Employment Discrimination Law: Changed Doctrine for Changed Social Conditions*, Wisconsin Law Review, Vol. 2014, (2014), p. 992.

③ 有关麦道飞机制造公司诉格林案的详情见本书第二章第五节第二部分。

④ McDonnell Douglas v. Green, 411 U. S. 792, 801 (1973).

⑤ 需要说明的是，本部分阐述的"雇员提起就业歧视指控的胜诉率和案件数量双下降"指的是雇员向联邦法院提起就业歧视诉讼的胜诉率下降且案件数量减少，而不包括雇员向公平就业机会委员会提起就业歧视指控的情形。有关雇员向公平就业机会委员会提起就业歧视指控的详情见本节第三部分。

律上作出的一个结论。[1] 整体而言,影响司法机关判定雇主是否实施了就业歧视行为的因素有两个。第一,社会环境因素,这主要表现为劳动力市场上就业歧视行为出现的频率对司法机关基于既定法律事实进行法律推理的影响。例如,当劳动力市场上充斥着大量就业歧视现象时,司法机关更倾向于将就业歧视作为雇员遭受区别对待或者雇主劳动力结构比例失衡的默认解释。第二,证据因素,即雇员针对其诉讼请求向法院提供的证据的证明力。若雇员可向法院提供直接证据证明雇主的人事决策行为含有歧视性意图或内容(例如,黑人求职者应聘遭拒后向法院提交了含有"不雇佣黑人"字样的招聘启事),法院更容易支持雇员的诉讼请求。较之于20世纪60年代至70年代,美国反就业歧视制度的运行现状表明,影响司法机关认定就业歧视行为的社会环境因素以及证据因素均发生了较大变化,从而致使就业歧视案件中雇员的胜诉率下降,并因此而打压了雇员向联邦法院提起就业歧视诉讼的积极性。

如前文所述,随着美国反就业歧视制度在成文法和判例法层面的发展和完备以及美国民众公平就业机会权利意识的觉醒,美国劳动力市场上的就业歧视问题整体上得到了有效遏制。更准确地说,虽然目前美国劳动力市场上雇主无意识实施的隐性就业歧视行为有增无减,但雇主故意实施的显性就业歧视行为已显著减少。就认定就业歧视行为的司法裁判规则而言,因为实施显性就业歧视行为的雇主具有故意实施歧视行为的主观意图,所以显性就业歧视行为往往更容易被雇员证明以及被陪审团和法官识别;与此形成鲜明对比的是,雇主在无意识状态下实施的隐性就业歧视行为因具有浸入性、积累性、情景性和关系性特征而更微妙、更隐蔽,从而更难以被雇员证明以及被陪审团和法官识别。由此可知,一方面,虽然隐性就业歧视问题仍根深蒂固,但囿于隐性就业歧视行为的隐蔽性和复杂性,其往往入不了陪审团和法官的法眼;另一方面,由于公然的、易于察觉和识别的显性就业歧视行为客观上确实得到了有效控制,这在一定程度上给司法机关留下了劳动力市场上的就业歧视行为已被彻底消除的印象。受此影响,目前越来越多的法官倾向于认为就业歧视是少数一些离经叛道的雇主实施的较为罕见的行为。换言之,司法机关甚至整个社会越来越倾向于将就业歧视现象视为个案或者反常的行为。[2] 在这种社会氛围中,司

---

① Michael Selmi, *The Evolution of Employment Discrimination Law: Changed Doctrine for Changed Social Conditions*, Wisconsin Law Review, Vol. 2014, (2014), p. 975.

② Stephen Plass, *Private Dispute Resolution and the Future of Institutional Workplace Discrimination*, Howard Law Journal, Vol. 54, (2010), p. 68-69.

法机关如今对提起就业歧视指控的原告常常持怀疑态度。对此,有学者评论道:“大量的就业歧视指控如果不是滥诉,那么就是没有法律依据的。虽然这种没有法律依据的就业歧视指控的准确比例无法确定,但研究表明民主党和共和党籍的法官都认为大部分的就业歧视指控没有法律依据……如果大量的这种没有法律依据的案件使得法官案牍负荷过大,法官很可能会因为没有时间处理其他更有价值的案件而对处理这种滥诉案件感到反感。”①在目前这种对原告充满质疑的司法环境中,由于劳动力市场上的就业歧视行为日益呈现出隐秘性、微妙性和复杂性特征,加之法官常常要求雇员提供压倒性的证据(overwhelming proof)去证明雇主实施了违法就业歧视行为,致使向法院提起就业歧视诉讼的原告举步维艰。对此,美国圣托马斯大学法学院教授史蒂芬·普拉斯(Stephen Plass)精辟地总结道:“法官不愿意倾听那些自认为遭受到不公平对待但又无法对雇主提供的法律解释进行反驳的雇员的观点。若雇员指控雇主实施了非故意的歧视行为,法官很可能会采纳雇主针对被指控行为所作出的商业解释。”②

除法院对提起就业歧视诉讼的原告普遍持怀疑态度的司法环境外,美国现行反就业歧视制度方法论层面的缺陷也是致使雇员通过法院主张公平就业机会权利处境堪忧的重要因素。对此,美国哥伦比亚大学法学院苏珊娜·戈德伯格(Suzanne GoldBerg)教授指出:“现代反就业歧视法正处于一场方法论和概念危机之中。根本的问题在于,在对就业歧视指控进行认定时,法院和其他主体需要基于对一些不能直接观察到的事物进行识别从而判断被指控的行为人是否因为受法律保护的特征而进行了歧视。”③随着反就业歧视制度对雇主故意实施的显性就业歧视行为的持续规制,被指控实施了就业歧视行为的雇主很少会主动承认自身具有歧视意图,即任何一个理性的雇主都不会主动承认自己因为雇员具有受法律保护的特征或因为雇员实施了受法律保护的行为而作出了对雇员不利的人事决策。于是,在美国反就业歧视制度的实施过程中,判定雇主究竟是基于何种理由而作出特定人事决策的传统方法便是找到一个除了在“具有受法律保护的特征”方面外,在其他方面都和原告类似的参照对象进行对比。如前文

① Lee Reeves, *Pragmatism Over Politics: Recent Trends in Lower Court Employment Discrimination Jurisprudence*, Missouri Law Review, Vol. 73, (2008), p. 556.

② Stephen Plass, *Private Dispute Resolution and the Future of Institutional Workplace Discrimination*, Howard Law Journal, Vol. 54, (2010), p. 67.

③ Suzanne B. Goldberg, *Discrimination by Comparison*, The Yale Law Journal, Vol. 120, (2011), p. 731.

所述,在反就业歧视制度运行早期,美国劳动力市场上充斥着大量的公然的就业歧视现象。此外,20 世纪 60 年代至 70 年代的就业歧视现象主要发生在实现了规模化生产的制造业领域。这意味着一个单位中往往有多名雇员在相同的岗位上从事着相同的工作。由此可知,在这一时期遭受就业歧视的雇员较为容易向法院提供可与自己进行对比的参照对象。然而,随着知识经济和互联网经济的兴起,美国的产业结构在 20 世纪 80 年代经历了重大调整,即从以制造业为主的第二产业升级至以服务业为主的第三产业。随着传统制造业的大量外迁以及新兴服务业的兴起,契合于泰勒式用工模式的标准劳动关系开始异化,并涌现出大量具有灵活性和个性化特征的非标准劳动关系用工模式。在此背景下,提起就业歧视指控的原告越来越难以向法院提供一个可与自己进行对比的理想参照对象,①从而增加了败诉的风险。

综上所述,囿于当下这种法院对提起就业歧视诉讼的原告普遍持怀疑态度的司法环境以及反就业歧视制度方法论层面的缺陷,反就业歧视案件中原告的胜诉率每况愈下。20 世纪末 21 世纪初,联邦法院整体上对原告提起的就业歧视案件持否定态度,并因此而导致那些认为自己在工作场所中受到不平等对待的原告越来越倾向于选择放弃向联邦法院寻求法律救济。② 对此,美国康奈尔大学法学院凯文·克莱蒙特(Kevin Clermont)教授和斯图尔特·施瓦布(Stewart Schwab)教授开展的一项实证研究表明,在 1979 年至 2006 年,原告向联邦法院提起就业歧视诉讼的平均胜诉率仅为 15%,而这一时期原告向联邦法院提起其他类型民事诉讼的平均胜诉率为 51%。③ 由此可知,就业歧视案件中原告的平均胜诉率不足其他民事案件中原告平均胜诉率的 1/3。正是这种对雇员不友好的司法环境以及反就业歧视制度方法论上的缺陷抑制了雇员通过法院主张公平就业机会权利的积极性,从而致使越来越少的雇员向法院提起就业歧视诉讼。④ 数据表

---

① Suzanne B. Goldberg, *Discrimination by Comparison*, The Yale Law Journal, Vol. 120, (2011), p. 731-732.

② ADR News, *Employment Discrimination Plaintiffs do Poorly in Federal Court*, *Study Says*, Dispute Resolution Journal, Vol. 63, (2008-2009), p. 9.

③ Kevin M. Clermont, Stewart J. Schwab, *Employment Discrimination Plaintiffs in Federal Court: From Bad to Worse*, Harvard Law & Policy Review, Vol. 3, (2009), p. 127.

④ 如本书第四章第三节第三部分所述,就业歧视行为可分为身份型歧视行为和行为型歧视行为。需要说明的是,此处“越来越少的雇员向法院提起就业歧视诉讼”主要指的是越来越少的雇员基于身份型歧视行为向法院提起就业歧视诉讼。与此形成鲜明对比的是,就目前美国反就业歧视制度的实际运行情况而言,雇员基于行为型就业歧视行为向法院提起就业歧视诉讼的情形有增无减。

明，雇员提起就业歧视诉讼的案件数量在2001年达到顶峰，约占联邦法院处理各类民事案件数量总数的10%。2001年后，雇员提起就业歧视指控的案件数量逐年下降，目前大约仅占联邦法院处理各类民事案件数量总数的6%。[①] 另据统计，在1999年至2007年，各联邦法院处理就业歧视案件的数量从23,721起下降至15,007起，跌幅为37%。[②] 其中，处理就业歧视案件数量下降最多的依次为第十一、第五、第四、第八和第六巡回上诉法院，而这些巡回上诉法院恰好是被原告律师描述为是对提起就业歧视指控的原告最不友好的法院。[③] 有理由认为，在雇主显性就业歧视行为得到有效遏制的表象下，目前美国反就业歧视制度的实施效果仍有较大的改善空间。甚至有观点指出，并没有迹象表明进入21世纪以来美国工作场所中的种族歧视问题得到了改善。相反，大部分非洲裔美国人仍然认为他们比白人更难就业，且联邦政府中依然普遍存在无意识的隐性就业歧视现象。[④]

三、雇员提起报复型歧视指控的案件数量上升

需要说明的是，工作场所中的求职者或雇员从最开始自认为受到不公平对待到最终诉诸司法程序向法院提起诉讼并获得法院判决是一个相对较为漫长的过程。有学者形象地用“金字塔”结构描述劳动力市场中就业歧视纠纷形成和解决的六个发展步骤。[⑤] 在就业歧视纠纷形成和解决的金字塔结构中，这六个发展步骤从下至上依次为：感受到不公（perceived injurious experiences）→进行抱怨（grievances）→主张权利（claims）→产生纠纷（disputes）→提出指控（filings）→法院判决（trials）。“金字塔”底部是雇员自认为受到了雇主不公平对待的情形，这是引发就业歧视纠纷的基础。在这些自认为受到雇主不公平对待的雇员群体中，一部分雇员会向他人（如朋友、亲人、同事等）抱怨自己的公平就业机会权利受到了侵害。在进行抱怨时，一部分雇员会直接向雇主反映自己遭受的不公，并向雇主主

---

① Charles A. Brown, *Employment Discrimination Plaintiffs in the District of Maryland*, Cornell Law Review, Vol. 96, (2011), p. 1249.

② Kevin M. Clermont, Stewart J. Schwab, *Employment Discrimination Plaintiffs in Federal Court: From Bad to Worse*, Harvard Law & Policy Review, Vol. 3, (2009), p. 117.

③ Kevin M. Clermont, Stewart J. Schwab, *Employment Discrimination Plaintiffs in Federal Court: From Bad to Worse*, Harvard Law & Policy Review, Vol. 3, (2009), p. 119.

④ David W. Fujimoto, *Thrown Under the Bus: Victims of Workplace Discrimination After Harris*, University of San Francisco Law Review, Vol. 48, (2013), p. 112.

⑤ Laura Beth Nielsen, Robert L. Nelson, *Rights Realized? An Empirical Analysis of Employment Discrimination Litigation as a Claiming System*, Wisconsin Law Review, Vol. 2005, (2005), p. 681.

张权利。若雇主拒绝雇员的主张，便因此而同雇员产生了就业歧视纠纷。此时，部分希望正式诉诸法律救济程序的雇员将向公平就业机会委员会提出控诉。若公平就业机会委员会的处理结果令雇员不满意，部分雇员最终将向法院提起诉讼。20 世纪下半叶的统计数据显示，在抱怨自己在职场遭受不公的雇员中，约有 70%的雇员会直接向雇主主张公平就业机会权利；在雇主拒绝雇员的权利主张时，有 46%的雇员会同雇主产生就业歧视纠纷；在就业歧视纠纷得不到有效解决的情况下，有 5%的雇员会向法院提起诉讼。整体而言，仅有 0.06%的雇员的抱怨最终会以法院判决的形式收场。① 需要注意的是，一方面，如前文所述，鉴于“对雇员不友好的司法环境以及反就业歧视制度在方法论上存在瑕疵”的现状，雇员向法院提起反就业歧视诉讼的胜诉率持续下降，并因此而抑制了雇员通过法院主张公平就业机会权利的积极性；另一方面，随着反就业歧视制度在成文法和判例法层面的发展以及民众公平就业机会权利意识的觉醒，如今越来越多的求职者和雇员被纳入反就业歧视制度的保护范畴内，从而使得向雇主主张公平就业机会权利的雇员越来越多。② 综上所述，虽然在目前美国反就业歧视制度的实际实施过程中，司法机关处理的就业歧视指控案件越来越少，但通过雇主内部救济程序或者公平就业机会委员会向雇主主张公平就业机会权利的雇员越来越多。换言之，在就业歧视纠纷形成和解决的“金字塔”结构中，虽然经历最后一个步骤的雇员越来越少，但经历前五个步骤的雇员越来越多。这反映出美国现行反就业歧视制度中公平就业机会权利在实然层面和应然层面的强烈反差。或许正是在这种强烈的反差中，致力于维护自身公平就业机会权利的求职者和雇员基于美国反就业歧视制度的实施现状调整了他们同就业歧视行为进行斗争的策略。

这种斗争策略的调整主要表现为雇员诉诸行政机关和司法机关主张公平就业机会权利的理由发生了变化。依据雇主实施就业歧视行为的理由，工作场所中的就业歧视可分为以下两种类型：第一，身份型歧视，即雇主因为雇员具有受法律保护的身份特征（如种族、性别、肤色、宗教、出生地、年龄、残疾、基因信息）而实施的就业歧视行为；第二，行为型歧视，即雇主因为雇员实施了受“禁止雇主报复条款”保护的抵制行为或参与行为而

---

① Laura Beth Nielsen, Robert L. Nelson, *Rights Realized? An Empirical Analysis of Employment Discrimination Litigation as a Claiming System*, Wisconsin Law Review, Vol. 2005, (2005), p. 681–682.

② Laura Beth Nielsen, Robert L. Nelson, *Rights Realized? An Empirical Analysis of Employment Discrimination Litigation as a Claiming System*, Wisconsin Law Review, Vol. 2005, (2005), p. 708.

对雇员进行打击报复。[①] 需要说明的是,上文中"对雇员不友好的司法环境以及反就业歧视制度方法论上的缺陷抑制了雇员通过法院主张公平就业机会权利的积极性,从而致使越来越少的雇员向法院提起就业歧视诉讼"的论述主要指的是那些自认为遭受到身份型歧视行为侵害的雇员越来越少向法院提起就业歧视指控。值得注意的是,在美国司法机关处理身份型就业歧视案件数量持续下降的同时,认为自己在工作场所中遭受到行为型就业歧视行为侵害而向行政机关和司法机关提出报复型歧视指控的雇员却越来越多,[②]且此类诉求较之身份型歧视指控诉求而言明显更容易受到司法机关支持。[③] 申言之,就美国反就业歧视制度的运行现状而言,越来越多的雇员倾向于针对雇主实施的打击报复行为向行政机关和司法机关提出指控。依据美国反就业歧视制度的设计,雇员向联邦法院提起就业歧视指控之前一般必须先穷尽行政救济措施,即应当先向联邦行政机构——公平就业机会委员会——提出指控。[④] 这种行政救济前置的制度设计使得公平就业机会委员会成为公力救济渠道处理绝大部分就业歧视指控案件的必经步骤。20 世纪末 21 世纪初,随着反就业歧视制度在成文法和判例法层面的不断发展以及民众公平就业机会权利意识的觉醒,越来越多的雇员选择依据"禁止雇主报复条款"主张公平就业机会权利。尤其是进入 21 世纪以来,雇员声称自己因实施了抵制行为或参与行为而遭受雇主打击报复成为公平就业机会委员会处理的所有就业歧视案件中数量增长最快的案

---

① 有关身份型歧视行为和行为型歧视行为的论述详见本书第四章第三节第三部分;有关美国反就业歧视制度中的禁止雇主报复条款的论述详见本书第四章第二节第二部分。

② David Sherwyn, Michael Heise, Zev J. Eigen, *Experimental Evidence that Retaliation Claims are Unlike other Employment Discrimination Claims*, Seton Hall Law Review, Vol. 44, (2014), p. 476–477.

③ William R. Corbett, *Firing Employment at Will and Discharging Termination Claims from Employment Discrimination: A Cooperative-Federalism Approach to Improve Employment Law*, Cardozo Law Review, Vol. 42, (2021), p. 2315.

④ 依据美国现行反就业歧视联邦立法的规定,雇员向联邦法院提起就业歧视诉讼之前一般必须先向公平就业机会委员会提出指控。当公平就业机会委员会调解失败或者直接认定雇员的指控不具备正当理由(no reasonable cause)时,雇员方可在 90 天之内向联邦法院提起就业歧视诉讼。然而值得注意的是,这种行政救济法定前置的制度设计有两个例外情形。第一,依据《反就业年龄歧视法》指控雇主实施了年龄歧视行为的雇员只要提前 30 天将"向联邦法院提起诉讼的意图"以书面形式告知公平就业机会委员会则可绕开公平就业委员会的行政救济程序;第二,依据《工资平等法》指控雇主基于性别因素在劳动报酬方面进行歧视的雇员可径直绕过公平就业机会委员会向联邦法院提起就业歧视诉讼。See U. S. Equal Employment Opportunity Commission, *Filing a Lawsuit in Federal Court*, last visited November 29, 2020, https://www.eeoc.gov/federal-sector/filing-lawsuit-federal-court.

件类型。[1]在20世纪90年代至21世纪初的第一个十年间，公平就业机会委员会处理的雇主打击报复案件的数量增长超过两倍，且此类案件在公平就业机会委员会处理的所有就业歧视案件中一跃成为数量最多的案件类型。数据表明，在1992年至2011年，公平就业机会委员会处理的就业歧视指控案件的数量逐年上升，从72,302起增加至99,947起。在公平就业机会委员会处理的就业歧视指控案件中，报复型歧视指控案件在1993年仅占所有就业歧视案件总量的15.7%，但在2010年首次超越了种族就业歧视案件成为最主要的就业歧视指控案件类型，且这个比例在2013年上升至41.1%。[2]

行政机关和司法机关处理的报复型歧视指控案件的数量上升主要表现为越来越多的雇员附带提出报复型歧视指控或单独提出报复型歧视指控。附带提出报复型歧视指控指的是，雇员在指控雇主实施身份型就业歧视行为的过程中附带针对雇主实施的打击报复行为提出指控。[3] 雇员向行政机关和司法机关附带提起报复型歧视指控的优势如下。第一，提升雇员获得法律救济的可能性。具体而言，若雇员在身份型歧视指控中附带地加入报复型歧视指控，即使身份型歧视指控被行政机关认定为不具备正当理由或者被司法机关驳回，也不影响雇员基于报复型歧视指控获得法律救济。在这种情形下，报复型歧视指控将作为一个独立的诉讼请求被审查。在一些就业歧视案件中，虽然法院认定雇主并未基于雇员具有受法律保护的特征而实施就业歧视行为，但法院同时认定因提出就业歧视指控而遭受雇主打击报复的雇员可以获得法律救济。例如，在2002年第七巡回上诉法院审结的法恩诉瑞安国际机场（Fine v. Ryan International Airports）[4]案中，虽然上诉法院以“超过诉讼时效以及雇主针对被指控的性骚扰行为提供了一个合理的商业解释”为由驳回了雇员提出的性骚扰指控，但上诉法院维持了一审法院陪审团作出的“雇主实施了打击报复行为”的裁决，并判决雇主向雇员支付总计为30万美元的惩罚性损害赔偿金和补偿性损害

① Michael Selmi, *The Evolution of Employment Discrimination Law: Changed Doctrine for Changed Social Conditions*, Wisconsin Law Review, Vol. 2014, (2014), p. 985.

② David Sherwyn, Michael Heise, Zev J. Eigen, *Experimental Evidence That Retaliation Claims Are Unlike Other Employment Discrimination Claims*, Seton Hall Law Review, Vol. 44, (2014), p. 475-476.

③ David Sherwyn, Michael Heise, Zev J. Eigen, *Experimental Evidence That Retaliation Claims Are Unlike Other Employment Discrimination Claims*, Seton Hall Law Review, Vol. 44, (2014), p. 477.

④ Fine v. Ryan International Airports, 305 F. 3d 746, 751, 754, 757 (7th Cir. 2002).

赔偿金。对此,有学者总结道,“鉴于陪审团容易支持雇员提起的报复型歧视指控,越来越多的原告倾向于在提起身份型就业歧视指控的同时附带地提起报复型歧视指控”。[①] 第二,司法实践表明雇员在身份型歧视指控中附带地加入报复型歧视指控将增加其身份型歧视指控的合理性。这是因为声称自己因为实施了抵制行为或者参与行为而遭受雇主打击报复的雇员很可能会给陪审团或者法官留下这样一种印象:由于自己在向法院提起诉讼之前已穷尽了雇主内部的救济程序或公平就业机会委员会的行政救济程序,所以自己向法院提起诉讼是不得已而为之。受该印象影响,陪审团或者法官可能将更倾向于认为雇员是真挚地希望解决工作场所中的就业歧视问题,而不是通过滥用反就业歧视制度向雇主讹钱。[②]

除附带提出报复型歧视指控外,也有越来越多的雇员向行政机关和司法机关单独提出报复型歧视指控。鉴于当前这种对雇员不友好的司法环境和反就业歧视制度方法论层面的瑕疵,雇员单独提出报复型歧视指控也具有独特的优势。司法实践表明,同身份型歧视行为相比,行为型歧视行为(报复型歧视行为)更容易被陪审团理解和识别。在典型的就业歧视案件的庭审过程中,陪审团常常面对着两组相互对立的证据,即雇员提供的用于证明雇主实施了歧视行为的证据以及雇主提供的用于解释其人事决策行为具有合理性的证据。一方面,心理学研究表明陪审员在进行社会判断时具有自利性:人们对他人进行判断是通过和自己进行比较而实现的,最终是为了服务和引导自己;另一方面,鉴于报复是人类面对负面刺激在生物学上表现出的一种原始反应,[③]因而人们普遍具有因遭受伤害而进行报复的本能。[④] 依此理解,由于陪审员不希望用这套棱镜去审视他们自己的行为而得出在这种情况下自己也具有歧视意图的结论,所以陪审员会相对不那么情愿地作出雇主具有歧视动机的认定。但是在雇主认为自己被雇员

① Joan M. Savage, *Adopting the EEOC Deterrence Approach to the Adverse Employment Action Prong in a Prima Facie Case for Title Ⅶ Retaliation*, Boston College Law Review, Vol. 46, (2004), p. 219.

② David Sherwyn, Michael Heise, Zev J. Eigen, *Experimental Evidence That Retaliation Claims Are Unlike Other Employment Discrimination Claims*, Seton Hall Law Review, Vol. 44, (2014), p. 477.

③ David Sherwyn, Michael Heise, Zev J. Eigen, *Experimental Evidence That Retaliation Claims Are Unlike Other Employment Discrimination Claims*, Seton Hall Law Review, Vol. 44, (2014), p. 499.

④ David Sherwyn, Michael Heise, Zev J. Eigen, *Experimental Evidence That Retaliation Claims Are Unlike Other Employment Discrimination Claims*, Seton Hall Law Review, Vol. 44, (2014), p. 485.

错误指控的情形下,由于陪审员会很容易设身处地地理解雇主的愤怒,因而会更倾向于认定报复是雇主作出对雇员不利人事决策的一个因素。[①]

目前有越来越多的雇员选择向行政机关和司法机关提起行为型歧视指控(报复型歧视指控)而非身份型歧视指控的原因还在于:随着劳动力市场上就业歧视行为的主要表现形式从早期的"拒绝雇佣"转变为了目前的"歧视性解雇",身份型歧视的行为逻辑越来越难以获得陪审团和法官的认可。公平就业机会委员会的统计数据表明就业歧视行为的表现形式随着时间的推移有了显著的变化。雇员在1966年针对拒绝雇佣行为提起指控的案件数量比针对歧视性解雇行为提起指控的案件数量多50%。然而从1970年开始,雇员针对后一类行为提起指控的案件数量开始明显反超针对前一类行为提起指控的案件数量,且两者间的差距越来越大。1985年,雇员针对拒绝雇佣行为提起指控的案件数量仅占针对歧视性解雇行为提起指控的案件数量的16%。此外,就雇员向法院提起的就业歧视诉讼而言,美国律师基金会(American Bar Foundation)发布的统计数据也大体上印证了这一趋势。雇员在1985年针对歧视性解雇行为提起诉讼的案件数量约为针对拒绝雇佣行为提起诉讼的案件数量的3倍。[②] 就雇主歧视性地作出拒绝雇佣决策而言,由于雇主在招聘过程中无法对雇员的实际工作能力作出客观评价且求职者的外部特征因素较为直观和明显,致使雇主在进行雇佣决策时除了考虑求职者的资质因素外(如教育背景、工作经验、职业资格、语言能力等),还容易受求职者外部特征因素的影响(如样貌、身高、身材、性别、种族、肤色、年龄、残疾等)。在容易影响雇主进行雇佣决策的外部特征因素中,有部分因素属于受反就业歧视制度保护的身份特征因素。由此可知,由于雇主在作出拒绝雇佣决策时并不涉及对求职者实际工作能力的客观评价,所以当雇主基于受法律保护的身份特征因素对具有相同资质因素的求职者进行区别对待时,陪审团和法官将很容易识别出这种拒绝雇佣决策背后所具有的歧视性动机,从而易于支持雇员提起的身份型就业歧视指控。与此形成鲜明对比的是,相较拒绝雇佣行为而言,陪审团和法官往往难以支持雇员针对解雇行为提起的就业歧视指控,理由如下:第一,随着反就业歧视制度在成文法和判例法层面60余载的发展和完备以及美国民众公平就业机会权利意识的觉醒,在司法诉讼和社会舆论的双重威慑下,鲜有雇主会完全由于雇员具有受法律保护的特征而作出

---

① B. Glenn George, *Revenge*, Tulane Law Review, Vol. 83, (2008), p. 468-469.

② John J. Donohue Ⅲ, Peter Siegelman, *The Changing Nature of Employment Discrimination Litigation*, Stanford Law Review, Vol. 43, (1991), p. 1015-1016.

商业决策。[①] 面对歧视性解雇指控,雇主常常以雇员工作表现欠佳为由进行抗辩,从而增加了陪审团和法官识别出雇主解雇行为具有歧视性动机的难度。第二,雇员针对歧视性解雇行为所提出的指控在一定程度上违背了侵权法中的"相同行为人推论"(same-actor inference)。依据"相同行为人推论",若作出雇佣原告的决策和解雇原告的决策的是同一个主体,那么法院将合理推定该决策主体在实施解雇行为时并不存在进行身份歧视的意图。[②] 这是因为法院倾向于认为,如果雇主具有身份歧视的意图,那么雇主一开始就不会作出雇佣原告的决策,因为雇员的身份特征因素在招聘过程中是直观和明显的;但在求职者入职后,雇主可能会因为雇员实施了抵制行为或参与行为而对其进行打击报复。综上所述,将侵权法上的"相同行为人推论"应用于就业歧视案件时可初步得到以下结论:若作出雇佣原告的决策和解雇原告的决策的是同一个主体,那么雇主在实施解雇行为时一般不具有身份歧视的主观意图。依此理解,受"相同行为人推论"影响,较之于提起行为型歧视指控(报复型歧视指控)而言,雇员针对解雇行为提起身份型歧视指控更难获得陪审团和法官的支持。[③]

此外,如本章第一节第一部分所述,在美国现行反就业歧视制度的规制下,劳动力市场上的就业歧视形态发生了显著变化,即从早期以公然的显性就业歧视为主转变为了目前以无意识的隐性就业歧视为主。准确地说,此处阐述的"就业歧视形态的变化"主要指的是劳动力市场上身份型就业歧视行为日益呈现出隐蔽性和复杂性。就此而言,由于雇主实施的身份型就业歧视行为越来越具有浸入性、积累性、情景性和关系性,从而更为隐秘和微妙,雇员提起身份型歧视指控更难获得行政机关和司法机关的理解与支持。与此不同的是,行政机关和司法机关认定雇主实施了打击报复行为的一个关键因素是雇员受到有害人事决策影响的时间点,如雇员因为实施了受法律保护的抵制行为(利用公司内部投诉程序或者向公司管理层

---

① David Sherwyn, Michael Heise, *The Gross Beast of Burden of Proof: Experimental Evidence on How the Burden of Proof Influences Employment Discrimination Case Outcomes*, Arizona State Law Journal, Vol. 42, (2010), p. 921.

② Catherine E. Smith, *Looking to Torts: Exploring the Risks of Workplace Discrimination*, Ohio State Law Journal, Vol. 75, (2014), p. 1219-1220.

③ 美国康奈尔大学和西北大学的研究人员在 2013 年前后进行的模拟陪审团实验表明,在雇员针对相同的事实情节提出身份型歧视指控和报复型歧视指控时,仅有约 40%的陪审员认定雇主基于出生地因素作出了对雇员不利的人事决策,而约 60%的陪审员认定雇主作出对雇员不利的人事决策是为了进行报复。See David Sherwyn, Michael Heise, Zev J. Eigen, *Experimental Evidence that Retaliation Claims are Unlike other Employment Discrimination Claims*, Seton Hall Law Review, Vol. 44, (2014), p. 497.

抱怨雇主对自己或他人实施了违法就业歧视行为)或参与行为(作为当事人或者证人参与和就业歧视有关的政府调查程序或者司法诉讼程序)[①]而很快被解雇或者被调至更差的工作岗位。[②] 由于雇主作出人事决策的行为本身较为直观和明显(如调岗、降薪、解雇),因而只要雇员能证明自己在实施了抵制行为或参与抵制行为后不久便受到有害人事决策的影响,即在很大程度上证明了雇主作出该人事决策是为了进行打击报复。例如,在2009年的琼斯诉伯南克(Jones v. Bernanke)[③]案中,哥伦比亚特区巡回法院指出:"因雇员向公平就业机会委员会提出指控的时间和受到雇主有害人事决策影响的时间十分接近,所以可以推定这两者之间具有因果关系。"另外,在目前的司法环境下,律师们深知若没有确凿证据证明雇主实施了身份型就业歧视行为,陪审团和法官很难支持原告的诉讼请求。申言之,较之于代理身份型歧视指控案件,律师们更愿意把有限的时间和精力用于代理成功率更高的报复型歧视指控案件。[④] 综上所述,在反就业歧视制度的运行现状、对原告不友好的司法环境、雇主人力资源管理实践、就业歧视诉讼策略等因素的综合作用下,目前美国越来越多的雇员放弃提起身份型就业歧视指控,转而选择通过提起行为型就业歧视指控(报复型歧视指控)主张公平就业机会权利。

第二节　美国反就业歧视制度反思

如本章第一节所述,美国反就业歧视制度在成文法和判例法层面已运行60余载,其实际实施效果目前呈现出"有效规制显性就业歧视而对隐性就业歧视规制不足""雇员提起就业歧视指控的胜诉率和案件数量双下降""雇员提起报复型歧视指控的案件数量上升"等特征。美国反就业歧视制度的运行现状折射出其本身存在的若干制度弊端。这些弊端既存在于制度立法层面,也存在于实施层面。

就立法层面的制度设计而言,一方面,作为美国反就业歧视制度的成文法基石,《民权法》第七篇当前运行的社会环境同20世纪60年代相比已

---

① 有关美国反就业歧视制度对雇主打击报复行为的规制详见本书第四章第二节第二部分。

② Michael Selmi, *The Evolution of Employment Discrimination Law: Changed Doctrine for Changed Social Conditions*, Wisconsin Law Review, Vol. 2014, (2014), p. 988.

③ Jones v. Bernanke, 557 F. 3d 670, 677 (D. C. Cir. 2009).

④ David Sherwyn, Michael Heise, Zev J. Eigen, *Experimental Evidence that Retaliation Claims are Unlike other Employment Discrimination Claims*, Seton Hall Law Review, Vol. 44, (2014), p. 479.

发生较大变化。发轫于20世纪60年代的《民权法》第七篇的制度设计在一定程度上严重脱离了美国当前劳动力市场上的产业关系(劳动关系)实践,其滞后性明显。另一方面,由于国会在颁行1990年《残疾人保护法》时欠缺对受该法保护的残疾人的具体范围进行细致考虑,相当一部分提起残疾就业歧视指控的原告雇员因无法证明他们属于受该法保护的残疾人范畴而败诉。

就法律适用层面的司法实践而言,一方面,《反就业年龄歧视法》中有关违法行为阻却事由的制度设计导致雇主在人力资源管理实践中常常得以通过"买断协议"或者"提前退休协议"规避该法中的法律责任,并由此而纵容了雇主对大龄劳动者的就业歧视;另一方面,鉴于目前普遍对雇员不友好的司法环境致使雇员提起就业歧视诉讼的胜诉率较低,越来越多的雇员选择通过仲裁的方式向雇主主张公平就业机会权利。囿于这种非诉讼纠纷解决机制的不公开特征,越来越多的就业歧视纠纷通过包括仲裁在内的非诉讼方式处理恐对行政机关、司法机关、社会公众营造一种劳动力市场上的就业歧视问题已得到较好解决的错觉。这反过来进一步增加了雇员以诉讼方式主张公平就业机会权利的难度。

对美国反就业歧视制度在实际运行过程中暴露出的上述弊端进行研究和分析可为完善我国反就业歧视制度提供前车之鉴。诚如德国比较法学家伯恩哈德·格罗斯菲尔德所言:"比较法起着一种国际地震仪,即一种'预警系统'的作用;它是了解正在发生变化的社会的极佳方式。外国法经常反映着世界范围内的趋势,对这些趋势我们在国内迟早都会感受到,而比较法经常能够教会我们必须展望些什么,哪些问题可能以法律的形式呈现出来。"①

一、《民权法》第七篇的缺陷②

作为当前美国反就业歧视制度的成文法基石,《民权法》第七篇主要经历了两个重要的发展阶段。美国国会在1964年《民权法》第七篇中规定:"雇主实施的以下行为违法。第一,因为种族、肤色、宗教、性别或者出生地而未能雇佣任何人,或者拒绝雇佣任何人,或者在劳动报酬、工作条件

---

① [德]伯恩哈德·格罗斯菲尔德:《比较法的力量与弱点》,孙世彦、姚建宗译,清华大学出版社2002年版,第173、174页。

② 需要说明的是,此处阐述的《民权法》第七篇的这些缺陷在不同程度上为《反就业年龄歧视法》《残疾人保护法》《反基因信息歧视法》在实际运行过程中所共有。作为美国反就业歧视制度的基石,因《民权法》第七篇在具体实施过程中暴露出的弊端更具有代表性和典型性,故为行文方便,此部分仅以"《民权法》第七篇的缺陷"为题进行阐述。

和待遇、劳动权利方面歧视任何人;第二,由于种族、肤色、宗教、性别或者出生地而以任何剥夺或者将剥夺个人就业机会的方式,或者以任何对个人的雇员身份造成不利影响的方式去限制、隔离或者划分任何雇员或者求职者。"[①]此举在全国层面首开专门针对就业歧视行为进行综合立法的先河,结束了反就业歧视领域近百年来联邦立法严重短缺的历史,较好地扭转了就业歧视行为长期无法可依的局面,具有里程碑式的意义。[②] 27 年后,国会通过颁布 1991 年《民权法》修正案对 1964 年《民权法》第七篇的内容审时度势地进行了调整。1991 年《民权法》修正案通过确立区别影响型歧视指控理论、激发因素型混合动机举证责任标准以及扩大补偿性损害赔偿金和惩罚性损害赔偿金的适用范围在整体上强化了规制就业歧视行为的力度。[③] 然而如本章第一节所述,随着美国反就业歧视制度在成文法和判例法层面 60 余载的发展以及民众公平就业机会权利意识的觉醒,《民权法》第七篇当前运行的社会环境相较 20 世纪 60 年代而言发生了若干实质性变化。时至今日,美国劳动力市场上的就业歧视行为的数量和形态同《民权法》第七篇运行初期相比存在显著差异。具体而言,在显性就业歧视行为数量总体上呈下降势态的同时,隐性就业歧视现象有增无减。此外,随着美国劳动力市场上的用工形态日益呈现出多元化和弹性化特征,《民权法》第七篇的调整范围亦暴露出一定的局限性。面对当前就业歧视行为的新环境、新特点、新形式,发轫于 20 世纪 60 年代的《民权法》第七篇暴露出以下弊端。

(一)因强调主观故意要件而对无意识就业歧视行为规制失灵

《民权法》第七篇致力于消除雇主在劳动力市场上对具有受法律保护的特征或实施了受法律保护的行为的雇员所实施的就业歧视行为。联邦最高法院在 1989 年审理普华会计师事务所诉霍普金斯案时指出,《民权法》第七篇的立法目的有二:第一,对被确认为有悖于公共政策和社会公共利益的就业歧视行为进行遏制;第二,对因违法就业歧视行为而遭受损害的个人提供救济。[④] 由此可知,《民权法》第七篇的逻辑起点在于识别出违法就业歧视行为,并对公平就业机会权利遭受侵害的雇员进行救济。由于《民权法》第七篇的立法语言使用了"禁止雇主'由于(because of)'雇员具有受法律保护的特征而进行歧视"的措辞,致使司法机关无论是适用借口

---

① 42 U. S. C. § 2000e(b)(2012).

② 有关 1964 年《民权法》第七篇的论述详见本书第二章第二节。

③ 有关 1991 年《民权法》修正案的论述详见本书第四章第一节第二部分。

④ Price Waterhouse v. Hopkins, 490 U. S. 228, 264-265 (1989).

分析标准、激发因素型混合动机标准,还是“若无则不”型因果关系标准,往往依赖于通过识别雇主具有故意实施就业歧视行为的主观意图而认定雇主实施了“有悖于公共政策和社会公共利益”的就业歧视行为。详言之,在适用1964年《民权法》第七篇中的借口分析标准时,原告举证责任的关键在于通过直接证据和(或)间接证据向法院证明被告针对被指控行为所提供的理由是借口,被告实施被指控行为的目的是进行歧视。[①] 在1991年《民权法》修正案引入激发因素型混合动机标准后,原告须向法院证明自己具有的受法律保护的特征是促使雇主作出被指控之人事决策的一个激发因素,即雇主具有因为该受法律保护的特征而进行歧视的动机。[②] 与此类似且有过之而无不及的是,联邦最高法院在2013年审结的得克萨斯大学西南医学中心诉纳萨尔案中采用了目前美国反就业歧视制度中最为严格的“若无则不”型因果关系举证责任标准处理报复型歧视指控案件,即要求原告证明报复是被告作出被指控之人事决策行为的唯一动机。[③] 此外,虽然雇员依据区别影响型歧视指控理论向法院提起诉讼无须证明雇主具有故意歧视的主观意图,但2009年审结的里奇诉迪斯特法诺案表明,联邦最高法院在判例法层面对区别影响型歧视指控作出了重大限制,即明确拒绝仅依据客观统计数据认定雇主实施了区别影响型歧视行为,并愿意接受雇主对劳动力结构比例失衡提供的解释,从而在很大程度上否定了区别影响型歧视指控理论。[④] 由此可知,无论是1964年《民权法》第七篇,还是1991年《民权法》修正案,抑或进入21世纪以来联邦最高法院对报复型歧视指控案件的审理,均主要关注的是雇主是否具有故意实施就业歧视行为的意图,且该趋势有愈演愈烈之势。例如,第九巡回上诉法院在1985年审理美国州、郡、市雇员联合工会诉华盛顿州(AFSCME v. Washington)[⑤]案时曾颇为激进地说道:“……在区别对待理论中,雇主在实施被质疑的政策时的意图或者动机是其承担《民权法》第七篇中的法律责任的核心要素。一个依据区别对待理论提起就业歧视指控的原告仅证明雇主知道这种政策会对受保护的雇员群体造成有害后果是远远不够的。原告必须证明雇主就是因为该政策会对受保护的雇员群体造成这种影响才选择实施该政策。”

---

① 有关借口分析标准的论述详见本书第二章第五节第二部分。

② 有关激发因素型混合动机标准的论述详见本书第四章第一节第二部分。

③ 有关“若无则不”型因果关系标准的论述详见本书第四章第三节第三部分。

④ 有关里奇诉迪斯特法诺案的详情见本书第四章第三节第二部分。

⑤ AFSCME v. Washington, 770 F. 2d 1401 (9th Cir. 1985).

受此影响,一方面,鉴于立法机关和司法机关在制定和实施《民权法》第七篇时侧重于对显性的雇主故意实施的就业歧视行为进行规制,雇主在工作场所中故意实施就业歧视行为的现象目前已得到有效控制;但另一方面,也正是因为立法机关和司法机关在制定和实施《民权法》第七篇时过分强调意图要件而致使雇主在无意识状态下实施的隐性就业歧视行为成为漏网之鱼。依此逻辑,美国雇主在工作场所中因隐性偏见而无意识实施的隐性就业歧视行为日益严重,且危害性不容小觑。

心理学研究认为,隐性偏见(implicit bias)是一种无意识的认知现象,也被称为行为偏见、认知偏见、非故意偏见、无意识偏见等。虽然大量社会科学实证研究表明隐性偏见影响着个体行为以及集体决策,①但值得注意的是,种种迹象表明《民权法》第七篇因过于强调雇主实施就业歧视行为的主观故意意图要件而趋同于侵权法上的故意侵权概念,②即依据《民权法》第七篇认定雇主实施了违法就业歧视行为须以雇主主观上具有故意为前提。受此影响,依循侵权法上的故意侵权概念规制雇主在劳动力市场上无意识实施的隐性就业歧视行为瑕疵显现。以种族就业歧视为例,虽然国会在 1964 年《民权法》第七篇中以联邦立法的形式明确禁止雇主实施种族就业歧视行为,然而有观点认为,一直到 20 世纪 70 年代美国劳动力市场上依然到处充斥着种族就业歧视现象。对此,美国加州大学洛杉矶分校法学院教授肯尼斯·卡斯特(Kenneth Karst)曾指出:"种族主义(racism)是 20 世纪 70 年代的一种生活方式,就像过去(对有色人种进行种族隔离)的吉姆·克劳(Jim Crow)法③一样。这两者的主要区别在于如今的种族偏见主要是以一种不假思索的方式施加损害。"④一方面,就劳动力市场上种族歧视的成因而言,自 1865 年美国内战结束国会通过颁行《宪

① Catherine E. Smith, *Looking to Torts: Exploring the Risks of Workplace Discrimination*, Ohio State Law Journal, Vol. 75, (2014), p. 1207-1208.

② 故意侵权类似于我国民法中的一般侵权概念,指的是当行为人实施了加害行为、具有主观过错、造成了损害后果且加害行为和损害后果之间具有因果关系时,方可依据侵权法追究行为人的法律责任。

③ 吉姆·克劳法泛指 1876 年至 1965 年美国南部各州对有色人种(主要是非洲裔美国人)实施种族隔离制度的法律。一方面,吉姆·克劳法所奉行的"隔离但平等(separate but equal)"原则被认为符合宪法上的平等保护原则,故得以长期存在;另一方面,吉姆·克劳法在住宿、餐饮、教育、娱乐、医疗等领域的公共设施使用方面依据种族进行强制隔离,即禁止有色人种使用专供白人使用的公共设施。在吉姆·克劳法运行的近 90 年,有色人种在这种"隔离但平等"制度的影响下日益在经济、社会、教育层面被边缘化。直到国会颁布 1964 年《民权法》以及 1965 年《投票权法》,吉姆·克劳法方成为历史。

④ Kenneth L. Karst, *Foreword: Equal Citizenship Under the Fourteenth Amendment*, Harvard Law Review, Vol. 91, (1977), p. 51.

法第十三修正案》废除奴隶制度以来，获得自由身并大量涌入劳动力市场的黑人劳工因教育文化程度和职业技术水平较低，且犯罪率较高而普遍遭受雇主强烈排斥；另一方面，由于国会和联邦最高法院在 20 世纪 60 年代之前并未禁止雇主歧视黑人劳工，因而在这近 100 年的时间里，美国雇主在劳动力市场上歧视黑人劳工逐渐成为一种符合吉姆·克劳法精神的生活方式和社会文化。虽然 1964 年《民权法》第七篇在成文法层面奠定了美国反就业歧视制度的基础，然而被该法所禁止的就业歧视行为在这近百年间已沉淀为一种社会文化或者说美国人的一种生活方式，因而具有较强的历史惯性。申言之，在美国人的历史观和文化观中，种族主义在过去和现在均具有强大的生命力，美国人不可避免地会对少数族群抱有不同程度的负面态度。对此，斯坦福大学法学院教授查尔斯·劳伦斯三世（Charles Lawrence Ⅲ）认为，"就文化信仰体系对我们的影响而言，我们都是种族主义者"。[①] 尤为重要的是，由于这种种族主义的社会文化以一种"润物细无声"的方式浸入式地影响着所有美国人的生活方式，所以大部分美国人并不了解这种文化是如何对他们的种族观念产生影响的，也不清楚这些种族观念是如何影响他们的行为的。换言之，由于大部分美国人对自己是种族主义者并不知情，相当一部分的种族歧视行为是行为人在无意识的状态下实施的。[②] 受就业歧视这种生活方式或者说社会文化的影响，工作场所中的雇主有较大可能在无意识状态下非故意地实施就业歧视行为。依此逻辑，将雇主具有故意进行歧视的主观意图作为认定违法歧视行为的前提既不符合已有社会科学研究对人类思维活动的认知，也忽略了美国文化和美国历史对个体或集体无意识行为的影响。[③]

如前文所述，美国目前的反就业歧视制度在成文法和判例法层面因过于强调主观意图要件而对雇主在无意识状态下实施的隐性就业歧视行为规制不力。以美国劳动力市场上目前出现的种族歧视现象为例，大量的心理学和社会学研究表明这类种族歧视行为背后常常并不存在雇主故意进行歧视的主观意图，其更可能是雇主放任或者疏忽所致。芝加哥大学全国民意研究中心（National Opinion Research Center）针对美国白人展开的调查显示：在 1944 年，仅有 45%的成年白人受访者认为黑人应当享有和白人

---

① Charles R. Lawrence Ⅲ, *The Id, the Ego, and Equal Protection: Reckoning with Unconscious Racism*, Stanford Law Review, Vol. 39, (1987), p. 322.

② Charles R. Lawrence Ⅲ, *The Id, the Ego, and Equal Protection: Reckoning with Unconscious Racism*, Stanford Law Review, Vol. 39, (1987), p. 322.

③ Charles R. Lawrence Ⅲ, *The Id, the Ego, and Equal Protection: Reckoning with Unconscious Racism*, Stanford Law Review, Vol. 39, (1987), p. 323.

平等的就业机会；在1963年，有85%的成年白人受访者支持黑人享有公平就业机会权利；到1972年，这个比例上升至97%。[①] 然而与此形成鲜明对比的是，密歇根大学社会研究所（Institute for Social Research）的调查显示美国民众似乎并不愿意政府主动采取积极措施将黑人享有的公平就业机会权利落到实处。当被问到“华盛顿当局是否应当采取措施确保黑人在就业时被公正对待”时，1964年，有38%的受访者作出了肯定性回答；1974年，有36%的受访者作出了肯定性回答；到1986年，这个比例进一步下降至33%，且有33%的受访者表示自己对此不关心，34%的受访者明确认为联邦政府不应当这么做。[②] 综上可知，一方面，芝加哥大学全国民意研究中心的调查表明，绝大部分雇主在工作场所中目前并不具有故意实施就业歧视行为的主观意图；另一方面，相当一部分雇主并不愿意主动采取措施去维护雇员的公平就业机会权利，而是选择对劳动力市场上的就业歧视行为保持沉默。由此观之，较为符合目前美国劳动力市场实际的情形是，大部分的就业歧视行为并不是雇主故意实施的，而是雇主在无意识状态下因放任或疏忽所致。在相当一部分职场不平等产生于雇主无意识性认知偏见的语境下，现行美国反就业歧视制度在区别对待型歧视指控中要求原告证明雇主具有故意歧视之意图无异于缘木求鱼，这是因为雇主客观上并不具有一个明确的、有意识的歧视动机。[③] 申言之，《民权法》第七篇因侧重于对雇主故意实施的就业歧视行为进行规制而难免本末倒置。[④]

此外，在目前大数据和人工智能紧密结合的信息时代，计算机算法可以通过收集和分析大量与求职者或雇员的性格和行为有关的个人信息，对求职者或雇员的工作能力、忠诚度、健康状况等属性进行预测。于是，越来越多的美国雇主基于这种计算机算法的结果进行人事决策，例如筛选求职者、晋升或辞退雇员。[⑤] 然而鉴于数据本身可能失真或被人为扭曲以及计算机算法模型本身可能存在缺陷，这种表面上客观和中性的计算机算法结果也可能导致借助大数据分析进行人事决策的雇主无意识地实施了就业

① David Benjamin Oppenheimer, *Negligent Discrimination*, University of Pennsylvania Law Review, Vol. 141, (1993), p. 904.

② David Benjamin Oppenheimer, *Negligent Discrimination*, University of Pennsylvania Law Review, Vol. 141, (1993), p. 905.

③ Jessica L. Roberts, *Rethinking Employment Discrimination Harms*, Indiana Law Journal, Vol. 91, (2016), p. 403.

④ David Benjamin Oppenheimer, *Negligent Discrimination*, University of Pennsylvania Law Review, Vol. 141, (1993), p. 899.

⑤ Mark A. Rothstein, Lance Liebman, Kimberly A. Yuracko, Charlotte Garden, *Employment Law: Cases and Materials* (Ninth Edition), Thomson Reuters/Foundation Press, 2020, p. 146.

歧视行为。雇主也可以利用计算机算法和大数据收集掩盖其真实的人事决策意图，即刻意收集一些具有特定价值取向的数据，并由此而建立对受保护雇员群体不利的算法模型。[①] 以上均反映出美国目前的反就业歧视制度因过于强调主观故意要件而无法对这种新型的就业歧视行为作出有效回应。

（二）因强调直接因果关系而对浸入式就业歧视行为规制失灵

《民权法》第七篇除因过于强调主观意图要件而对雇主无意识实施的隐性就业歧视行为规制不力外，还因过于强调直接因果关系要件而对一系列细微且琐碎的浸入式就业歧视行为规制失灵。“因果关系”是包括区别影响理论在内的美国反就业歧视法律制度的核心要素。[②] 详言之，因倾向于将《民权法》第七篇中关于“雇主因为种族、肤色、宗教、性别或者出生地而未能雇佣任何人，或者拒绝雇佣任何人，或者在劳动报酬、工作条件和待遇、劳动权利方面歧视任何人是违法的”的规定[③]理解为国会在《民权法》第七篇中明确列举了雇员因遭受就业歧视行为侵害而蒙受损失的具体形式，司法机关对认定违法就业歧视行为的损害后果要件进行了限制。早期的司法实践表明，在招聘、晋升、解雇等环节中因就业歧视而蒙受具体经济损失的雇员方有权利向法院提起区别对待型歧视指控或者区别影响型歧视指控。换言之，早期的美国法院倾向于认为，只有当就业歧视行为给雇员造成了有形的、可计量的经济损失时（如雇员因受法律保护的因素未被录用、未被提拔、被解雇而蒙受经济损失），法院方认定雇主违反了《民权法》第七篇。此外，虽然联邦最高法院在1986年审结的美驰储蓄银行诉文森案中首次将“导致有害工作环境”认定为被《民权法》第七篇禁止的一种就业歧视后果，并允许单纯遭受有害工作环境侵害的雇员向法院提起诉讼，从而改变了之前将雇员遭受经济损失作为追究雇主就业歧视行为法律责任归责要件前提的做法，但联邦最高法院在该案中明确将“有害工作环境”解释为“导致了一种令人恐惧的有害的或冒犯性的工作环境”。[④] 依此理解，在依据《民权法》第七篇处理就业歧视案件的具体过程中，司法机关通常要求雇员证明雇主实施的某项具体的人事决策行为直接导致自己蒙受了有形的、可计量的经济损失或导致了一种令人恐惧的有害的或冒犯性

---

① Solon Barocas, Andrew D. Selbst, *Big Data's Disparate Impact*, California Law Review, Vol. 104, (2016), p. 692.

② Allan G. King, Marko Mrkonich, "*Big Data*" *and the Risk of Employment Discrimination*, Oklahoma Law Review, Vol. 68, (2016), p. 563.

③ 42 U. S. C. § 2000e-2 (2012).

④ 有关美驰储蓄银行诉文森案的分析详见本书第三章第四节。

的工作环境。

然而值得注意的是，在人力资源管理实践中，尽管雇主日常实施的一些琐碎的、细微的、形式各异的排斥行为单个看起来危害性并不明显，但这些琐碎的、细微的排斥行为加总在一起久而久之可能会导致显著不公平的后果。申言之，“微妙的、积累性的歧视并不是一个单一的、故意的恶行所致，其因此而常常不能被归因于一个具体的、孤立的有害雇佣行为”。① 在这种情况下，有美国学者指出：“劳工遭受的不平等就像是一个被精心设计的多米诺骨牌装置，其常常来源于一系列具有积累性和相互强化性特征的歧视条件和诱因。这些歧视条件和诱因随着时间的推移结合在一起并相互影响，最终导致雇员在身份上和报酬上出现较大差异。”②由于司法机关在适用《民权法》第七篇认定违法就业歧视行为时通常要求雇员证明雇主的人事决策行为致使自己遭受到有形的、可计量的经济损失或导致了一种令人恐惧的有害的或冒犯性的工作环境，因而当雇主在工作场所中浸入式地持续实施一系列琐碎的、细微的歧视行为时，雇员往往因为无法证明单个特定的就业歧视行为同最终的损害后果之间具有直接因果关系而难以获得法律救济，即使从整体上看这一系列的、琐碎的、细微的就业歧视行为最终导致雇员的公平就业机会权利严重受损。

美国犹他大学法学院劳拉·凯斯勒教授根据自己职业生涯中的所见所闻生动地描绘了《民权法》第七篇对这种浸入式就业歧视行为规制失灵的场景。一位年轻的女科学家新入职一所研究型重点大学，担任药理学助理教授，并处于可获得终身教职的考核期。学校将在她入职的第六年从科研、教学和社会服务三个角度对她进行考核，以确定是否给予她终身教职。其中，最重要的考核指标是科研能力。在入职第一年的某个深夜，当她一个人在办公室加班时，一位德高望重并具有终身教职的男性同事进入办公室与她交谈。交谈期间，该男性同事向她透露自己的妻子外出了，并邀请她去外面小酌几杯。虽然她感到不自在、紧张和尴尬，但由于该男性同事在工作上和自己联系密切，且有权对她是否能获得终身教职进行投票。于是，她只好礼貌拒绝，并面带微笑地解释说：“我丈夫做好了晚餐在等我回家。”该男同事知趣地离开后，她便急忙赶回家，并暗自决定以后再也不能夜里一个人在办公室加班。因这次尴尬的经历给她内心留下了阴影，日后

---

① Jessica L. Roberts, *Rethinking Employment Discrimination Harms*, Indiana Law Journal, Vol. 91, (2016), p. 435.

② Laura T. Kessler, *Employment Discrimination and the Domino Effect*, Florida State University Law Review, Vol. 44, (2017), p. 1041.

她在学校总是尽可能地避免遇到这位男同事。然而由于这名男同事的研究领域和自己密切相关,她并不能完全避免同他打交道。学院每周例行举行一次教职工午餐会,以供同事之间就最新的学术研究进展和心得进行交流。在多次午餐会上,该男同事总是在排队领取自助餐食物时站在她身后,并将双手搭在她肩上。虽然内心极为焦虑,但考虑到男同事的这些行为尚未严重到可以向大学投诉,她并未向任何同事提起此事。她反而怀疑是不是因为自己曾主动友好地找该男同事讨论学术问题而向他发出了错误的信号。于是,她决定尽量少参与学术讨论,以便进一步远离该男同事。在入职的第三年,她怀孕了。为了在分娩后可以获得带薪假期,她向学院院长提出减少自己在来年秋季的教学工作量,并把来年秋季的课调到自己分娩之前上。按照以往的惯例,学院允许教工因为各种各样的个人或家庭原因申请调整教学计划。例如,一位男同事以"应付离婚事务"为由向学院申请减免教学工作量获准。另一位同事以"向社会提供公共服务"为由向学院申请减免教学工作量也获准。此外,学院还对一位身患癌症的同事主动减免了教学工作量。然而,院长并没有完全同意她的主张,并解释说:"学院没有批准教工获得带薪假期的先例"。院长在拒绝了她提出的减少来年秋季工作量的请求后给出了一个折中的办法:要么在怀孕期间大幅度降低薪酬待遇,要么在怀孕期间承担双倍的教学任务。为了保持薪酬待遇,她选择了后一种方案。虽然之前的教学评估结果表明她的课堂教学效果十分出色,但由于承担了超负荷的教学任务,她在怀孕期间的教学评估结果直线下滑,一些学生甚至直接对她的体力表示怀疑。入职第四年夏天,孩子平安出生。在休完秋季假期后,她如期重返工作岗位。鉴于她在整个秋季学期都没有上班,学院给她额外安排了一些行政工作。此外,为了扭转怀孕期间教学评估结果不佳的局面,她不得不在课堂上以及与学生互动方面投入更多的时间和精力。在教学和行政事务上花费额外的精力致使她的学术研究时间被压缩。为了能获得终身教职,她只能在深夜埋头写作。为了照顾孩子,她只能选择以网络的方式参加学术会议。最终,经过不懈的坚持和努力,她如期获得了终身教职。但评委们对她的考核评价是良好,而非优秀。与她一同接受考核的还有另一位男性同事。与她类似的是,这名男性同事在获得终身教职之前也有了孩子,但他没有选择休假,而只是在孩子出生时停了两周课,并在两周后进行了集中补课。对此,学生不但在评教时并没有给这位男老师打低分,甚至还有学生直接在评语上写道,"(希望学校)给这个男老师终身教职"。此外,尽管这个男老师的科研成果在质量上和数量上都和这位女老师旗鼓相当,但他的考核结果是优秀。正因为这名男同事的考核结果为优秀,较之于这位女老师而言,他在日后的工作中额外获得了一些有助于提升学术研究水平和学术影响力的隐性福利和资源。例如,学院为这名男同事配备了一名更为出色的行政助理,分配了一个空间更大、设备更好的实验室,并向他的实验室选派了一批优秀毕业生协助他从事研究工作。学院还把这名男同事的课安排在每周的中间时段,以方便他腾出时间去外地开会。学院对他上课的班级人数进行上限控制,以减少教学负荷。此外,学院还在官网上重点展示和介绍他的研究成果。几年后,这名男同事因先后被提拔为分管科研的副院长以及成功晋升为正教授而永久性获得加薪以及减免教学工作量的待遇,从而在劳动条件和劳动待遇上和这名女老师显著地拉开了差距。①

在劳拉·凯斯勒教授半写实性描述的这个故事中,工作场所中发生的一系列细微、琐碎且看似孤立的事件日积月累式地结合在一起并相互影响,使这名女老师在入职后的前两年处于一种恐惧不安的工作环境中,并最终导致她在劳动条件和劳动待遇上同另一名男同事显著地拉开了差距。值得注意的是,如本部分开篇所述,这名女老师若依据《民权法》第七篇以性别歧视为由向法院提起诉讼,则须证明雇主的特定行为直接导致自己遭受到有形的、可计量的经济损失或导致自己处于一种令人恐惧的有害的或冒犯性的工作环境之中。然而整体而言,她依据《民权法》第七篇成功向法院主张公平就业机会权利的可能性微乎其微。首先,鉴于联邦最高法院于1986年在美驰储蓄银行诉文森案中将《民权法》第七篇禁止的性别歧视行为解释为包括职场性骚扰行为在内,这位女老师有权利在一个与雇主或同事因为性别因素而在肢体上或言语上冒犯自己的行为无涉的工作环境中工作。司法实践中,法院通常将性骚扰定义为“严重且普遍存在的会导致一个普通人感到恐惧、不友好或者遭受侮辱”的行为。对此,公平就业机会委员会在1990年3月19日专门发布了《处理当前性骚扰问题政策指南》(Policy Guidance on Current Issues of Sexual Harassment)。该政策指南针对职场性骚扰行为强调:“除非该行为十分严重,否则一个单一的或者一系列离散的性冒犯行为或者言论一般不会导致一个侮辱性的环境……就像仅仅是用一个带有民族或者种族特征的冒犯性绰号去称呼一个雇员尚

---

① Laura T. Kessler, *Employment Discrimination and the Domino Effect*, Florida State University Law Review, Vol. 44, (2017), p. 1060-1065.

未达到严重影响劳动条件的程度从而违反《民权法》第七篇那样”。[①] 依此理解，虽然第一位男性同事曾对她有过言语上的“挑逗”（如深夜单独邀请她喝酒，并透露自己的妻子已外出）和肢体上的接触（如在排队领取自助餐食物时，多次将双手搭在她肩上），导致她置身于一个恐惧和尴尬的工作环境中，并因此而丧失了大量潜在的学术发展机会，但若孤立、机械、静止地看待她的这些遭遇，这位男同事的所作所为的严重性并未上升到违法层面。[②] 依此逻辑，这名女老师恐难以遭受性骚扰为由依据《民权法》第七篇成功主张公平就业机会权利。其次，就学院不平等地对待这位女老师和另一位起初与她条件相仿的男老师而言，这位女老师因性别的缘故持续在学院受到一系列细微的、琐碎的、浸入式的不公平对待，并因此而最终在劳动条件和劳动待遇上和这位男老师显著地拉开了差距。但值得注意的是，若这名女老师以性别歧视为由依据《民权法》第七篇向法院提起诉讼，她的胜诉机会同样十分渺茫。这是因为她无法向法院证明雇主具体实施的哪一种或者哪一类行为直接导致她和这名男同事之间最终出现了巨大差距。申言之，自他们获得终身教职后，虽然学院在数年间一直偏袒这名男老师，即为他分配更好的行政助理、最优秀的毕业生、空间更大和设备更好的实验室、更人性化的教学时间、更少的教学工作量，在学院官网上重点介绍和展示他的科研成果，将他晋升为系主任、副院长、正教授，但在相对较长的时间内学院“温水煮青蛙”式地实施的上述行为中的任何一种都不足以直接导致这位女老师和男老师在劳动报酬和劳动条件上出现巨大差距。

综上可知，在将《民权法》第七篇适用于劳拉·凯斯勒教授半写实性描述的上述场景时，该法暴露出因强调直接因果关系而对浸入式就业歧视行为规制失灵的弊端。一方面，因学校在这期间实施的上述一系列行为具有细微性、琐碎性和浸入性，任何一个单独的行为都不足以对这位女老师造成有形的、可计量的经济损失。换言之，任何一个单独的行为同这位女老师最终在劳动条件和劳动待遇方面明显落后于起初和她条件相仿的男同事之间并无直接关联。例如，这位女老师很难说服陪审团或者法官：学院没有给自己分配最优秀的毕业生而直接导致自己在劳动条件和劳动待遇上遭受到了实质性的损害。另一方面，学院在此期间所实施的上述这一

---

① U. S. Equal Employment Opportunity Commission, *Policy Guidance on Current Issues of Sexual Harassment*, last visited December 13, 2020, https://www.eeoc.gov/laws/guidance/policy-guidance-current-issues-sexual-harassment.

② Laura T. Kessler, *Employment Discrimination and the Domino Effect*, Florida State University Law Review, Vol. 44, (2017), p. 1066.

系列分散的、不起眼的行为结合在一起并相互作用，日积月累后客观上确实构成了对这位女老师有形的、可计量的区别对待。劳拉·凯斯勒教授半写实性描述的这个场景从一个侧面形象地刻画了美国劳动力市场上当前较为普遍的情形，即工作场所中的雇员在劳动关系存续期间可能因为自己在文化、习俗、语言、服装、样貌以及受法律保护的特征方面和其他雇员有差异而招致同事、领导细微的、琐碎的、浸入式的排斥。[①] 然而因司法机关在适用《民权法》第七篇时一般要求雇员向陪审团或者法官证明雇主实施的特定行为直接导致自己处于“有害工作环境”或遭受到有形的、可计量的经济损失，即要求雇员证明雇主实施的特定行为同“有害工作环境”或有形的、可计量的经济损失之间存在直接因果关系，故《民权法》第七篇的另一个弊端在于其对细微的、琐碎的、浸入式的就业歧视行为规制不力。依此理解，尽管现行美国反就业歧视制度对于规制以公然排斥和公然差异性对待为特征的、普遍出现于20世纪下半叶的就业歧视行为效果显著，但当前美国劳动力市场中的就业歧视现象凭借其结构性、组织性和态度性特征而以一种更微妙的方式在社会和经济层面维系着固有的不平等。[②]

（三）因适用主体仅限于“雇员”而保护范围过窄

现行《民权法》第七篇在实际运行过程中的第三个缺陷表现为其因适用主体仅限于满足特定条件的“雇员”（employee）而保护范围过窄。依据《民权法》的有关规定，当雇主在今年或者过去的一年中雇佣了不低于15名全职工作时间超过20周的雇员时，[③]受雇于该雇主的雇员方有权利针对自己遭受到的就业歧视行为依据《民权法》第七篇向法院提起诉讼。然而，此种制度设计在实际运行过程中的一个疑难点在于何为《民权法》第七篇中的雇员，即在劳动力市场上给付劳动力的自然人在满足哪些要件后方能成为享有公平就业机会权利的主体？对此，不仅《民权法》本身仅极为简单地将“雇员”定义为“被一个雇主雇佣的个人”，[④]且其他相关的联邦劳动立法也没有给出明确的答案（如《国家劳动关系法》）。正是因为这种重复、循环、模糊的成文法定义，行政机关和司法机关如何对雇员的身份进行认定成为美国劳动法历史上由来已久的一个难题。联邦最高法院早在1944年审理国家劳动关系委员会诉赫斯特出版有限公司（NLRB v. Hearst

① Laura T. Kessler, *Employment Discrimination and the Domino Effect*, Florida State University Law Review, Vol. 44, (2017), p. 1072-1073.

② Jessica L. Roberts, *Rethinking Employment Discrimination Harms*, Indiana Law Journal, Vol. 91, (2016), p. 434.

③ 42 U. S. C. § 2000e(b) (2012).

④ 42 U. S. C. § 2000e(f) (2012).

Publications, Inc.)[①]案时坦言:“(在认定雇员的身份时)不存在一个简单的、统一的和容易适用的标准……在法律适用中没有什么问题能比明确界定雇主和雇员之间的关系引起更大的冲突和差异。”即使到了20世纪90年代,联邦最高法院在适用有着完全相同定义的《雇员退休收入保障法》(Employee Retirement Income Security Act)时依然认为:“(有关雇员这个概念的解释)是一个重复的定义,什么都没有解释清楚。”[②]受此影响,就适用《民权法》第七篇的主体范围而言,在劳动力市场上遭受就业歧视行为侵害的劳工若意欲依据《民权法》第七篇向行政机关或者司法机关主张公平就业机会权利,则须以自己满足该法中的雇员概念为前提。虽然联邦最高法院在针对《民权法》第七篇的适用范围发表意见时曾指出:“国会本身已经明确申明,采用一个宽口径的解释去定义公平就业机会对于战胜和消除就业歧视而言是十分重要的。因此,我们必须避免作出导致遭受歧视者得不到法律救济的解释”,[③]但随着当前美国劳动力市场上的用工形态日益呈现出多元化、弹性化和去劳动关系化的特征,相当一部分活跃在各行各业中的特殊劳工群体被排除在《民权法》第七篇的保护范围之外,如志愿者、网约工、共享劳工等。

以大量活跃于美国各行各业中的志愿者群体为例,2013年第五巡回上诉法院审结的茱意诺诉利文斯顿县第五消防队(Juino v. Livingston Parish Fire District No. 5)[④]案生动地反映了遭受就业歧视行为侵害的消防员志愿者得不到《民权法》第七篇救济的窘境。该案的基本事实如下,被告利文斯顿县第五消防队隶属于路易斯安那州利文斯顿县政府,其主要依靠志愿者为其辖区内的居民提供消防和救援服务。原告瑞秋·茱意诺(Rachel Juino)于2009年11月至2010年4月在被告处担任消防员志愿者。在原告正式承担消防救援任务之前,被告向她发放了消防员制服和肩章,提供了消防救援培训,并购买了人身伤害保险。在担任消防员志愿者期间,原告一共出警39次,并因此而获得了总计78美元的出警补贴。但由于原告的身份是志愿者,所以被告并未向原告发放过任何工资。原告声称,在她向利文斯顿县第五消防队提供志愿者服务期间,一名男性消防员持续对她进行性骚扰。她向法院控诉,这名男性消防员频繁地给自己打电话,在消防队跟踪自己,并向其他消防员散布谣言说他和自己睡过觉;有一

① NLRB v. Hearst Publications, Inc., 322 U. S. 111, 120-121 (1944).
② Nationwide Mut. Ins. Co. v. Darden, 503 U. S. 318, 323 (1992).
③ County of Washington v. Gunther, 452 U. S. 161, 178 (1981).
④ Juino v. Livingston Parish Fire District No. 5, 717 F. 3d 431, 432 (5th Cir. 2013).

次,因该男性消防员用手使劲摇原告的头,并将她消防面罩的空气阀门扯下,原告和这名男性消防员发生了口角。随后,因担心自己的人身安全,原告向自己的上司报告了整件事情的原委。令原告感到愤怒的是,自己的上司并未对这名男性消防员作出任何制裁,且这名男性消防员的骚扰行为愈演愈烈。无可奈何之下,原告于2010年4月主动结束了在被告利文斯顿县第五消防队的志愿者服务。随后,原告针对自己遭受到的性骚扰行为依据《民权法》第七篇向路易斯安那州中部地区法院提起诉讼。然而,地区法院以"因原告在提供消防员志愿者服务期间未获得任何工资而不属于《民权法》第七篇中的雇员"为由,驳回了原告的诉讼请求。原告不服,遂上诉至第五巡回上诉法院。二审期间,上诉法院仍以"原告适用《民权法》第七篇主体资格不适格"为由作出了维持原判的判决。①

在当前美国雇主用工形态日益多元化、弹性化以及去劳动关系化的时代背景下,茱意诺诉利文斯顿县第五消防队案形象地反映出《民权法》第七篇保护范围的局限性。志愿者群体是美国社会的重要组成部分,他们广泛活跃于教育、医疗、消防、公共安全、社区服务、公共服务等领域。尽管志愿者群体在美国社会的各行各业发挥着重要作用,但他们在遭受歧视时却难以依据《民权法》第七篇获得法律救济。究其原因,正如美国罗格斯大学兼职教授米切尔·鲁宾斯坦(Mitchell Rubinstein)所言:"我们国家的大部分劳工法和雇佣法都是依据传统的全职雇佣概念起草和设计的,但现在已经不再是之前的那种情形了。"②申言之,一方面,随着产业结构升级、互联网的普及、新业态的出现以及共享经济的兴起,在以传统制造业为主要载体的全日制雇佣模式外涌现出大量的弹性用工形式,如兼职工、志愿者、网约工、共享用工等;另一方面,包括《民权法》第七篇在内的联邦劳动法一般仍然仅对具有雇员身份的劳工提供法律保护。依此逻辑,具备《民权法》上的雇员身份是劳工向联邦法院主张公平就业机会权利的基本前提。就认定劳工的雇员身份而言,行政机关以及司法机关主要借助劳工与雇主之间的实际用工形态进行判断。详言之,脱胎于19世纪家庭关系法的美国劳动法历经一个多世纪的发展,逐步形成了目前以控制权测试标准为

---

① Elizabeth R. Langton, *Workplace Discrimination as a Public Health Issue: The Necessity of Title Ⅶ Protections for Volunteers*, Fordham Law Review, Vol. 83, (2014), p. 1457.

② Mitchell H. Rubinstein, *Employees, Employers, and Quasi-Employers: An Analysis of Employees and Employers Who Operate in the Borderland Between an Employer-and-Employee Relationship*, University of Pennsylvania Journal of Business Law, Vol. 14, (2012), p. 609-610.

主,经济现实测试标准为辅的雇员身份认定模式。[①] 就控制权测试标准而言,美国法学会(American Law Institute)在其1958年编纂的《代理法重述(第二版)》[Restatement (Second) of Agency]中以普通法上的控制权理论为基础,将雇员定义为"被雇佣来完成他人事务的雇工,且他人对该雇工提供劳动的行为施加了控制,或具有控制的权利",并系统阐述了用于区分劳动关系中的雇员和合同承揽关系中的承揽人的十种因素:(1)雇主通过合同而得以对工作细节施加控制的程度;(2)受雇者是否从事不同的工作或生意;(3)在该地点所从事的这种职业是否一般是在雇主指导下完成,还是由一个专业人士独立完成;(4)该职业所要求的技能;(5)是雇主还是劳工提供了从事该工作所需要的设备、工具和场所;(6)该劳工受雇的时间长度;(7)报酬支付方式,是按工作时间还是按工作任务支付;(8)该工作是否是雇主常规业务的一部分;(9)当事人是否认为他们之间建立了劳动关系;(10)当事人是否从事生产经营。《代理法重述(第二版)》对普通法控制权标准的系统化阐述被大部分法院采纳,并获得联邦最高法院认可。虽然这十种因素应在认定劳动关系时被通盘考虑,且没有一个因素具有决定性作用,但法院认为和控制权直接相关的因素最为重要。[②]

就经济现实测试标准而言,从20世纪30年代起,为扩大保障弱势劳工群体的劳动权益范围,联邦法院和部分联邦法规在一定程度上偏离了传统的控制权测试标准而采用经济现实测试标准认定劳动关系。例如,劳工部于1968年在《公平劳工标准法》(Fair Labor Standards Act)中通过引入经济现实测试标准来识别劳工的雇员身份,从而为雇员提供最低工资、最高工时等劳动基准保护。《公平劳工标准法》中的经济现实测试标准主要通过六个方面的因素考察劳工是否在经济上依赖雇主:(1)该工作是否是雇主业务的必要组成部分;(2)劳工的经营管理技能是否影响他们盈利或亏损的机会;(3)劳工和雇主投入的对比;(4)从事该工作是否需要特殊技能;(5)二者间的关系是否是永久性的或无固定期限的;(6)雇主对这种关系施加控制的性质和程度。[③]

---

① Richard R. Carlson, *Employment by Design: Employees, Independent Contractors and the Theory of the Firm*, Arkansas Law Review, Vol. 71, (2018), p. 127.

② 杨浩楠:《共享经济背景下我国劳动关系认定标准的路径选择》,载《法学评论》2022年第2期。

③ 杨浩楠:《共享经济背景下我国劳动关系认定标准的路径选择》,载《法学评论》2022年第2期。

综上可知,无论是适用控制权测试标准抑或适用经济现实测试标准,相当一部分志愿者、网约工、共享劳工群体在提供劳务的过程中或因为享有一定程度的自主决策权,或因为在经济层面不完全依赖于雇主而难以具备雇员身份,[①]从而在遭受就业歧视行为侵害时较难依据《民权法》第七篇主张公平就业机会权利。尤其对于志愿者群体而言,因他们在提供志愿者服务的过程中并未获得任何劳动报酬,故更难获得劳动法上的雇员身份。司法实践表明,在美国的十三个巡回上诉法院中,约有一半数量的巡回上诉法院(第二、[②]第四、[③]第五、第八、[④]第十、[⑤]第十一巡回上诉法院[⑥])明确将个人在提供劳务的过程中获得劳动报酬作为认定其具有雇员身份的一个核心要件。[⑦]

二、《反就业年龄歧视法》的缺陷

除以《民权法》第七篇为代表的美国反就业歧视制度在具体实施过程中暴露出上述弊端外,美国反就业歧视制度的缺陷还体现在《反就业年龄歧视法》层面。在当前雇主对大龄劳动者普遍抱有成见以及美国逐步进入老龄化社会的时代背景下,旨在保障大龄求职者和雇员享有公平就业机会

---

① 共享经济背景下美国网约工的雇员身份认定问题参见杨浩楠:《共享经济背景下我国劳动关系认定标准的路径选择》,载《法学评论》2022 年第 2 期。

② 第二巡回上诉法院在奥康纳诉戴维斯(O'Connor v. Davis)案中认为,一个未获得任何报酬的实习生不能成为《民权法》第七篇中的雇员。See O'Connor v. Davis, 126 F. 3d 112, 116 (2d Cir. 1997).

③ 第四巡回上诉法院在哈维斯托拉诉朝阳社区消防公司(Haavistola v. Community Fire Company of Rising Sun, Inc.)案中认为,获得劳动报酬对于认定消防员志愿者的雇员身份具有决定性意义。See Haavistola v. Community Fire Company of Rising Sun, Inc., 6 F. 3d 211, 222 (4th Cir. 1993).

④ 第八巡回上诉法院在格雷福斯诉女子职业牛仔竞技协会(Graves v. Women's Professional Rodeo Association)案中认为,因协会的成员未从该协会获得任何劳动报酬,故不是《民权法》第七篇中的雇员。See Graves v. Women's Professional Rodeo Association, 907 F. 2d 71, 73-74 (8th Cir. 1990).

⑤ 第十巡回上诉法院在麦吉尼斯诉新墨西哥大学医学院(McGuinness v. The University of New Mexico School of Medicine)案中认为,医学院的学生因没有从医学院获得任何劳动报酬而不受《残疾人保护法》的保护。See McGuinness v. The University of New Mexico School of Medicine, 170 F. 3d 974, 979 (10th Cir. 1998).

⑥ 第十一巡回上诉法院在拉姆拉斯诉明凯科技公司(Llampallas v. Mini-Circuits, Lab, Inc.)案中认为,公司公寓业主协会的办公室主任并未因担任该职务而获得任何劳动报酬,故不具备《民权法》第七篇中的雇员身份。See Llampallas v. Mini-Circuits, Lab, Inc., 163 F. 3d 1236, 1244 (11th Cir. 1998).

⑦ Elizabeth R. Langton, *Workplace Discrimination as a Public Health Issue: The Necessity of Title Ⅶ Protections for Volunteers*, Fordham Law Review, Vol. 83, (2014), p. 1458-1459.

权利的《反就业年龄歧视法》面临着前所未有的挑战与考验。首先,因对大龄劳动者的生产效率和工作能力抱有成见,[①]雇主和同事在工作场所中常常对大龄劳动者进行排斥和歧视。[②] 值得注意的是,与只有部分雇员群体可能会在劳动力市场上因种族、性别、肤色、宗教、出生地、残疾、基因信息等因素而遭受就业歧视不同,由于衰老是每个雇员必经的自然生理现象,所有雇员都具有在劳动力市场上遭受年龄歧视行为侵害的风险。对此,美国知名劳工律师雷蒙德·格雷戈里(Raymond Gregory)曾指出:"对中年和老年劳工进行歧视是美国企业长期以来的一个普遍做法。几乎所有中年和老年劳工在他们职业生涯的某个阶段都会因年龄因素而受到雇主人事决策行为的不利影响。尽管法律禁止工作场所中的年龄歧视行为,但由于雇主对大龄劳工的体力能力和脑力能力抱有错误成见,中年和老年劳工常常遭受雇主人事决策行为的不利影响"。[③] 其次,随着医疗条件和生活水平的提高,自 20 世纪 80 年代以来,美国社会正步入人口老龄化阶段。据估算,美国目前每天新增近 1 万名年满 65 周岁的人口,到 2030 年年满 65 周岁的人口预计将高达 7200 万。[④] 在各种因素的综合影响下,美国劳动力市场上的雇员平均年龄持续上升。官方统计数据显示,年龄在 65 周岁以上的劳工在 1985 年仅占美国总人口的 10%,而这个比例在 2017 年上升至 19%,且升至自 1962 年以来的最大值。[⑤] 美国波士顿学院退休问题研究中心(Center for Retirement Research)主任艾丽西亚·穆奈尔(Alicia Munnell)指出,在过去的 20 年中男性和女性劳工均倾向于延长退休年龄。2013 年,美国男性雇员的平均退休年龄为 63.9 岁,女性雇员为 61.9 岁。这主要是因为在当前的社会保障体系中,年龄处于 62 周岁至 70 周岁之间的雇员的退休待遇随着雇员实际退休年龄的增加而提高。例

---

① 值得注意的是,有学者指出:"大量研究表明在 20 岁至 80 岁之间,健康人的大脑机能并不存在显著的变化。在智力水平方面唯一存在明显变化的就是大脑的反应速度和反应时间……学术文献还表明大龄劳工的缺勤率和遭受工伤的概率更低……大龄劳工具有和年轻劳工相同的接受再培训的能力……此外,一些研究还表明年龄和工作表现之间没有关联甚至存在轻微的正相关关系"。See Judith J. Johnson, *Reasonable Factors other than Age: The Emerging Specter of Ageist Stereotypes*, Mississippi College School of Law, Vol. 33, (2009), p. 55.

② David Ray Papke, *Ageism: A Powerful Nemesis for Effective Workplace Discrimination Law*, Albany Government Law Review, Vol. 12, (2018-2019), p. 239.

③ Raymond F. Gregory, *Age Discrimination in the American Workplace: Old at a Young Age*, New Jersey: Rutgers University Press, 2001, p. 1.

④ David Ray Papke, *Ageism: A Powerful Nemesis for Effective Workplace Discrimination Law*, Albany Government Law Review, Vol. 12, (2018-2019), p. 230.

⑤ Stan Choe, *Today's Older Employees not a Retiring Bunch*, https://www.insurancejournal.com/news/national/2017/05/09/450337.htm.

如，假设一个在66岁时选择退休的雇员每月可获得1000美元的退休金，那么如果他选择在62岁退休则每月可从社会保障福利中获得的退休金仅为750美元，而如果他选择在70岁退休则每月可获得的退休金将增加至1320美元。[①] 除经济层面的因素促使越来越多的大龄劳动者选择继续留在劳动力市场上外，非经济层面的因素也起到了重要的作用。相当一部分美国人选择在年满60岁之后继续工作是因为工作使他们获得了满足感或者实现了自我价值。这对于女性劳工而言尤其是如此。时至今日，在65~69岁和70~74岁的美国女性中，分别有近30%和18%的女性依然坚持在工作岗位上，而这个比例在20世纪80年代末期分别仅为15%和8%。究其原因，很多大龄女性回答说她们这样做是为了享受工作的乐趣。[②]

如上文所述，由于雇主普遍对大龄劳工的工作能力抱有成见，加之进入21世纪以来越来越多的大龄劳动者涌入或继续停留在劳动力市场，《反就业年龄歧视法》目前面临着严峻的挑战。[③] 有观点预测，完全有可能的是，在不久的将来雇员针对年龄歧视提出的指控将超越针对性别和性骚扰提出的指控，从而成为美国最主要的就业歧视指控类型。[④] 作为专司负责实施《反就业年龄歧视法》的联邦行政机关，公平就业机会委员会有权力对雇员提出的年龄歧视指控进行调查和调解，并在必要的时候代表雇员向法院提起诉讼。在2006年至2008年，公平就业机会委员会每年收到的年龄歧视案件数量持续上升，从2006年的16,548件上升至2008年的24,582件；在2009年至2017年，该委员会每年实际处理的年龄歧视案件数量处于20,000件至24,000件之间。[⑤] 然而事实表明，公平就业机会委员会对于减少劳动力市场上的年龄歧视问题并未发挥实质性作用。在公平就业机会委员会处理的绝大部分年龄歧视案件中，雇员的指控均未获得支持。

---

① Dan Caplinger, *The Average American Retires at this Age. Will You*, https://www.fool.com/retirement/general/2015/03/09/the-average-american-retires-at-this-age-will-you.aspx.

② David Ray Papke, *Ageism: A Powerful Nemesis for Effective Workplace Discrimination Law*, Albany Government Law Review, Vol. 12, (2018-2019), p. 231.

③ Stephen G. Wood et al., *The American Experience with Age Discrimination through the Lens of Nine Supreme Court Cases* (2004 - 2009), The American Journal of Comparative Law, Vol. 58, (2010), p. 377.

④ Stephen G. Wood et al., *The American Experience with Age Discrimination Through the Lens of Nine Supreme Court Cases* (2004 - 2009), The American Journal of Comparative Law, Vol. 58, (2010), p. 405.

⑤ U. S. Equal Employment Opportunity Commission, *Age Discrimination in Employment Act (Charges filed with EEOC) (includes concurrent charges with Title Ⅶ, ADA, EPA, and GINA): FY* 1997-*FY* 2019, last visited December 19, 2020, https://www.eeoc.gov/statistics/age-discrimination-employment-act-charges-filed-eeoc-includes-concurrent-charges-title.

例如,公平就业机会委员会在 2018 年共处理了 19,943 起案件。在这些案件中,有 2965 起案件因无法查明当事人或者被认为明显不符合先例而以行政终止程序(administrative closures)结案,占该年公平就业机会委员会处理此类案件总数的 14.9%;在另外的 14,491 起案件中,公平就业机会委员会作出了"缺乏正当理由认定存在年龄歧视行为"的结论,占案件总量的 72.7%。[①] 由此可知,在 2018 年处理的 19,943 起案件中,公平就业机会委员会驳回雇员提起就业年龄歧视指控的比例高达 87.6%。对此,有观点戏谑道:"这给人留下的印象是公平就业机会委员会不是在调查哪里存在歧视,而是在调查哪里不存在歧视"。[②] 此外,因不满公平就业机会委员会对年龄歧视指控的处理结果而向法院提起诉讼的劳工也时常陷入类似的维权困境。[③] 综上所述,虽然当前美国劳动力市场上的年龄歧视行为愈演愈烈,但行政机关和司法机关在一定程度上却对此束手无策。究其原因,《反就业年龄歧视法》在立法层面和司法层面均存在一定的瑕疵,雇主频频借助与雇员签订弃权协议或者主张豁免条款以规避《反就业年龄歧视法》之立法目的。

一般而言,联邦法禁止雇主基于年龄因素强迫雇员退休,[④]但雇主可通过一些提前退休方案引诱年长雇员"自愿"退休。[⑤] 详言之,美国国会在制定《反就业年龄歧视法》时设置了弃权协议制度,允许雇主和雇员通过签订书面协议的形式排除适用部分《反就业年龄歧视法》条款。申言之,《反就业年龄歧视法》明文规定:"个人不得放弃本法中的任何权利或者主张,除非存在自愿的和明知的弃权协议……当且仅当个人和雇主以书面形式签订了被该个人或者有资格参与的普通人了解的弃权协议时,该弃权协

---

① U. S. Equal Employment Opportunity Commission, *Age Discrimination in Employment Act* (*Charges filed with EEOC*) (*includes concurrent charges with Title* Ⅶ, *ADA*, *EPA*, *and GINA*): *FY* 1997-*FY* 2019, last visited December 19, 2020, https://www.eeoc.gov/statistics/age-discrimination-employment-act-charges-filed-eeoc-includes-concurrent-charges-title.

② David Ray Papke, *Ageism*: *A Powerful Nemesis for Effective Workplace Discrimination Law*, Albany Government Law Review, Vol. 12, (2018-2019), p. 250.

③ David Ray Papke, *Ageism*: *A Powerful Nemesis for Effective Workplace Discrimination Law*, Albany Government Law Review, Vol. 12, (2018-2019), p. 252.

④ 需要指出的是,1976 年美国国会首次颁行《反就业年龄歧视法》时,该法禁止雇主基于年龄因素在招聘以及劳动条件和待遇方面歧视 40 岁以上 65 岁以下的雇员。国会在 1978 年将该年龄上限提升至 70 岁,并在 1986 年将其完全废除。因此,除年龄是雇主正常开展特定业务所需之真实职业资格要求外,美国雇主目前不能基于年龄因素强迫雇员退休。

⑤ Mark A. Rothstein, Lance Liebman, Kimberly A. Yuracko, Charlotte Garden, *Employment Law*: *Cases and Materials* (Ninth Edition), Thomson Reuters/Foundation Press, 2020, p. 1163.

议才能被认定为是自愿的和明知的。”[①]因担心雇主滥用弃权协议,国会对弃权协议的效力作出了以下限制性规定:第一,签署弃权协议的雇员并没有放弃在该协议实施后可能出现的权利或主张;[②]第二,签署弃权协议的雇员所放弃的权利或者主张是为了换取其已经享有的权利之外的利益;[③]第三,雇主应当书面告知雇员在签订该协议之前有必要向律师进行咨询;[④]第四,在签订该协议之前,雇员享有不少于 21 天的时间考虑该协议,如果该协议涉及集体的或者特定雇员群体的离职或其他终止雇佣的情形,那么雇员享有不少于 45 天的时间考虑该协议;[⑤]第五,当事人应当约定,在该协议签订之后雇员享有在不少于 7 天的时间内可单方撤销该协议的权利。在撤销期限届满之前,该协议不具有法律效力。[⑥]

虽然《反就业年龄歧视法》对雇员和雇主签订弃权协议的行为作出了上述限制,但在人力资源管理实践中,雇主依然可以凭借劳动关系的从属性特征游刃有余地在同雇员签订格式化的买断协议(buyout agreement)或提前退休协议(early retirement agreement)时设置完全符合上述形式和程序要件的弃权条款,从而巧妙地规避《反就业年龄歧视法》。[⑦] 申言之,一方面,大龄劳动者因在单位中一般享有较长的年资,所以通常具有较为丰厚的薪酬和待遇;另一方面,雇主和同事普遍对大龄劳动者的工作能力抱有成见。因此,越来越多的雇主寄希望于通过和大龄劳动者签订买断协议或者提前退休协议释放工作岗位,从而为企业补充新鲜且相对廉价的“血液”。[⑧] 受此影响,一些工龄较长、工资较高的大龄劳动者常常在买断协议或者提前退休协议的引诱下成了年龄歧视行为的间接受害者。20 世纪 80 年代,美国雪城大学管理学教授迈克尔·舒斯特(Michael Schuster)和第四巡回上诉法院法官克里斯托弗·米勒(Christopher Miller)针对联邦法院审理的 153 起年龄歧视案件展开的实证研究佐证了以上观点——在 81%的案件中原告为男性,在 55%的案件中原告年龄在 50~59 岁之间,在 57%的

---

① 29 U. S. C. § 626(f)(1)(A).

② 29 U. S. C. § 626(f)(1)(C).

③ 29 U. S. C. § 626(f)(1)(D).

④ 29 U. S. C. § 626(f)(1)(E).

⑤ 29 U. S. C. § 626(f)(1)(F).

⑥ 29 U. S. C. § 626(f)(1)(G).

⑦ David Ray Papke, *Ageism: A Powerful Nemesis for Effective Workplace Discrimination Law*, Albany Government Law Review, Vol. 12, (2018-2019), p. 240.

⑧ Richard G. Kass, *Early Retirement Incentives and the Age Discrimination in Employment Act*, Hofstra Labor Law Journal, Vol. 4 (1986), p. 63.

案件中原告属于专业技术人员或管理人员。①

事实上,因雇主在人力资源管理实践中常常强迫大龄雇员群体签订提前退休协议,美国国会在1978年修订《反就业年龄歧视法》时明确禁止雇主强制要求雇员签订提前退休协议,并规定仅在雇员自愿且知情的情况下方能与之签订该协议。② 然而自国会修正《反就业年龄歧视法》以来,为了及时根据市场需求对劳动力要素作出边际性调整,美国雇主依然热衷于通过物质利益引诱雇员签订含有弃权条款的提前退休协议。例如,在20世纪80年代,纽约州长岛地区一所学校的集体劳动合同规定:工龄在10年以上的雇员如果选择在55周岁时退休,可获得10,000美元的奖励;如果选择在55周岁以后退休,雇员获得的奖励将逐年减少直至消失。起初,主要是美国的公共雇主(如公立学校)青睐于同雇员签订提前退休协议,即通过物质利益引诱雇员提前退出劳动力市场。随后,此种人力资源管理手段逐步向其他行业和领域蔓延。③ 虽然自20世纪80年代起陆续有签订了提前退休协议的雇员以"该协议违反《反就业年龄歧视法》"为由向行政机关和司法机关提出指控,但鉴于雇主在格式化的提前退休协议中巧妙地满足了该法针对弃权条款所设置的实体性要件和程序性要件标准,故在雇员提起的此类指控中鲜有成功的个案。申言之,由于这些提前退休协议在弃权条款的掩盖下具有《反就业年龄歧视法》所要求的合法外观(雇主和雇员就雇员提前退休换取雇主提供的额外奖励自愿达成协议,并明确申明雇员放弃针对该协议向法院提起诉讼的权利),雇员日后若依据《反就业年龄歧视法》向法院提起诉讼,则必须证明自己对该协议不知情,或者自己是在雇主强迫、欺骗的情形下签订了该协议。受上述因素影响,雇员在此类案件中胜诉的机会极为渺茫。

质言之,提前退休协议的实质就是年龄歧视,仅因其引入了弃权条款而被现行《反就业年龄歧视法》认可,并因此而在美国劳动力市场上呈现出愈演愈烈之势。④ 然而,这种雇主花钱便能"合法"实施年龄歧视行为的人力资源管理手段是否符合《反就业年龄歧视法》乃至整个美国反就业歧

---

① Michael Schuster, Christopher S. Miller, *An Empirical Assessment of the Age Discrimination in Employment Act*, Industrial and Labor Relations Review, Vol. 38, (1984), p. 68.

② Richard G. Kass, *Early Retirement Incentives and the Age Discrimination in Employment Act*, Hofstra Labor Law Journal, Vol. 4 (1986), p. 64.

③ Richard G. Kass, *Early Retirement Incentives and the Age Discrimination in Employment Act*, Hofstra Labor Law Journal, Vol. 4 (1986), p. 64-65.

④ David Ray Papke, *Ageism: A Powerful Nemesis for Effective Workplace Discrimination Law*, Albany Government Law Review, Vol. 12, (2018-2019), p. 241-242.

视制度的基本精神引发了社会各界的强烈质疑。对此,纽约州知名劳工律师理查德·卡斯(Richard Kass)发表了极为精辟的反对意见:[1]第一,就《反就业年龄歧视法》所保护的法益而言,提前退休协议不符合该法的立法目的,因为提前退休协议既损害了大龄劳动者个人的权利,也破坏了社会公共利益,即劳动力市场中的公平竞争秩序。虽然签订提前退休协议的个人获得了部分经济补偿,但此举在美国劳动力市场上助长了雇主对大龄劳工群体持有的成见,并减少了大龄劳工群体的劳动参与率。第二,提前退休协议侵犯了雇员可通过工作而获得非物质利益的权利。对雇员而言,工作所承载的利益既有物质层面的经济利益,也有生理和心理层面的非经济利益,如心理上的满足以及强健的体魄。有观点认为,提前退休协议是"披着羊皮的狼",即受眼前的物质利益引诱而提前退休的雇员最终可能会因为非经济层面的利益得不到满足而降低生活质量,甚至减少寿命。第三,在劳动关系实践中,弃权条款掩盖下的提前退休协议不具备实质意义上的自愿属性。鉴于组织从属性是劳动关系的根本属性,且劳动关系语境下的劳动合同具有明显的附合性特征[2],因此雇员在劳动关系存续期间以服从雇主监督、管理和指挥为常态。依此逻辑,提前退休协议很可能以"自愿"之名行"强迫"之实。第四,人力资源管理实践中的提前退休协议对年轻雇员群体或者过于年长的雇员群体构成区别对待型歧视。一方面,提前退休协议旨在鼓励大龄劳工群体提前退出劳动力市场,故对同一个单位中的年轻雇员群体而言,若将该协议视为一种可供大龄雇员选择的权益,则此举涉嫌雇主基于年龄因素对年轻雇员群体实施区别对待行为;另一方面,对于年长的雇员群体而言,雇主常常通过设置激励机制引诱他们及时签订提前退休协议。在这种激励机制的引导下,若大龄雇员越晚签订该协议,则他们获得的奖励便会越少,直至消失。同理可知,雇主设置的此种激励机制同样涉嫌基于年龄因素对较晚签订该协议的年长雇员进行区别对待。

除雇主可在弃权条款的掩盖下频频借助提前退休协议"合法"歧视大龄雇员外,《反就业年龄歧视法》在当前运行过程中的第二个显著缺陷表现为雇主滥用豁免条款。《反就业年龄歧视法》第4(f)(1)条明文规定:

---

① Richard G. Kass, *Early Retirement Incentives and the Age Discrimination in Employment Act*, Hofstra Labor Law Journal, Vol. 4 (1986), p. 68.

② 劳动合同的附合性指的是,在劳动关系实践过程中,雇员通常对雇主提出的劳动合同条款附合性地表示同意;劳动合同的从属性指的是,依据劳动合同的约定,雇员有义务遵照雇主的要求为雇主提供劳动。参见王全兴:《劳动法》(第3版),法律出版社2008年版,第125、126页。

“当年龄对于特定业务的正常开展而言是一种合理且必要的真实职业资格要求时,或者当差异是因年龄之外的其他合理因素所导致时,或者当雇主在境外用工且遵守本法会导致雇主违反实际用工所在国家的法律时,雇主、职业介绍所、劳工组织实施被本法禁止的行为并不构成违法。”[①]由此可知,国会在《反就业年龄歧视法》中设置了三种豁免情形:真实职业资格豁免(bona fide occupational qualification)、[②]其他合理因素豁免(reasonable factor other than age)、境外用工豁免。值得注意的是,除常见于反就业歧视联邦立法中的真实职业资格豁免以及境外用工豁免的情形外,国会在《反就业年龄歧视法》的豁免条款中还专门规定了“其他合理因素豁免”之内容。国会创造性地在《反就业年龄歧视法》中设置“其他合理因素豁免”条款的部分理由在于:和《民权法》第七篇保护的雇员具有的特征因素不同的是,年龄因素和特定工作岗位上的雇员的工作能力之间的确存在一定的关联。[③] 就此而言,国会似乎在向司法机关和执法机关传递这样一种意图,即雇主可以合法地基于年龄之外的其他合理因素对大龄雇员进行区别对待。换言之,雇主应当享有一定的自主决策权,即使这样会对大龄雇员造成一些特殊影响。[④] 受此影响,由于包括联邦最高法院在内的美国司法机关并未厘清其他合理因素豁免条款的内涵和外延,从而致使雇主可以轻而易举地援引该条款规避《反就业年龄歧视法》。[⑤] 例如,1993 年联邦最高法院审结的哈森纸业公司诉比金斯(Hazen Paper Company v. Biggins)[⑥]案生动地反映了雇主轻易援引其他合理因素豁免条款架空《反就业年龄歧视法》的场景。在该案中,根据被告哈森纸业公司的养老金福利政策,在公司连续工作满 10 年的雇员将有权利领取养老金补贴。原告沃特尔·比金斯(Walter Biggins)是哈森纸业公司的一名技术主管。他在年满 62 周岁且在

---

① 29 U. S. C. § 623(f) (1) (2012).

② 《反就业年龄歧视法》中的真实职业资格豁免指的是,当年龄因素是雇主正常开展特定业务的合理必要条件时,雇主可以基于年龄因素合法实施人事决策行为。例如,由于人们的体能一般会随着年龄的增长而下降,所以出于维护公共安全的需要,美国一些州的公共安全管理机构允许年满 50 周岁的警察提前退休。

③ Mark A. Rothstein, Lance Liebman, Kimberly A. Yuracko, Charlotte Garden, *Employment Law: Cases and Materials* (Ninth Edition), Thomson Reuters/Foundation Press, 2020, p. 433.

④ David Ray Papke, *Ageism: A Powerful Nemesis for Effective Workplace Discrimination Law*, Albany Government Law Review, Vol. 12, (2018-2019), p. 242-243.

⑤ Judith J. Johnson, *Reasonable Factors Other Than Age: The Emerging Specter of Ageist Stereotypes*, Seattle University Law Review, Vol. 33, (2009), p. 50.

⑥ Hazen Paper Company v. Biggins, 507 U. S. 604 (1993).

被告处工作仅差几周就满10年时被被告解雇。被解雇后,原告主要依据《反就业年龄歧视法》向地区法院提起诉讼,指控被告实施了年龄歧视行为。一审过程中,陪审团作出了支持原告的裁决,即认定被告解雇原告的行为构成故意违反《反就业年龄歧视法》,并要求被告向原告支付违约金。对此,被告请求一审法院重新审查该陪审团裁决。一审法院审查后认定被告并不存在故意违反《反就业年龄歧视法》的行为,并因此撤销了要求被告支付违约金的裁决。原告不服,遂上诉至第一巡回上诉法院。二审过程中,上诉法院以"被告明知解雇原告的行为违反《反就业年龄歧视法》,或者对此存在疏忽大意"为由,撤销了一审法院的判决,并改判维持一审法院陪审团作出的裁决。被告不服,最终上诉至联邦最高法院。

终审过程中,双方当事人主要围绕被告解雇原告的行为是否满足《反就业年龄歧视法》中的其他合理因素豁免条款进行辩论。原告声称,自己的年龄是被告实施解雇行为的关键因素。与此针锋相对的是,被告则认为,实施解雇行为完全是为了避免让原告能如期获得养老金补贴,从而节约公司的经济成本。对此,联邦最高法院桑德拉·奥康纳大法官执笔了其他8名法官一致认可的法庭意见。桑德拉·奥康纳法官认为,被告阻碍原告如期获得养老金补贴的行为虽然明显违反了《雇员退休收入保障法》,但并不必然违反《反就业年龄歧视法》;尽管大龄雇员可能有更长的工龄,但年龄和工龄是两个相互独立的要素;在区别对待型歧视指控中,雇主是否须承担法律责任取决于受《反就业年龄歧视法》保护的年龄因素是否是雇主进行决策的理由;国会颁行《反就业年龄歧视法》是为了消除人们在工作能力方面对大龄劳工产生的错误的和诋毁性的成见;当雇主完全基于年龄之外的理由而进行决策时,适用《反就业年龄歧视法》的基础就消失了;因此,由于工龄和年龄是两个不同的概念,所以不能认为被告基于工龄而作出的决策就必然等同于基于年龄而作出的决策;就本院之前的判例而言,不能因为雇主解雇雇员的理由不恰当而认定解雇行为违反了《反就业年龄歧视法》。基于上述理由,联邦最高法院撤销了二审法院的判决,并要求二审法院依据以上意见对本案进行重审。耐人寻味的是,联邦最高法院要求二审法院在重审时必须考虑:除了阻止原告获得养老金补贴之外,是否存在充分的证据证明被告是基于年龄因素而实施解雇行为。质言之,桑德拉·奥康纳大法官认为:因为年龄和工龄是两个不同的概念,所以雇主基于工龄因素进行决策并不必然等同于基于年龄因素进行决策。对此,有观点指出,哈森纸业公司诉比金斯案标志着联邦最高法院对雇主

“滥用”豁免条款的认可。[①]

无独有偶,进入 21 世纪后联邦最高法院在史密斯诉杰克逊市(Smith v. City of Jackson)[②]案中再次“纵容”雇主援引其他合理因素豁免条款规避《反就业年龄歧视法》。在该案中,为了能够在警察队伍中吸引并留住优秀人才(尤其是年轻警员),为了激励警察队伍热爱本职工作,为了确保警察队伍同其他行政部门中的公务员队伍相比具有一定的竞争力,被告密西西比州杰克逊市决定通过修改警员的薪酬方案为辖区内的所有警员加薪,以缩小警员薪酬水平和本地区平均薪酬水平之间的差距。依据新的薪酬方案,工龄在 5 年以下的警员的涨薪幅度远远高于工龄在 5 年以上的警员的涨薪幅度。由于杰克逊市的警察队伍中大部分警员的年龄在 40 周岁以上且工龄超过 5 年,故新的薪酬方案引发了一些中老年警员的强烈不满。包括亚泽·史密斯(Azel Smith)在内的部分中老年警员依据《反就业年龄歧视法》向地区法院提起诉讼,声称自己因为年龄的缘故受到了被告实施的新的薪酬方案的有害影响。一审法院以“区别影响型歧视指控不适用于《反就业年龄歧视法》”为由,通过简易程序驳回了原告的诉讼请求。原告方不服,遂上诉至第五巡回上诉法院。二审过程中,上诉法院以相同的理由作出了维持原判的判决。原告方依然不服,最终上诉至联邦最高法院。

终审过程中,原告和被告主要围绕以下两个问题进行辩论:第一,《民权法》第七篇中的区别影响型歧视指控理论是否适用于《反就业年龄歧视法》;第二,若适用,被告的行为是否构成违法的区别影响型歧视。对此,联邦最高法院大法官约翰·保罗·史蒂文斯(John Paul Stevens)代表多数庭审法官发表了法庭意见。约翰·保罗·史蒂文斯大法官认为:首先,就法律文本而言,《反就业年龄歧视法》除了在第 4(a)(2)条中用“年龄”替换了《民权法》第七篇第 703(a)(2)条中的“种族、肤色、宗教、性别或出生地”外,这两个条款的内容完全一样,而后者正是雇员依据《民权法》第七篇提起区别影响型歧视指控的法律依据。依此逻辑,原告有权利依据《反就业年龄歧视法》提出区别影响型歧视指控。其次,雇员依据《反就业年龄歧视法》提起区别影响型歧视指控不同于依据《民权法》第七篇提起此种类型的指控。其一,与《民权法》第七篇不同的是,由于《反就业年龄歧

---

① David Ray Papke, *Ageism: A Powerful Nemesis for Effective Workplace Discrimination Law*, Albany Government Law Review, Vol. 12, (2018-2019), p. 243-244.

② Smith v. City of Jackson, 544 U. S. 228 (2005).

视法》第4(f)(1)条明确规定了其他合理因素豁免条款,原告可以通过证明其决策行为具有除年龄因素以外的合理性而免于承担法律责任。其二,因1991年《民权法》修正案的效力并未扩展至《反就业年龄歧视法》,故原告依据《反就业年龄歧视法》提出区别影响型歧视指控仍然受联邦最高法院之前在沃德湾食品包装公司诉阿顿尼奥案中确立的判例法制度约束,[①]即原告必须证明被告出台的新的薪酬方案中具体存在哪些政策、标准或措施对大龄劳工群体造成了不利影响。综上,约翰·保罗·史蒂文斯大法官进一步分析指出,为了使年轻警员的工资更具有竞争力从而稳定警察队伍,被告乃根据工龄和岗位而非年龄对年轻警员和中老年警员的薪酬作出了不同幅度的调整。因此,被告有权利通过援引其他合理因素豁免条款进行抗辩。最后,原告方仅概括性地指出,相较中老年警员而言,被告的薪酬方案对年轻警员更为慷慨,但并没有证明该薪酬方案中具体存在哪些标准、要求或者措施对大龄警员造成了有害影响。基于上述理由,联邦最高法院虽然认定原告方有权利依据《反就业年龄歧视法》提起区别影响型就业歧视指控,但依然作出了维持二审法院判决的结论。

综上所述,在《反就业年龄歧视法》的具体实施过程中,雇主在依据和年龄有着密切联系的其他因素进行人事决策时(如工龄、进取心),可相对较容易地通过向法院主张其他合理因素豁免条款而"合法"地歧视大龄劳工。例如,在1992年第七巡回上诉法院审理的芬尼根诉环球航空公司(Finnegan v. Trans World Airlines)[②]案中,环球航空公司因经营不善而濒临破产。为避免破产,环球航空公司决定降低雇员的劳动福利和待遇。其中的一个措施便是削减全体雇员的年假,并对所有雇员的年假时间设置了为期4周的上限。按照公司之前的休假政策,工龄在16年以上的雇员可以获得的年假时间长于4周(如一个有着30年工龄的雇员最多可以获得为期7周的年假),所以调整后的休假政策对工龄较长的雇员尤为不利。虽然调整后的休假政策确实对大龄劳工造成了有害影响,但法院以"航空公司并非直接基于年龄因素而调整休假政策,该政策调整不和年龄歧视直接相关"为由认定环球航空公司的行为并不违反《反就业年龄歧视法》。对此,有美国学者评论道:"包括联邦最高法院在内的很多法院允许雇主借助一些和年龄因素密切相关的其他因素进行抗辩,这种抗辩成了雇主实施

① 有关沃德湾食品包装公司诉阿顿尼奥案的阐述详见本书第三章第二节。

② Finnegan v. Trans World Airlines, 967 F. 2d 1161 (7th Cir. 1992).

年龄歧视行为的遮羞布。”①受此影响,美国大龄雇员群体可能会因为工龄较长、收入过高、缺乏进取心,或者即将获得雇主提供的养老金补贴而被雇主“合法”地解雇。

三、《残疾人保护法》的缺陷

与《民权法》第七篇以及《反就业年龄歧视法》不同的是,《残疾人保护法》在实施过程中暴露出的缺陷集中表现为立法概念的缺失和法律文本的模糊致使受该法保护的残疾人雇员群体的范围过窄。如本书第四章第一节第一部分所述,1990 年《残疾人保护法》第一篇既对受该法调整的主体施加了消极的不作为义务,即禁止实施歧视残疾人的行为,还对受该法调整的主体施加了积极的作为义务,即应当为有残疾的求职者和雇员主动作出合理调整。与此同时,该法将“残疾”定义为:“对个人基本生活能力造成实质性损害的生理上的或者精神上的缺陷,或者具有这种缺陷的历史,或者现在被认为具有这种缺陷。”②依此理解,受《残疾人保护法》调整的雇主无论是履行消极的不作为义务,还是履行积极的作为义务,均以主张权利的求职者或雇员属于受该法保护的残疾人为前置条件。就此而言,较之于《民权法》第七篇以及《反就业年龄歧视法》,《残疾人保护法》中的反就业歧视制度更为复杂。究其原因,《民权法》第七篇以及《反就业年龄歧视法》所保护的劳动力特征因素本身具有较强的明确性和客观性,即雇员是否具有受法律保护的种族、肤色、宗教、性别、出生地、年龄特征因素是显而易见的或稍加证明即可确定的,故控辩双方一般不会对雇员是否具有上述受法律保护的特征因素产生争议。依此逻辑,雇员、雇主以及法院一般不会对“非洲裔雇员、女性雇员、信仰伊斯兰教的雇员、出生在外国的雇员或者年龄在 40 岁以上的雇员”是否受《民权法》第七篇或者《反就业年龄歧视法》保护产生分歧。然而在《残疾人保护法》中,雇员是否身患受该法保护的“残疾”本身就是一个需要从事实层面和法律层面加以认定的问题,且常常是控辩双方争议的焦点。

如本书第四章第一节第一部分所述,虽然《残疾人保护法》沿用了《康复法》的立法技术,采用三元结构模式分别从求职者和雇员的客观方面(事实上是残疾人)和主观方面(被认为是残疾人)以及现在的状态(现在是残疾人)和过去的状态(之前是残疾人)对残疾进行定义,但其并未明确

---

① Judith J. Johnson, *Reasonable Factors other than Age: The Emerging Specter of Ageist Stereotypes*, Seattle University Law Review, Vol. 33, (2009), p. 49.

② 42 U. S. C. § 12102(2).

“个人基本生活能力”(major life activities of such individual)以及“实质性损害”(substantially limits)这两个概念的具体含义。于是,何为个人基本生活能力的内涵以及如何在此基础上认定特定的生理或者精神缺陷是否对个人的基本生活能力造成了实质性损害便陷入了无法可依之窘境。受此影响,在1999年至2008年,求职者或雇员依据《残疾人保护法》向法院提起诉讼的败诉率超过了90%。[①] 对此,美国凯斯西储大学(Case Western Reserve University)法学院教授莎罗娜·霍夫曼(Sharona Hoffman)认为导致这一时期残疾求职者或雇员维权屡屡受挫的首要原因是“法院对‘残疾’这个法律术语作出了极为狭义的解释”。[②]

联邦最高法院1999年审结的萨顿诉美国联合航空公司(Sutton v. United Air Lines, Inc.)[③]案生动地反映了求职者或雇员因不符合《残疾人保护法》中残疾的定义而无法获得该法保护的司法情境。该案的原告是一对名为凯伦·萨顿(Karen Sutton)和金柏莉·辛顿(Kimberly Hinton)的双胞胎姐妹。两姐妹患有严重的先天性近视,她们两眼的裸眼视敏度均较低。虽然先天性近视导致她们几乎无法正常生活,但在配戴框架眼镜或隐形眼镜的情况下,她们可以像正常人一样生活。1992年,原告申请成为被告美国联合航空公司的飞行员。她们在年龄、学历、从业经历等方面均满足被告招聘启事的要求,但却被联合航空公司以“裸眼视敏度低”为由拒绝聘用。于是,原告依据《残疾人保护法》向公平就业机会委员会投诉,指控联合航空公司歧视她们是残疾人。公平就业机会委员会调解无果后,原告遂向科罗拉多地区法院提起诉讼,指控被告实施了残疾就业歧视行为。一审过程中,地区法院以“原告的先天性近视在矫正状态下可以完全恢复到正常人的水平,因而未对其基本生活能力造成实质性损害,故不属于受《残疾人保护法》保护的残疾”为由驳回了原告的诉讼请求。原告不服,遂上诉至第十巡回上诉法院。上诉法院以相同的理由维持了一审法院的判决。原告依然不服,最终上诉至联邦最高法院。

终审过程中,原告坚持认为应当在不考虑矫正措施的情况下认定先天性近视是否对她们的基本生活能力造成了实质性损害,这是因为在《残疾人保护法》本身没有对该问题作出规定的情形下,法院应当尊重行政机关

---

① Mark A. Rothstein, Lance Liebman, Kimberly A. Yuracko, Charlotte Garden, *Employment Law: Cases and Materials* (Ninth Edition), Thomson Reuters/Foundation Press, 2020, p. 445.

② Sharona Hoffman, *Settling the Matter: Does Title I of the ADA Work*, Alabama Law Review, Vol. 59, (2008), p. 327.

③ Sutton v. United Air Lines, Inc., 527 U. S. 471 (1999).

对该法作出的解释。原告指出公平就业机会委员会和司法部都曾对该问题发布过“解释指南”(interpretive guidance)。前者规定,“应当在个案裁判且不考虑包括药物或者辅助性器具在内的矫正装置的基础上认定个人的基本生活能力是否受到实质性损害”;[①]后者则规定:“个人是否有残疾这个问题应当在不考虑包括合理的改造或者辅助器具和服务在内的矫正措施的情况下进行评估”。[②] 与此相反,被告则认为国会在《残疾人保护法》中使用“对基本生活能力造成实质性损害”这种表述要求原告在基本生活能力方面遭受的损害是事实上的和正在发生的,故不能适用行政机关对该问题作出的行政解释,而应当在考虑矫正措施的情况下对原告是否具备《残疾人保护法》中的残疾情形进行评估。被告进而指出,在原告配戴框架眼镜或隐形眼镜的情况下,先天性近视并未对原告的基本生活能力造成实质性损害,故原告不属于受《残疾人保护法》保护的残疾人。

综上所述,萨顿诉美国联合航空公司案的主要争议焦点为:如何认定原告的先天性近视是否对其基本生活能力造成了实质性损害,即是在考虑矫正措施的情况下进行认定,还是在不考虑矫正措施的情况下进行认定?面对控辩双方针锋相对的观点,联邦最高法院桑德拉·奥康纳大法官代表审理此案的多数法官发表法庭意见认为,出于对《残疾人保护法》立法史和立法文本的尊重,应当在考虑矫正措施(配戴框架眼镜或隐形眼镜)的情况下对原告的基本生活能力是否受到实质性损害进行认定,理由如下:第一,该法在定义残疾时所使用的“实质性损害”的措辞要求我们考虑原告本人目前实际上所遭受的生理上的或者精神上的损害,而非对原告未来可能遭受的损害进行推测。对此,桑德拉·奥康纳大法官进一步指出:若不考虑矫正或者改善措施,所有的糖尿病患者都是《残疾人保护法》中的残疾人,这是因为如果糖尿病患者不合理用药,他们的基本生活能力都会受到严重损害。然而事实表明,只要科学使用药物,糖尿病患者的基本生活能力并没有遭受实质性损害。第二,在不考虑矫正措施的情况下认定原告是否属于《残疾人保护法》中的残疾人不符合该法的立法史。这是因为国会在颁行1990年《残疾人保护法》时曾明确申明:“有4300万美国人患有一种以上的生理或者精神上的残疾,且随着人口老龄化的加剧,这个数字还在增加”(该表述被2008年《残疾人保护法》修正案删除)。[③] 对此,桑德拉·奥康纳大法官认为,国会在提及《残疾人保护法》中的残疾人的数

① 29 C.F.R. § 1630.2(j).

② 28 C.F.R. § 35.104.

③ 42 U.S.C. §12101(a)(1) (1990).

量时使用了"4300 万"这个十分保守的数字,这表明国会在颁行该法时并没有将那些可矫正的残疾情形纳入其保护范围。这是因为若不考虑矫正或者改善措施的实际效果,患有残疾的美国人的数量远远超过了 4300 万。依此逻辑,桑德拉·奥康纳大法官强调:国会提及的这 4300 万受该法保护的残疾人指的是即使通过矫正或缓解,其基本生活能力也依然受到实质性损害的个人。基于以上法庭意见,联邦最高法院最终作出了维持上诉法院判决的决定。

虽然萨顿诉美国联合航空公司案中的被告出于公共安全的需要以原告视力不达标为由拒绝雇佣原告具有合理性,但联邦最高法院在认定《残疾人保护法》中"残疾"的定义时所采用的路径——在考虑矫正措施的情况下认定原告的基本生活能力是否受到实质性损害——无疑对依据该法提起诉讼的原告产生了较大的负面影响。有观点指出,司法实践表明萨顿诉美国联合航空公司案对因患有某种疾病(如糖尿病、高血压、哮喘、听力障碍)而依据《残疾人保护法》提起诉讼的原告造成了毁灭性打击:如果通过药物治疗或者借助医疗器具可以消除或缓解他们的病状,那么他们就不受《残疾人保护法》的保护;如果药物和医疗器具不能缓解他们的病状,那么雇主可能会以"不胜任工作"为由对他们进行惩罚。①

与萨顿诉美国联合航空公司案的司法效果异曲同工的是,联邦最高法院在 2002 年审结的丰田汽车制造公司诉威廉姆斯(Toyota Motor Manufacturing, Kentucky, Inc. v. Williams)②案中再次以"原告雇员不符合《残疾人保护》法中残疾的定义"为由拒绝对原告进行保护。该案中,被上诉人(一审原告)艾拉·威廉姆斯(Ella Williams)从 1990 年起在上诉人(一审被告)丰田汽车制造公司位于肯塔基州乔治城的工厂工作,起初主要负责操作生产线上的气动设备。入职一段时间后,艾拉·威廉姆斯因手腕和胳膊疼痛而就医,并被诊断为患有腕管综合征以及肌腱炎。鉴于此,艾拉·威廉姆斯以"上肢活动能力受限"为由,要求丰田汽车制造公司对其工作岗位进行调整。虽然丰田汽车制造公司多次对其工作岗位进行调整,但艾拉·威廉姆斯均不满意调岗后的工作任务,并为此而两次将对方告上法院。几经周折后,丰田汽车制造公司最终同意将其调岗至仅须对

---

① Mark A. Rothstein, Lance Liebman, Kimberly A. Yuracko, Charlotte Garden, *Employment Law: Cases and Materials* (Ninth Edition), Thomson Reuters/Foundation Press, 2020, p. 444-445.

② Toyota Motor Manufacturing, Kentucky, Inc. v. Williams, 534 U. S. 184 (2002).

汽车外观进行检查的质检部门工作。然而在1996年秋季，丰田汽车制造公司再次调整了艾拉·威廉姆斯的工作内容，即要求她额外从事一些需要用到腕关节和肘关节的体力劳动。于是，艾拉·威廉姆斯因无法胜任新的工作任务而于1997年被解雇。被解雇后，艾拉·威廉姆斯向公平就业机会委员会投诉。公平就业机会委员会调解无果后，艾拉·威廉姆斯遂向肯塔基州东部地区法院提起诉讼，声称丰田汽车制造公司未针对自己的残疾情形尽到合理调整工作岗位的义务且将自己解雇，公司的这些行为违反了《残疾人保护法》及《肯塔基民权法》。一审过程中，地区法院以“艾拉·威廉姆斯所患的腕管综合征以及肌腱炎并未对其基本生活能力造成实质性损害，因而不属于受法律保护的残疾”为由判决其败诉。艾拉·威廉姆斯不服，遂向第六巡回上诉法院提起上诉。二审过程中，上诉法院查明，因患有腕管综合征以及肌腱炎，艾拉·威廉姆斯无法从事包括搬举超过20磅重的物品、长时间手持设备作业或反复将手臂伸举至超过肩膀高度在内的特定类型的体力工作。因此，上诉法院以“艾拉·威廉姆斯在工作岗位上从事体力劳动的障碍属于其基本生活能力方面受到的实质性损害”为由撤销了一审法院的部分判决，进而支持了艾拉·威廉姆斯的部分诉讼请求。丰田汽车制造公司不服，最终上诉至联邦最高法院。

由此观之，本案的主要争议焦点在于如何理解《残疾人保护法》在对“残疾”进行定义时所使用的“个人基本生活能力”这个概念。终审过程中，联邦最高法院桑德拉·奥康纳大法官代表审理本案的全体法官发表了法庭意见。法庭意见认为，第六巡回上诉法院采用了错误的标准对“个人基本生活能力”这个概念进行扩张解释，主要理由如下：《残疾人保护法》中的“个人基本生活能力”指的是个人日常生活中最基本最核心的生活能力。上诉法院仅考虑了艾拉·威廉姆斯因患腕管综合征以及肌腱炎而不能从事某些有限类型的体力工作情形，而并未分析这种疾病在对其工作能力造成限制的同时是否也对其基本的日常核心生活能力造成了限制。据此，桑德拉·奥康纳大法官进一步指出，基本生活能力指的是对人们日常生活起到核心作用的能力，如走、看、听等。依此理解，艾拉·威廉姆斯在工作方面受到的某些限制（如不能搬举超过20磅重的物品、不能长时间手持设备作业、不能反复将手臂伸展至超过肩膀的高度）并不等同于其基本生活能力遭受实质性损害。基于该法庭意见，联邦最高法院作出了有利于丰田汽车制造公司的结论，进而撤销了上诉法院的判决，并要求上诉法院依据该意见对本案进行重审。

综上可知，萨顿诉美国联合航空公司案和丰田汽车制造公司诉威廉姆斯案反映了1990年《残疾人保护法》立法概念的缺失以及法律文本的模糊在司法实践中暴露出的种种缺陷，并在很大程度上妨碍了残疾人求职者和雇员行使该法中的公平就业机会权利。意识到上述缺陷后，美国国会于2008年颁布了《残疾人保护法》修正案。[①] 2008年《残疾人保护法》修正案在推翻萨顿诉美国联合航空公司案和丰田汽车制造公司诉威廉姆斯案的基础上填补了若干法律漏洞。为扩大该法的保护范围，2008年《残疾人保护法》修正案第3(4)(A)条规定："本法中残疾的定义应当以有利于尽量覆盖本法中的个人的方式进行解释，只要这种解释在本法条款允许的最大范围内。"就萨顿诉美国联合航空公司案而言，该修正案第3(4)(E)(i)(I)条规定："应当在不考虑矫正措施的改善效果的情况下认定个人的基本生活能力是否受到实质性损害，这些矫正措施包括：药物，医疗用品、医疗设备或器材，视障装置(不包括普通的框架眼镜或者隐形眼镜)，包括假肢在内的假体，助听器和人工耳蜗或其他听力植入设备，行动设备或输氧设备。"从上述条款可知，虽然该修正案明确规定应当在不考虑矫正设备或措施的情况下对原告个人的基本生活能力是否受到实质性损害进行认定，但其同时也专门对"普通的框架眼镜或者隐形眼镜"作出了特别规定，故2008年《残疾人保护法》修正案仅推翻了联邦最高法院在审理萨顿诉美国联合航空公司案时所采用的技术路径，而并未推翻该案的判决结果；就丰田汽车制造公司诉威廉姆斯案而言，2008年《残疾人保护法》修正案对该案中的"基本生活能力"概念进行了大幅度扩充。2008年《残疾人保护法》修正案第3(2)条规定："一般的基本生活能力包括但不限于：照顾自己，从事体力活动，看，听，吃，睡，走路，站立，搬举，弯腰，说话，呼吸，学习，阅读，集中注意力，思考，交流和工作。基本生活能力还包括但不限于以下主要的身体机能：免疫，正常的细胞增长，消化，肠功能，膀胱功能，神经功能，脑功能，呼吸，血液循环，内分泌和生殖功能。"此外，2008年《残疾人保护法》修正案还对《残疾人保护法》的其他一些细节问题作出了完善。例如，将事实上或被预期持续时间不到6个月的损害定义为"轻微的和暂时的损害"，并将其排除在该法的保护范围之外；将该法中残疾的定义扩展至发作时会对基本生活能力造成实质性限制的偶发性疾病(如癫痫)。

---

① ADA Amendments Act of 2008, P. L. 110-325 (2008).

值得注意的是，虽然2008年《残疾人保护法》修正案在一定程度上弥补了若干法律漏洞，并扩大了该法的保护范围，但其可操作性依然有待加强。具体而言，囿于"被认为具有这种缺陷""工作岗位的核心职能""作出合理调整"等概念的不确定性，受该法保护的情形（患有对基本生活能力造成实质性损害的疾病或缺陷，但在雇主作出合理调整的情况下不影响求职者或雇员履行工作岗位的核心职能）和不受该法保护的情形（患有未对基本生活能力造成实质性损害的轻微疾病或缺陷，或者患有严重疾病或缺陷以至于在雇主作出合理调整的情况下也不能履行工作岗位的核心职能）之间的界限依然模糊，[①]致使《残疾人保护法》中的反就业歧视制度在司法实践中缺乏可操作性。这主要表现为，对于不同个体而言，每种疾病或者缺陷的严重程度和实际影响各不相同，故该法对于求职者、雇员、雇主和法院判断特定个人是否受到该法保护缺乏明确的指引。[②]

四、非诉讼方式解决就业歧视纠纷的缺陷

除《民权法》第七篇、《反就业年龄歧视法》以及《残疾人保护法》在立法层面和司法层面暴露出的弊端外，当前美国反就业歧视制度在具体实施过程中存在的主要缺陷还表现为过度依赖非诉讼方式解决就业歧视纠纷，削弱了反就业歧视制度的威慑和指引功能。鉴于以下原因，目前有越来越多的求职者或雇员选择包括仲裁在内的非诉讼方式解决就业歧视纠纷。首先，如本章第一节第二部分所述，20世纪末21世纪初以来，鉴于美国法院对提起就业歧视诉讼的原告普遍持怀疑态度的司法环境以及反就业歧视制度在方法论层面上存在缺陷，原告在反就业歧视诉讼案件中的胜诉率每况愈下。受此影响，那些认为自己在工作场所中受到不平等对待的求职者或雇员越来越倾向于放弃向法院提起诉讼，并转而选择通过仲裁的方式寻求法律救济。其次，"司法诉讼固有的举证责任过重、经济成本过高以及时间过长等特征使得人们整体上偏向于选择通过非诉讼方式解决纠纷，尤其是对于解决劳动纠纷而言。较之于向法院提起诉讼，调解和仲裁为劳动纠纷中的原告及其律师在更短时间内以更低成本获

---

① 有关《残疾人保护法》中"工作岗位的核心职能"概念的论述见本书第四章第一节第一部分。

② Mark A. Rothstein, Lance Liebman, Kimberly A. Yuracko, Charlotte Garden, *Employment Law: Cases and Materials* (Ninth Edition), Thomson Reuters/Foundation Press, 2020, p. 448.

得法律救济带来了希望”。[①] 最后，自20世纪90年代以来，联邦最高法院先后在吉尔默诉强生州际金融服务公司(Gilmer v. Interstate/Johnson Lane Corporation)案、[②]环城百货公司诉亚当斯(Circuit City Stores, Inc. v. Adams)案、[③]第十四佩恩广场有限公司诉博尔特(14 Penn Plaza L. L.

---

① ADR News, *Employment Discrimination Plaintiffs do Poorly in Federal Court, Study Says*, Dispute Resolution Journal, Vol. 63, (2008-2009), p. 9.

② 在该案中，被告强生州际金融服务公司要求原告罗伯特·吉尔默(Robert Gilmer)向纽约证券交易所申请注册登记为证券交易从业人员。原告提交给纽约证券交易所的申请材料中含有一份仲裁协议。该仲裁协议约定，涉及证券交易从业人员的任何劳动纠纷都应当通过仲裁解决。原告在年满62周岁时被解雇，并先后向公平就业机会委员会和地区法院提出控诉，指控被告实施的解雇行为违反了《反就业年龄歧视法》。一审过程中，被告依据原告同纽约证券交易所签订的仲裁协议以及《联邦仲裁法》(Federal Arbitration Act)声称地区法院对本案不具有管辖权，并请求驳回原告的诉讼请求。地区法院基于以下理由判决原告胜诉：第一，在联邦最高法院之前判决的一个类似判例中，集体劳动合同中的仲裁条款并不能排除雇员依据《民权法》第七篇向法院提起诉讼的权利；第二，国会具有保护雇员依据《反就业年龄歧视法》向法院提起诉讼的意图。被告不服，遂上诉至第四巡回上诉法院。然而在二审过程中，上诉法院撤销了一审法院的判决。原告不服，最终上诉至联邦最高法院。终审过程中，联邦最高法院基于以下几点理由维持了二审法院的判决：首先，《联邦仲裁法》体现了一项鼓励仲裁的联邦政策，且《反就业歧视法》的立法史以及法律文本均未明确排除仲裁，所以原告应当遵守仲裁协议，除非有证据证明仲裁和《反就业歧视法》的立法目的之间存在内在冲突。其次，鉴于仲裁和诉讼都可以通过解决当事人之间的具体纠纷而消除就业歧视，并对受害者提供救济，所以适用《反就业年龄歧视法》和执行仲裁协议在社会政策层面并不存在冲突。再次，没有证据表明原告是在受到强迫、欺骗的情况下签署该仲裁协议，且仲裁员有能力公平、公正地解决年龄歧视纠纷。最后，在原告援引的先例中，法院只是认为集体合同中的仲裁条款不能排除雇员日后享有的向法院提起诉讼的权利。然而与该先例不同的是，本案中涉及的是原告个人与雇主签署的仲裁条款是否有效。See Gilmer v. Interstate/Johnson Lane Corporation, 500 U. S. 20 (1991).

③ 在该案中，原告(二审上诉人)克莱尔·亚当斯(Clair Adams)于1995年入职被告(二审被上诉人)环城百货公司，担任销售顾问。含有原告签名的入职申请表声明：所有类型的劳动纠纷都应当通过仲裁方式解决。1997年，原告以性骚扰、打击报复、性别歧视为由向加利福尼亚州州法院提起诉讼，指控被告违反了《加利福尼亚州公平就业和居住法》(California Fair Employment and Housing Act)。被告则向加利福尼亚州北部地区联邦法院提出管辖异议，并请求联邦法院依据《联邦仲裁法》判决原告执行仲裁协议。地区法院以“克莱尔·亚当斯受到仲裁协议约束”为由，支持了环城百货公司的诉讼请求。克莱尔·亚当斯不服，遂上诉至第九巡回上诉法院。二审过程中，上诉法院认为，由于《联邦仲裁法》第一条明文规定该法不适用于“海员、铁路雇员或者任何从事国外或州际贸易的劳工的劳动合同”，故本案中双方当事人在劳动合同中约定的仲裁协议并不属于《联邦仲裁法》的调整范围，并因此撤销了一审法院的判决。被告不服，最终上诉至联邦最高法院。终审过程中，联邦最高法院以“《联邦仲裁法》第一条规定的豁免情形仅适用于交通运输行业的劳工”为由，撤销了二审法院的判决，从而最终作出结论认定，克莱尔·亚当斯应当先通过仲裁的方式处理劳动纠纷。See Circuit City Stores, Inc. v. Adams, 532 U. S. 105 (2001).

C. v. Pyett)案[①]中确立了支持雇员以仲裁方式解决就业歧视纠纷的判例法制度;鉴于上述缘由,美国目前大约有70%的就业歧视纠纷通过非诉讼方式解决。[②] 然而值得注意的是,随着越来越多的雇员选择通过包括仲裁在内的非诉讼方式解决就业歧视纠纷,反就业歧视制度的威慑和指引功能不断被弱化,从而在一定程度上助长了劳动力市场上的就业歧视风气。

首先,大量就业歧视纠纷涌入仲裁渠道恐深化法官对向法院提起就业歧视诉讼的原告的敌意,从而进一步增加了雇员在就业歧视诉讼中胜诉的难度。如本章第一节第二部分所述,美国法官如今普遍对反就业歧视诉讼中的原告持怀疑态度。这是因为,一方面,虽然目前美国劳动力市场上的隐性就业歧视问题仍层出不穷,但囿于隐性就业歧视现象的隐蔽性和复杂性,其往往入不了陪审团和法官的法眼;另一方面,由于公然的、易于察觉和识别的显性就业歧视行为客观上确实已得到有效控制,这在一定程度上给司法机关留下了劳动力市场上的就业歧视行为已被彻底消除的不实印象。受此影响,越来越多的法官目前倾向于认为就业歧视是少数一些离经叛道的雇主实施的较为罕见的非正常行为。换言之,司法机关甚至整个社会越来越倾向于将就业歧视行为视为个案或者较为反常的行为。在这种社会氛围中,美国法官如今普遍对提起就业歧视指控的原告持不信任态度。受包括仲裁在内的非诉讼纠纷解决方式对司法诉讼产生的挤出效应影响,美国法院如今处理的就业歧视案件的数量进一步下降。与诉讼程序不同的是,仲裁程序的整个过程和结果一般不对外界公开。由此可知,越来越多的就业歧视纠纷涌入仲裁渠道且不为外界所知晓进一步让法官产生了"就业歧视行为较为罕见"的错觉,并因此而深化了法官对提起反就业歧视诉讼的原告的敌意。[③]

---

① 在该案中,包括史蒂文·博尔特(Steven Pyett)在内的一些雇员因怀疑被告第十四佩恩广场有限公司基于年龄因素把自己调整至更差的工作岗位而依据《反就业年龄歧视法》向纽约南部地区法院提起诉讼。一审过程中,被告抗辩认为:由于覆盖原告方的集体劳动合同明确约定所有有关年龄歧视的纠纷必须通过仲裁处理,所以原告方没有权利在未经仲裁的情况下先行向联邦法院提起诉讼。然而,地区法院以"集体合同中的仲裁条款不合理"为由,作出了支持原告方的判决。被告不服,遂上诉至第二巡回上诉法院。二审过程中,上诉法院以"当事人就法定诉讼请求权而达成的仲裁协议不具有可实施性"为由,维持了一审判决。被告依然不服,最终上诉至联邦最高法院。终审过程中,联邦最高法院撤销了二审法院的判决,并作出结论认为,双方当事人在集体合同中清晰无误地就通过仲裁方式处理年龄歧视纠纷达成的约定具有法律约束力。See 14 Penn Plaza L. L. C. v. Pyett, 556 U. S. 247 (2009).

② Minna J. Kotkin, *Invisible Settlements*, *Invisible Discrimination*, North Carolina Law Review, Vol. 84, (2006), p. 970.

③ Stephen Plass, *Private Dispute Resolution and the Future of Institutional Workplace Discrimination*, Howard Law Journal, Vol. 54, (2010), p. 59.

其次,仲裁程序的保密性致使社会舆论监督机制对雇主产生的威慑力下降,从而不利于根除劳动力市场上的就业歧视行为。一般而言,在不涉及当事人隐私和商业秘密的情况下,法院会将诉讼程序的过程和结果对外界公开,从而有利于社会公众对不法行为进行评价与监督。与此相反的是,保密是仲裁程序的常态。详言之,雇主和雇员签署的仲裁协议中常常含有禁止后者向外界披露仲裁事项和仲裁程序的保密条款,“这会使得雇主得以隐瞒一些严重的不法行为,尤其是性骚扰”。[①] 面对强大的社会舆论监督机制,美国雇主普遍较为珍惜自身的社会形象,且就业歧视行为对企业的社会形象有着巨大的负面影响。事实表明,一旦被公众打上就业歧视标签,无论该标签的真实性如何,雇主都很难轻易将其抹去,并常常将因此而在销售、融资、招聘方面承受不利后果。[②] 然而,由于仲裁程序的过程和结果并不为媒体和公众知晓,涉嫌实施违法就业歧视行为的雇主难以迫于社会舆论监督机制的威慑而主动消除就业歧视现象。

最后,越来越多的雇员选择通过仲裁的方式解决就业歧视纠纷不利于实现反就业歧视制度中承载的社会公共利益。在处理就业歧视纠纷的仲裁程序中,虽然仲裁裁决能起到赔偿特定受害者以及惩罚特定雇主之作用,但需要注意的是,反就业歧视制度所保护的法益既包括雇员个人的公平就业机会权利,也包括营造一个就业机会公平的社会环境。对此,联邦最高法院早在1971年审理格里格斯诉杜克电力公司案时便强调《民权法》第七篇的根本目的是:“通过消除过去存在的对白人雇员群体或者其他雇员群体进行优待的这种阻碍公平就业机会的障碍,从而实现就业机会平等。当这些障碍不公平地对种族或者其他不被许可的特征进行歧视时,国会要求消除这些人为的、恣意的和不必要的就业障碍。”[③]依此理解,虽然仲裁裁决可以对遭受就业歧视行为侵害的雇员提供法律救济,但囿于仲裁程序难以通过社会舆论监督机制对整个劳动力市场形成强有力的威慑,涉案的雇主并没有足够的动力进行自我反省,且对其他雇主也难以起到杀鸡儆猴之功效。申言之,通过仲裁程序不公开地处理就业歧视纠纷难以营造一个就业机会公平的社会环境,无助于维护反就业歧视制度承载的社会公共利益。这是因为“由于没有公众的密切监视和控制……尽管在法院外解

---

① Mark A. Rothstein, Lance Liebman, Kimberly A. Yuracko, Charlotte Garden, *Employment Law: Cases and Materials* (Ninth Edition), Thomson Reuters/Foundation Press, 2020, p. 76.

② Stephen Plass, *Private Dispute Resolution and the Future of Institutional Workplace Discrimination*, Howard Law Journal, Vol. 54, (2010), p. 75.

③ Griggs v. Duke Power Company, 401 U. S. 424, 429-431 (1971).

决争议有一些益处，但其中某些方法可能导致对公益的严重损害”。[①] 诚如美国圣托马斯大学法学教授史蒂芬·普拉斯（Stephen Plass）所言：“公众持续对就业歧视行为进行谴责是公平就业运动的基础和生命线。这种运动提醒了雇主，歧视是违法的，接受多元化是有好处的。对诉讼、抗议和抵制运动进行宣传不仅将迫使雇主纠正现在的问题，还会促使雇主采取一些措施去发掘少数族群的才能。这些措施除了能对少数的受害者提供救济外，还将使所有劳工受益，并体现了对工作场所中的歧视文化进行改变的最大可能。私人化解决就业歧视纠纷隐藏了雇主的身份、指控的事实、解决纠纷的方案，导致雇主没有动机进行自我反省，因而难以根除工作场所中的歧视。”[②]

第三节　美国反就业歧视制度的启示

美国是当代主要工业化国家中公认就业歧视现象最普遍、形势最复杂、危害后果最严重的国家。美国的就业歧视问题有着深厚的历史、法律以及社会基础，[③]并深受政治因素影响。自内战结束以来，美国社会经历了近100年的反就业歧视制度供给真空。国会在20世纪60年代颁行的《工资平等法》、《民权法》第七篇以及《反就业年龄歧视法》拉开了美国反就业歧视联邦立法的序幕，结束了就业歧视行为长期无法可依的历史。[④] 20世纪70年代，联邦最高法院先后通过审理舒尔茨诉惠顿玻璃公司案、格里格斯诉杜克电力公司案、麦道飞机制造公司诉格林案、美国钢铁工人联合工会诉韦伯案，[⑤]在判例法层面进一步丰富和发展了美国反就业歧视制度的内涵。20世纪80年代，一方面，深受以罗纳德·里根总统为代表的政治保守派势力的影响，美国反就业歧视制度遭遇了明显的收缩；[⑥]另一方面，因对雇主实施就业歧视行为的动机以及损害后果有了更全面的认识和理解，联邦最高法院在这一时期也对反就业歧视制度进行了一定程度的创新。[⑦] 20世纪90年代至今，美国反就业歧视制度呈现出“以整体扩张为

---

① ［美］H. W. 亨利·埃尔曼：《比较法律文化》，高鸿钧等译，清华大学出版社2002年版，第206页。

② Stephen Plass, *Private Dispute Resolution and the Future of Institutional Workplace Discrimination*, Howard Law Journal, Vol. 54, (2010), p. 81.

③ 有关美国就业歧视的历史、法律和社会基础的论述详见本书第一章第一、二、三节。

④ 这三部联邦立法的内容详见本书第二章第一、二、三节。

⑤ 这四个案件的内容详见本书第二章第五节。

⑥ 有关20世纪80年代美国反就业歧视制度收缩的论述详见本书第三章第一、二节。

⑦ 有关20世纪80年代美国反就业歧视制度创新的论述详见本书第三章第三、四节。

主、局部回调为辅”的发展趋势。[①] 时至今日，历经60余载的演变和发展，美国反就业歧视制度已相对较为成熟和稳定，其在成文法和判例法层面积累了许多可供我国参考或反思的宝贵经验和教训。但诚如美国达特茅斯学院(Dartmouth College)法学教授亨利·埃尔曼(Henry Ehrmann)所言:“比较研究永远不应该导致盲目地模仿外国的模式。但是，对外国的积极或消极经验的全面了解以及客观评价却很有必要，它将有助于人们分析在自己国家中所遇到的一些问题。”[②]

一、公平就业机会权利的广度和深度持续扩充

如前文所述，美国反就业歧视制度发轫于20世纪60年代，成熟于20世纪70年代，在20世纪80年代经历收缩的同时也被赋予了一定的新意，并最终在20世纪90年代至今形成了“以整体扩张为主、局部回调为辅”的基本格局。历经60余载的演变和发展，美国反就业歧视制度的第一个显著特征便是随着该制度在成文法和判例法层面的不断发展和完备，美国求职者和雇员享有的公平就业机会权利的广度和深度持续扩充。

在成文法层面，1963年《工资平等法》以“男女同工同酬”为切入点，首开联邦立法规制性别就业歧视行为之先河；1964年《民权法》第七篇禁止雇主基于种族、肤色、宗教、性别以及出生地因素在招聘、劳动报酬、工作条件和待遇等方面对求职者和雇员进行歧视，从而奠定了现代美国反就业歧视制度的基础；1967年国会以《民权法》第七篇为模板，通过颁行《反就业年龄歧视法》将年龄因素纳入美国反就业歧视制度的保护范畴；1978年《反怀孕歧视法》修正了《民权法》第七篇中有关性别歧视的相关内容，使得被法律禁止的性别歧视行为涵盖歧视女性怀孕以及分娩等情形；1990年《残疾人保护法》除对雇主施加了不得对残疾人实施就业歧视行为之消极不作为义务外，还对雇主施加了应当为有残疾的求职者和雇员主动作出合理调整之积极作为义务，因而被誉为第二代民权法；1991年《民权法》修正案以成文法的形式对区别影响型歧视指控理论的具体内容加以明确，吸收了普华会计师事务所诉霍普金斯案中的混合动机理论，并将多数法官支持的实质因素标准修改为激发因素标准，从而降低了雇员在区别对待型混合动机歧视指控中的举证责任，且扩大了雇员请求陪审团对就业歧视行为进行裁决的事由范围以及雇主支付补偿性损害赔偿金和惩罚性损害赔偿

① 有关20世纪90年代至今美国反就业歧视制度整体扩张和局部回调的论述详见本书第四章。

② [美]H. W. 埃尔曼:《比较法律文化》，高鸿钧等译，清华大学出版社2002年版，“序言”第14页。

金的范围。进入 21 世纪以来,甚至在雇主并未普遍基于基因信息而实施就业歧视行为的背景下,2008 年《反基因信息歧视法》首次采用“先发制人”式的立法逻辑前瞻性地对未来劳动力市场上可能大范围出现的基因信息歧视行为提前进行规制,从而开启了第三代反就业歧视联邦立法模式。

综上可知,美国反就业歧视制度在成文法层面对求职者和雇员享有的公平就业机会权利的广度和深度进行了持续性扩充。就公平就业机会权利的广度而言,反就业歧视联邦立法不断扩张求职者和雇员具有的受法律保护的身份特征因素范围。具体而言,其扩张进程如下:1963 年《工资平等法》禁止劳动报酬性别歧视→1964 年《民权法》第七篇在劳动关系全过程禁止种族、肤色、宗教、性别、出生地歧视→1967 年《反就业年龄歧视法》禁止年龄歧视→1990 年《残疾人保护法》禁止残疾歧视→2008 年《反基因信息歧视法》禁止基因信息歧视。由此观之,美国反就业歧视联邦立法目前禁止雇主基于种族、肤色、宗教、性别、出生地、年龄、残疾、基因信息因素实施就业歧视行为。此外,上述这些联邦立法均含有禁止报复条款,即禁止雇主因为雇员实施抵制行为或参与行为而进行打击报复。[①] 综上,美国反就业歧视联邦立法目前总共禁止雇主实施九种类型的就业歧视行为。就反就业歧视联邦立法中公平就业机会权利的深度而言,违法性别就业歧视行为的外延被不断扩大:1963 年《工资平等法》以禁止男女同工不同酬为切入点首开联邦立法禁止性别就业歧视之先河→1964 年《民权法》第七篇将禁止性别就业歧视的范畴扩张至招聘、劳动报酬、工作条件和待遇等情形→1978 年《反怀孕歧视法》将怀孕以及分娩等情形纳入被《民权法》第七篇禁止的违法性别歧视范畴。

需要说明的是,国会在 1964 年《民权法》第七篇中表达了鼓励各州采取措施消除就业歧视行为的立法意图。例如,该法第 708 条明文规定:“本法中的任何内容均不得被视为免除或减轻任何州或州的政治分支机构现在或未来的法律对任何人施加的任何责任、义务、刑罚或惩罚……”[②]受此影响,除联邦层面的反就业歧视立法外,美国各州还热衷于结合自身的实际情况对本州雇员的公平就业机会权利提供若干额外的保护。据统计,目前美国有超过一半的州颁行了“禁止私人部门中的雇主因为雇员从事政治活动而对其实施就业歧视行为”的州法。还有一些州禁止雇主因为雇员获得了社会救助(如明尼苏达州),或者因为雇员提起家庭暴力指控(如罗得

① 有关禁止报复条款内容的论述详见本书第四章第二节第二部分。

② 42 U. S. C. § 2000e-7.

岛州),或者因为雇员的婚姻状况而对其实施就业歧视行为。[①] 另有少部分州或地区禁止雇主因为雇员的学历(如哥伦比亚特区)、逮捕和法庭记录(如纽约州)、服兵役情况(如新泽西州)、信用记录(如佛蒙特州)实施就业歧视行为。[②]

在判例法层面,联邦最高法院在适用反就业歧视联邦立法的过程中通过确立若干判例法制度而不断丰富和细化公平就业机会权利的具体内容。联邦最高法院在1971年审结的格里格斯诉杜克电力公司案中创制了区别影响型歧视指控理论,允许雇员在未证明雇主具有主观歧视意图的情形下凭借客观统计数据指控雇主实施的表面上中性的标准或政策对受法律保护的特定雇员群体在事实上造成了有害影响。当雇主无法证明这些标准或政策同工作职责合理相关且具有商业必要性时,法院可认定雇主实施的这些表面上中性的标准或政策违反了《民权法》第七篇。[③] 两年后,联邦最高法院在1973年审结的麦道飞机制造公司诉格林案中创制了适用范围更广的区别对待型歧视指控理论,并在该案中建立了一个依次含有三个步骤的举证责任转移机制:首先,原告应当通过证明以下事实向法院提供雇主实施了歧视行为的初步证据:第一,原告受到《民权法》第七篇的保护;第二,原告符合被告招聘的岗位的要求,并向被告申请了该工作岗位;第三,被告没有雇佣原告;第四,该工作岗位依然空缺,且被告继续招聘和原告条件相似的其他求职者。一旦原告尽到了提供该初步证据之举证责任义务,则可获得一个可推翻的雇主实施了歧视行为的推定,并由此将举证责任转移至雇主。其次,雇主应当提供一个合法的非歧视性的拒绝雇佣原告的理由。若雇主尽到该举证责任,举证责任则再次转移至原告。最后,原告应当承担最终的举证责任证明雇主提供的理由是借口,且真实的理由是歧视性质的。[④] 1979年,联邦最高法院在美国钢铁工人联合工会诉韦伯案中首次回应了雇主通过实施积极行动计划而主动遵守《民权法》第七篇的情形。联邦最高法院认为,当雇主自愿实施的积极行动计划同时满足以下条件时,该逆向歧视行为并不违反《民权法》第七篇:(1)必要性,即雇主劳动力结构中存在明显的种族比例失衡;(2)目的合理性,即积极行

---

① Mark A. Rothstein, Lance Liebman, Kimberly A. Yuracko, Charlotte Garden, *Employment Law: Cases and Materials* (Ninth Edition), Thomson Reuters/Foundation Press, 2020, p. 961.

② 卢杰锋:《美国反就业歧视法律制度研究——原理与案例》,法律出版社2021年版,第19~24页。

③ 有关格里格斯诉杜克电力公司案的论述详见本书第二章第五节第三部分。

④ 有关麦道飞机制造公司诉格林案的论述详见本书第二章第五节第二部分。

动计划是为了纠正劳动力结构中的种族比例失衡；(3)手段适当性，即雇主没有完全禁止招聘或者接收非少数族群劳工；(4)临时性，即该积极行动计划具有具体的结束日期或者结束条件；(5)灵活性，即允许雇主在招聘和接收非少数族群劳工时有所变通。① 1986年，联邦最高法院在审理美驰储蓄银行诉文森案中首次认定雇员遭受经济损失并非认定雇主违反《民权法》第七篇的必要条件，由职场性骚扰行为导致的有害工作环境同样构成被《民权法》第七篇禁止的性别歧视行为，从而在判例法层面再次扩张了性别就业歧视概念的外延。② 1989年联邦最高法院在普华会计师事务所诉霍普金斯案中认定，雇主的决策行为既具有合法的非歧视性动机，也具有违法的歧视性动机，从而在区别对待型歧视指控中创制了更符合现代人力资源管理实践以及对雇员举证责任要求更低的混合动机理论。③ 2003年联邦最高法院在沙漠皇宫公司诉科斯塔案中认定，提供关于歧视行为的直接证据并非原告依据《民权法》第七篇获得混合动机型陪审团指引的必要条件，从而进一步降低了原告依据《民权法》第七篇提起区别对待型就业歧视诉讼的举证责任。④ 进入21世纪以来，联邦最高法院先后在3个案件中强化了对雇主打击报复行为进行规制的力度。首先，在2006年审结的伯灵顿北方圣达菲铁路公司诉怀特案中，联邦最高法院在判例法层面降低了禁止雇主报复条款的损害后果要件标准，从而允许遭受雇主打击报复行为侵害但未蒙受直接经济损失的原告依据《民权法》第七篇中的抵制条款或参与条款向法院提起诉讼。其次，在2009年审结的克劳福德诉纳什维尔和戴维森县政府案中，联邦最高法院扩充了抵制条款的行为模式类型，将之前没有主动针对就业歧视行为进行过投诉，甚至之前没有明确对就业歧视行为表达过担忧或者不悦，但在雇主内部调查程序中提供了就业歧视证据的雇员纳入抵制条款的保护范畴内。最后，在2011年审结的汤普森诉北美不锈钢公司案中，联邦最高法院再次扩大了反就业歧视制度对雇主打击报复行为的规制范围，从而使在特定条件下并未实施抵制行为或参与行为的第三人也有权利依据《民权法》第七篇中的禁止雇主报复条款向法院提起诉讼。该案体现了联邦最高法院在禁止雇主打击报复这个问题上的最新立场，即如果第三人因自己的亲人或者有亲密关系的人之前曾针对就业歧视问题在公司内部进行过投诉，或者向公平就业机会委员会提

① 有关美国钢铁工人联合工会诉韦伯案的论述详见本书第二章第五节第四部分。

② 有关美驰储蓄银行诉文森案的论述详见本书第三章第四节。

③ 有关普华会计师事务所诉霍普金斯案的论述详见本书第三章第三节。

④ 有关沙漠皇宫公司诉科斯塔案的论述详见本书第四章第二节第一部分。

出过指控,或者向法院提起过诉讼而遭受雇主打击报复,那么该第三人也受到法律保护。[①] 此外,联邦最高法院在2020年6月15日合并审理的博斯托克诉克莱顿县案、高空跳伞公司诉扎尔达案以及哈里斯丧葬公司诉公平就业机会委员会案中,正式将女同性恋者、男同性恋者、双性恋者和变性者等跨性别群体纳入《民权法》第七篇的保护范畴,从而再一次在判例法层面对"性别就业歧视"概念的外延进行了重要扩张。这三个案件标志着跨性别群体数十年以来为争取权利平等而进行斗争的一次重大胜利,充分彰显了联邦最高法院维护求职者和雇员公平就业机会权利的决心和勇气。[②]

综上可知,在美国反就业歧视制度60余载的发展进程中,雇员享有的公平就业机会权利的广度和深度持续得到强化,就业歧视概念的具体内容不断被细化和扩张。时至今日,美国反就业歧视制度为劳动力市场上的求职者和雇员提供了立体的、多元的、综合性的公平就业机会权利保障机制,在一定程度上对就业歧视起到了力挽狂澜之功效。以禁止性别就业歧视为例,美国反就业歧视制度在成文法和判例法层面的发展进程淋漓尽致地体现了美国公平就业机会权利体系的发展和完备:1963年《工资平等法》以"男女同工同酬"为切入点首开联邦立法禁止性别歧视之先河→1964年《民权法》第七篇将禁止性别歧视的范畴全面扩张至招聘、劳动报酬、工作条件和待遇等情形→1978年《反怀孕歧视法》将怀孕以及分娩等情形纳入被《民权法》第七篇禁止的违法性别就业歧视范畴→1986年美驰储蓄银行诉文森案认定职场性骚扰行为导致的有害工作环境属于被《民权法》第七篇禁止的性别歧视范畴→2020年博斯托克诉克莱顿县案、高空跳伞公司诉扎尔达案以及哈里斯丧葬公司诉公平就业机会委员会案历史性地将跨性别群体纳入《民权法》第七篇的保护范畴,从而再次对性别歧视概念的外延进行扩张。

美国是一个具有多种族、多元文化、多元宗教的移民国家,其劳动力市场上的就业歧视现象曾在世界范围内最普遍、最复杂、最严重。相较其他国家,受经济、政治、文化、宗教等因素的影响,美国社会在反就业歧视制度中呈现出的利益博弈最为激烈,美国民众对公平就业机会权利的现实需求最为紧迫,美国政府面对的就业歧视形势最为严峻。就此而言,美国反就业歧视制度的发展进程是人类历史上的一次重要社会实验,为包括我国在内的其他国家规制就业歧视行为提供了难能可贵的经验和教训。

---

① 有关这三个案件的论述详见本书第四章第二节第二部分。

② 有关联邦最高法院合并审理的这三个案件的论述详见本书第四章第二节第三部分。

就我国而言，我国由劳动法板块（如《劳动法》《劳动合同法》《就业促进法》《女职工劳动保护特别规定》）和特殊群体权益保障法板块（如《妇女权益保障法》《残疾人保障法》）组成的反就业歧视制度主要禁止雇主基于性别、民族、种族、宗教信仰、残疾、传染病、户籍因素实施就业歧视，未对劳动力市场上较为普遍的年龄歧视、性取向和性别认同歧视现象作出回应。从美国经验可知，年龄歧视、性取向和性别认同歧视是其反就业歧视制度规制的重要内容，具有较大的社会危害性以及较强的归责基础。受此启示，我国可考虑将年龄、性取向和性别认同因素纳入反就业歧视制度的保护范畴（详见本书第六章第二节）。

二、就业歧视案件举证责任标准日趋完善

在60余载的演变和发展进程中，美国反就业歧视制度的第二个显著特征便是美国法院在日积月累的司法实践中形成了一套日渐成熟的举证责任标准，且部分制度设计被国会认可和吸收。顾名思义，就业歧视（严格意义上来说应称之为劳动歧视）指的是雇主在招聘、劳动报酬、劳动条件和待遇以及劳动权利等方面基于某些理由而对求职者或雇员进行差异性对待。在绝大多数就业歧视案件中，原、被告双方对于这种差异性对待行为背后的动机和理由通常各执一词。求职者或雇员往往声称雇主的人事决策行为是出于被法律禁止的歧视性目的。与此针锋相对的是，雇主则常常抗辩认为被指控的人事决策行为背后具有合法且正当的商业理由。然而，诚如前联邦最高法院著名法官奥利佛·霍姆斯二世（Oliver Holmes Jr.）所言："法律无法对当事人的真实主观意图进行认定。相反，法律只能借助当事人的外部行为对此进行判断。"[①]反就业歧视制度虽然禁止雇主实施违法歧视行为，但囿于雇主可以巧妙地进行掩饰，该法律制度本身极难识别雇主的违法行为。因此，"反就业歧视法律制度的关键之处在于如何处理由此而产生的举证问题"。[②]

在理论层面上，雇主实施特定人事决策行为背后的真实理由和动机有且仅有以下三种情形：第一，雇主完全因为求职者或雇员具有受法律保护的特征或者实施了受法律保护的行为而进行差异性对待；第二，雇主完全是出于合法且正当的商业理由而对求职者或雇员进行差异性对待；第三，雇主对求职者或雇员进行差异性对待既具有违法的歧视性理由，也具

① Oliver W. Holmes, *The Common Law*, M. A.: Belknap Press, 1963, p. 242.

② Jon Kleinberg et al., *Discrimination in the Age of Algorithms*, Journal of Legal Analysis, Vol. 10, (2018), p. 1-2.

有合法的正当商业理由。[①] 现代人力资源管理实践表明，第三种情形更符合劳动关系的实际情形，即被指控的人事决策行为背后往往既具有违法的歧视性理由，也具有合法的正当商业理由。[②] 这是因为绝大多数雇员在劳动关系存续期间不可避免地存在不尽如人意之处，并非完全无懈可击。由此可知，雇主可能会在经济、管理、政治、心理、文化、宗教等因素的综合作用下实施人事决策行为。诚如田纳西大学法学院布拉德利·阿哈特（Bradley Areheart）教授和休斯敦大学卫生法律与政策研究中心主任杰西卡·罗伯茨（Jessica Roberts）教授所言："人们所作的大部分决策往往都不止一个理由，这是反歧视法面对的现实。"[③]鉴于雇主人事决策行为背后的动机通常具有多元性、复杂性、隐秘性，世界各国的法院在处理就业歧视案件时普遍遭遇当事人举证难、法官（陪审团）认定难之困境。"歧视，尤其是产生于无意识思考的（隐性）歧视，是出了名的难以被证明。"[④]对此，在平衡雇员的公平就业机会权利、雇主的经营管理权、以良性劳动力市场竞争秩序为内核的社会公共利益的过程中，美国法院针对就业歧视案件探索出了一套日趋完善的举证责任标准，且部分制度设计被国会以成文法的形式加以确立。

美国反就业歧视制度允许雇员向法院提起两种类型的就业歧视指控：区别影响型歧视指控[⑤]和区别对待型歧视指控[⑥]。就前者而言，1971 年联邦最高法院在格里格斯诉杜克电力公司案中创制了区别影响型歧视指控理论。在区别影响型歧视指控中，原告首先应当凭借客观统计数据证明雇

---

① David Sherwyn, Michael Heise, *The Gross Beast of Burden of Proof: Experimental Evidence on how the Burden of Proof Influences Employment Discrimination Case Outcomes*, Arizona State Law Journal, Vol. 42, (2010), p. 922.

② Michael Selmi, *The Evolution of Employment Discrimination Law: Changed Doctrine for Changed Social Conditions*, Wisconsin Law Review, Vol. 2014, (2014), p. 982.

③ Bradley A. Areheart, Jessica L. Roberts, *GINA, Big Data, and the Future of Employee Privacy*, The Yale Law Journal, Vol. 128, (2019), p. 736.

④ Bradley A. Areheart, Jessica L. Roberts, *GINA, Big Data, and the Future of Employee Privacy*, The Yale Law Journal, Vol. 128, (2019), p. 771.

⑤ 区别影响型歧视指的是雇主非故意实施的就业歧视行为，也被我国学者称为间接歧视或非故意歧视。虽然提起区别影响型歧视指控的雇员无须证明雇主具有歧视的主观意图，但该指控一旦成立，雇员仅能依据《民权法》第七篇，或《反就业年龄歧视法》，或《残疾人保护法》向雇主主张欠付工资、律师费、诉讼费以及复职。

⑥ 区别对待型歧视指的是雇主故意实施的就业歧视行为，也被我国学者称为直接歧视或故意歧视。提起区别对待型歧视指控的雇员须证明雇主具有歧视的主观意图，且该指控一旦成立，除可以向雇主主张欠付工资、律师费、诉讼费以及复职外，雇员还可以依据《民权法》第七篇或《残疾人保护法》向雇主主张补偿性损害赔偿金和惩罚性损害赔偿金，或依据《反就业年龄歧视法》向雇主主张违约金。

主实施的表面上中性的标准或政策对受法律保护的特定雇员群体在事实上造成了有害影响。若原告尽到该举证义务，举证责任将转移至被告；被告则应当证明这些标准或政策同工作职责合理相关且具有商业必要性。此后，1989 年的沃德湾食品包装公司诉阿顿尼奥案[①]以及 1991 年《民权法》修正案[②]相继对区别影响型歧视指控的举证责任标准进行了修正。时至今日，若被告证明了被指控的人事标准或政策同工作职责合理相关且具有商业必要性，举证责任将再次转移至原告。原告须证明存在危害性更小的替代措施，但被告拒绝采用。

值得注意的是，自 1971 年联邦最高法院在格里格斯诉杜克电力公司案中创制区别影响型歧视指控理论以来，该理论运行的社会环境在不断变迁。在区别影响型歧视指控理论早期，由于美国社会中各行各业的劳动力结构比例严重失衡，且就业歧视现象较为普遍，所以司法机关倾向于从反映劳动力结构比例失衡的统计数据中简单推定雇主实施了就业歧视行为。[③] 受此社会大环境影响，早期的司法机关并未要求求职者或者雇员进一步解释为什么雇主实施的标准或者政策会对受法律保护的特定雇员群体产生比例不合理的有害影响。质言之，区别影响型歧视指控的理论基础在于：种族隔离和种族歧视导致整个非洲裔美国人群体在 20 世纪 70 年代和 80 年代严重缺乏教育和培训，所以司法机关倾向于将对少数族群求职者和雇员不利的考试结果推定为教育机会不平等的产物。然而进入 21 世纪后，随着平权运动在教育、就业、医疗、消费等领域的持续纵深推进，就业歧视问题得到了明显改善，司法机关再将教育机会不公平默认为客观测试结果对少数族群求职者和雇员群体造成有害影响的理由便缺乏了以往存在的那种社会基础。[④] 受此影响，区别影响型歧视指控如今已慢慢淡出历史舞台。虽然美国雇员目前依然可以依据《民权法》第七篇，或《反就业年龄歧视法》，或《残疾人保护法》提起区别影响型歧视指控，但司法实践表明雇员提起区别影响型歧视指控的情形越来越少，且胜诉率极低。[⑤] 据学者统计，在 1989 年美国各级联邦法院审理的 7613 起就业歧视诉讼案件

---

① 有关沃德湾食品包装公司诉阿顿尼奥案的论述详见本书第三章第二节。

② 有关 1991 年《民权法》修正案对区别影响型歧视指控举证责任标准的规定详见本书第四章第一节第二部分。

③ Michael Selmi, *The Evolution of Employment Discrimination Law*: *Changed Doctrine for Changed Social Conditions*, Wisconsin Law Review, Vol. 2014, (2014), p. 993.

④ Michael Selmi, *The Evolution of Employment Discrimination Law*: *Changed Doctrine for Changed Social Conditions*, Wisconsin Law Review, Vol. 2014, (2014), p. 963.

⑤ 有关 21 世纪以来联邦最高法院对区别影响型歧视指控的限制详见本书第四章第三节第二部分。

中,雇员基于区别影响型歧视理论起诉的案件为 101 起,仅占当年案件总量的 1.3%。[①]

综上可知,美国行政机关和司法机关目前处理的就业歧视争议主要为区别对待型歧视指控。就区别对待型歧视指控而言,为准确识别被指控之人事决策行为背后的真实理由和动机,美国法院在日积月累的司法实践过程中探索出了一套旨在对"除具有受法律保护的特征或实施了受法律保护之行为外,处于类似处境的雇员"进行比较分析的举证责任标准。[②] 前已述及,联邦最高法院在 1979 年审结的麦道飞机制造公司诉格林案中建立了一个依次含有三个步骤的举证责任转移机制,该举证责任标准也被称为借口分析标准。首先,原告应当提供雇主实施了种族歧视行为的初步证据。若原告尽到该举证责任,则举证责任转移至雇主。其次,雇主应当提供一个合法的非歧视性的拒绝雇佣原告的理由。若雇主尽到该举证责任,则举证责任再次转移至原告。最后,原告应当承担最终的举证责任,证明雇主提供的理由是借口,且真实的理由是歧视性质的。在上述第一个步骤中,原告需要证明以下四个要件,方尽到了提供初步证据的举证责任义务:第一,原告受到《民权法》第七篇保护;第二,原告符合被告招聘岗位的要求,并向被告申请了该工作岗位;第三,被告没有雇佣原告;第四,该工作岗位依然空缺,且被告继续招聘和原告条件相似的其他求职者。一旦原告尽到了提供该初步证据的举证责任义务,则可获得一个可推翻的雇主实施了歧视行为的推定。值得注意的是,因《民权法》第七篇所禁止的就业歧视行为并不局限于求职招聘环节,一些法院在日后的司法裁判中将第一个步骤中的第四个要件修改为"和原告处境相似但不具备受法律保护因素的其他雇员实施了相似的行为,却被雇主区别对待",使其得以覆盖包括解雇在内的其他劳动关系情形。

如本书第二章第五节第二部分所述,在麦道飞机制造公司诉格林案创制的这种举证责任转移机制中,第一个步骤中的四个证明要件所对应的法律事实较为清晰和简单,因此原告在该阶段的举证难度较低,一般都可以向法院提供雇主实施了歧视行为的初步证据。与此类似的是,在第二个步骤中,大部分雇主也可以较为容易地向法院提供一个合法的和非歧视性的理由去解释其针对原告作出的人事决策。在第三个步骤中,如果原告证明了被告提供的理由是借口,法院可以认定雇主实施了违法的就业歧视行

① John J. Donohue Ⅲ, Peter Siegelman, *The Changing Nature of Employment Discrimination Litigation*, Stanford Law Review, Vol. 43, (1991), p. 989.

② Michael Selmi, *The Evolution of Employment Discrimination Law: Changed Doctrine for Changed Social Conditions*, Wisconsin Law Review, Vol. 2014, (2014), p. 989-990.

为。由此可知,在该案创制的这种举证责任标准中,大部分区别对待型歧视指控案件的举证责任最终还是落到了原告身上,即原告需要最后证明雇主提供的理由是借口。值得注意的是,虽然联邦最高法院在麦道飞机制造公司诉格林案中创制的借口分析标准为法院审理区别对待型歧视指控案件提供了一套行之有效的举证责任标准,但是当事人、法官、陪审团在适用该标准证明和识别雇主人事决策行为背后的真实理由和动机时在很大程度上陷入了一种非此即彼的二分法"桎梏"。具体而言,原告负有证明被告是出于违法的歧视性动机实施该人事决策行为的举证责任,而被告则负有证明自己是基于合法的正当商业理由而作出该人事决策行为的举证责任。由此可知,联邦最高法院在麦道飞机制造公司诉格林案中似乎片面地认为,被告要么是完全基于合法的理由不录用原告,要么是完全基于违法的理由不录用原告。依此逻辑,在适用借口分析标准时,原告和被告其实是在围绕特定人事决策行为背后的唯一动机和理由进行辩论,故适用借口分析标准的案件也被称为单一动机案件(single-motive cases)。[①]

如前文所述,现代人力资源管理实践表明,更符合劳动关系实际的情形是:雇主对求职者或雇员进行差异性对待既具有违法的歧视性理由,也具有合法的正当商业理由。随着联邦最高法院对雇主决策行为背后的动机的认识和理解更为深入和全面,起源于20世纪70年代末期的借口分析型举证责任标准在20世纪80年代末迎来了巨大的质疑和挑战。1989年联邦最高法院在普华会计师事务所诉霍普金斯案中意识到雇主的决策行为既具有合法的非歧视性动机,也具有违法的歧视性动机,从而在区别对待型歧视指控中创制了更符合劳动关系实际情形的混合动机型举证责任标准。威廉姆·布伦南(William Brennan)大法官在该案中代表相对多数法官发表的法庭意见认为:由于《民权法》第七篇的法律文本规定的是"禁止因为……而进行歧视",而非"禁止完全因为……而进行歧视",所以即使雇主的决策行为只含有少量的歧视因素,该决策行为也违法。依此逻辑,联邦最高法院在该案中建立了一个依次含有两个步骤的举证责任转移机制。首先,原告可以通过提交直接证据证明自己具有受法律保护的特征是导致雇主进行决策的一个实质性因素。若原告尽到了该举证义务,举证责任将转移至雇主。其次,若雇主提供证据证明"即使决策行为中不含有任何歧视因素,自己也会作出相同的决策",则可免于承担一切法律责任。需要指出的是,联邦最高法院在普华会计师事务所诉霍普金斯案中创制的

① David W. Fujimoto, *Thrown under the Bus: Victims of Workplace Discrimination after Harris*, University of San Francisco Law Review, Vol. 48, (2013), p. 117.

混合动机型举证责任标准既体现出了创新的一面,也体现出了保守的一面。具体而言,一方面,较之于麦道飞机制造公司诉格林案中的借口分析标准,联邦最高法院在普华会计师事务所诉霍普金斯案中引入了以实质因素型因果关系标准为内核的混合动机理论,使得雇员在混合动机案件中仅须证明歧视是致使雇主作出人事决策的一个实质性因素,而不必证明雇主所提供的理由是借口以及该人事决策行为背后的真实动机是歧视。由此可知,实质因素型混合动机举证责任标准使雇员得以更容易地提供雇主实施了就业歧视行为的初步证据。另一方面,该混合动机理论同时给予了雇主绝对的相同决策抗辩权,即允许雇主通过证明即使没有歧视因素也会作出相同决策来免于承担一切法律责任。综上可知,虽然联邦最高法院在普华会计师事务所诉霍普金斯案中创制的实质因素型混合动机举证责任标准更贴近现代人力资源管理实践,但该案中的举证责任标准对雇员而言也存在一定的劣势:第一,雇员仍负有较重的举证责任,即雇员须通过提供直接证据证明自己具有的受法律保护的特征是致使雇主进行决策的一个实质性因素;第二,一旦成功行使相同决策抗辩权,雇主将免于承担一切法律责任。①

鉴于联邦最高法院创制的实质因素型混合动机举证责任标准存在上述瑕疵,如本书第四章第一节第二部分所述,国会于 1991 年颁布的《民权法》修正案中以联邦立法的形式对其作出了重大调整。首先,1991 年《民权法》修正案吸收了联邦最高法院在审理普华会计师事务所诉霍普金斯案时创制的混合动机理论,并将多数法官支持的实质因素标准修改为激发因素标准,从而进一步降低了雇员在区别对待型混合动机歧视指控中的举证责任。该修正案规定:"当雇员证明种族、肤色、宗教、性别或者出生地是任何雇佣决策的一个激发因素时,可由此而认定存在一个违法的雇佣行为,即使该决策还受到其他因素的促动。"②受此影响,较之于联邦最高法院在麦道飞机制造公司诉格林案中创制的借口分析标准以及在普华会计师事务所诉霍普金斯案中创制的实质因素型混合动机举证责任标准,1991 年《民权法》修正案大幅度提高了雇员提起区别对待型歧视指控的胜诉率。这是因为雇员只要能证明就业歧视是雇主进行决策的一个激发因素(即使不是起主导作用的实质性因素),那么便提供了初步证据证明雇主实施了就业歧视行为,并因此而将举证责任转移至雇主。其次,因国会还

① David Sherwyn, Michael Heise, *The Gross Beast of Burden of Proof: Experimental Evidence on How the Burden of Proof Influences Employment Discrimination Case Outcomes*, Arizona State Law Journal, Vol. 42, (2010), p. 942.

② 42 U. S. C. § 2000e-2(m) (2011).

对联邦最高法院在审理普华会计师事务所诉霍普金斯案时创制的绝对雇主相同决策抗辩权不满，即雇主可通过证明“即使不存在歧视因素也会作出相同决策”而在有证据证明就业歧视是雇主决策的一个重要因素的混合动机型歧视指控中完全免于承担法律责任，1991 年《民权法》修正案规定：“如果一个当事人证明雇主实施了第 2000e-2(m)条规定的违法行为，那么雇主为了限制救济措施的类型，可以通过证明即使不存在这种不被允许的激发因素也会作出相同的决策来进行有限的抗辩。”依据该规定，雇主成功行使相同决策抗辩权仅可免于承担特定部分的法律责任，例如免于支付惩罚性和补偿性损害赔偿金、免于支付欠付工资或者免于对雇员进行复职等，但不能完全免于承担法律责任。[①] 申言之，当雇员提供证据证明就业歧视是雇主决策行为的一个激发因素时，即使雇主成功行使相同决策抗辩权，法院也可以作出一个宣告式的判决要求雇主向雇员支付诉讼费和律师费。[②]

需要指出的是，1991 年《民权法》修正案是在部分吸收以及部分推翻普华会计师事务所诉霍普金斯案内容的基础上确立了激发因素型混合动机举证责任标准。就此而言，虽然该修正案进一步降低了雇员在提起区别对待型歧视指控时承担的举证责任，但该修正案并没有说清楚联邦最高法院之前在审理普华会计师事务所诉霍普金斯案时强调的“直接证据”要件是否依然有效。申言之，对于雇主涉嫌实施的就业歧视行为，该修正案并未说清楚雇员应当向法院提供何种类型的证据——直接证据还是间接证据——方能要求法院指引陪审团适用激发因素型混合动机举证责任标准。对此，不同法院在处理该问题时存在较大分歧。如本书第四章第二节第一部分所述，联邦最高法院时隔 12 年后在沙漠皇宫公司诉科斯塔案中以判例法的形式填补了该漏洞。联邦最高法院在该案中作出结论认为，适用激发因素型混合动机举证责任标准并不以雇员提交和就业歧视行为有关的直接证据为前提，理由如下：第一，1991 年《民权法》修正案并未明确规定原告必须提供直接证据。第二，国会并不存在要求雇员提供直接证据的立法意图。国会在 1991 年《民权法》修正案中设置举证责任时使用了和其他反就业歧视联邦立法条款明显不同的措辞。修正案在设置混合动机型歧视指控的举证责任时，仅规定雇员需要尽到“说明”程度的举证责任，而国会在其他联邦立法条款中明确将雇主提供确凿的证据作为其行使相同决策抗辩权的前提。第三，就上下文而言，该修正案在设置区别影响型歧视

---

① 42 U. S. C. § 2000e-5(g) (2011).

② David Sherwyn, Michael Heise, *The Gross Beast of Burden of Proof: Experimental Evidence on How the Burden of Proof Influences Employment Discrimination Case Outcomes*, Arizona State Law Journal, Vol. 42, (2010), p. 914.

指控的举证责任时也使用了"说明"这个词。由于雇员提起区别影响型歧视指控无须证明雇主具有故意歧视的意图,所以结合上下文可知,混合动机型歧视指控条款中"说明"这个词的含义并不能被解读为要求雇员提供直接证据。第四,因为间接证据在民事诉讼和刑事诉讼中被普遍接受,且联邦最高法院认为被告对其决策行为作出的不值得信任的解释本身就是一种可以证明存在故意歧视行为的间接证据,所以在就业歧视诉讼中,间接证据有时可以起到直接证据的作用,从而具有特殊的证据价值。

综上所述,除雇主基于年龄、残疾因素进行就业歧视以及因雇员实施抵制行为或参与行为而进行打击报复外,[①]区别对待型歧视指控案件中的举证责任标准的演变脉络如下:1979 年麦道飞机制造公司诉格林案针对单一动机案件创制了借口分析标准,在判例法层面首开区别对待型歧视指控案件举证责任标准之先河→1989 年普华会计师事务所诉霍普金斯案针对人力资源管理实践中更常见的混合动机案件创制了实质因素型混合动机举证责任标准,并赋予雇主绝对相同决策抗辩权→1991 年《民权法》修正案以联邦立法的形式将实质因素型混合动机举证责任标准修改为激发因素型混合动机举证责任标准,并将雇主的绝对相同决策抗辩权调整为相对相同决策抗辩权→2003 年沙漠皇宫公司诉科斯塔案认定适用激发因素型混合动机举证责任标准并不以雇员提交和就业歧视行为有关的直接证据为前提,从而进一步降低了雇员的举证责任强度。由此可知,美国反就业歧视制度中的举证责任标准在判例法和成文法层面被不断完善,且持续朝着更符合劳动关系实际情形以及降低原告举证责任强度的方向迈进。

就我国而言,我国的司法实践表明,雇员提供直接证据证明雇主具有实施就业歧视行为的主观意图是其平等就业权得到救济的关键(详见本书

---

① 需要指出的是,如本书第四章第三节第一部分和第三部分所述,联邦最高法院在审理格罗斯诉 FBL 金融服务公司案和得克萨斯大学西南医学中心诉纳萨尔案时另辟蹊径式地认为,依据《反就业年龄歧视法》或《民权法》第七篇中的禁止报复条款提起区别对待型歧视指控的雇员应当适用"若无则不"型因果关系举证责任标准,即原告应当通过优势证据证明若不是因为自己具有受法律保护的特征或实施了受法律保护的行为,被告就不会作出对自己不利的人事决策。既不同于普华会计师事务所诉霍普金斯案中的实质因素型混合动机标准以及 1991 年《民权法》修正案中的激发因素型混合动机标准,也不同于麦道飞机制造公司诉格林案中的借口分析标准,"若无则不"型因果关系举证责任标准几乎完全将举证责任施加给了原告一方,近乎要求原告证明自己具有受法律保护的特征或实施了受法律保护的行为是雇主进行决策的唯一理由,从而大幅度提高了原告的举证责任难度。此外,从联邦最高法院审理格罗斯诉 FBL 金融服务公司案的法庭意见观之,鉴于《反就业年龄歧视法》和《残疾人保护法》均属于独立于《民权法》第七篇的联邦立法,且在设置禁止性规范时采用了相同的措辞,故有充分的理由认为"若无则不"型因果关系举证责任标准也适用于原告依据《残疾人保护法》提起区别对待型歧视指控的情形。

第六章第二节)。受此影响,在此类直接证据客观上的确存在,但原告无法提供,或在雇主以其他理由为借口隐瞒其真实意图致使此类证据客观上不存在时,我国的反就业歧视制度恐将被架空。鉴于此,我国可考虑借鉴美国经验,即若雇员通过间接证据证明雇主的人事决策行为含有部分歧视因素,举证责任则转移至雇主。雇主须证明被指控之人事决策行为具有合法性和合理性,否则应承担不利后果(详见本书第六章)。

三、反就业歧视制度对社会公共利益的维护

美国反就业歧视制度在具体运行过程中的第三个显著特征便是在对遭受就业歧视行为侵害之个人进行救济的同时,注重维护以良性劳动力市场竞争秩序为内核的社会公共利益。如本书第二章第一节至第三节所述,早期的反就业歧视联邦立法除简单地宣示性设置禁止性规范禁止雇主对具有受法律保护的特征或实施了受法律保护的行为的求职者或雇员进行歧视外,并未对违法就业歧视行为的构成要件以及处理此类纠纷的举证责任标准进行规定。受此影响,美国法院在司法实践中自行探索出了一套实施反就业歧视制度的具体措施。① 在该过程中,虽然各级法院大量借鉴侵权法中的若干法律概念、法律原则、法律规则以及举证责任标准对遭受就业歧视行为侵害的个人进行救济,②但从美国反就业歧视制度的具体运行情况来看,立法机关和司法机关也侧重于维护以良性劳动力市场竞争秩序为内核的社会公共利益。申言之,美国反就业歧视制度除具有对个人进行救济的私法属性外,还具有维护社会公共利益的社会法属性。

因为《民权法》的一个重要目标是全面消除社会中存在的歧视行为,从而最终实现对歧视性的社会环境进行改造之目的,所以致力于消除歧视的法律制度既不同于主要是为了解决私人纠纷的合同法和侵权法,也不同于以调整国家和公民关系为主的宪法。③ 对此,美国国会、联邦最高法院以及一些下级法院都曾明确声明美国反就业歧视制度的目标是通过消

---

① William R. Corbett, *Unmasking a Pretext for Res Ipsa Loquitur: A Proposal to let Employment Discrimination Speak for Itself*, American University Law Review, Vol. 62, (2013), p. 451-452.

② William R. Corbett, *Unmasking a Pretext for Res Ipsa Loquitur: A Proposal to let Employment Discrimination Speak for Itself*, American University Law Review, Vol. 62, (2013), p. 452-453.

③ Michael Selmi, *The Evolution of Employment Discrimination Law: Changed Doctrine for Changed Social Conditions*, Wisconsin Law Review, Vol. 2014, (2014), p. 939.

除就业歧视而实现一定程度的社会改革。[①] 在此语境下，伴随美国反就业歧视制度发展始终的便是司法机关对以良性劳动力市场竞争秩序为内核的社会公共利益的反复确认和重点保护。首先，联邦最高法院在 1971 年审理格里格斯诉杜克电力公司案时便强调《民权法》第七篇的根本目的是："通过消除过去存在的对白人雇员群体或者其他雇员群体进行优待的这种阻碍公平就业机会的障碍，从而实现就业机会平等。当这些障碍不公平地对种族或者其他不被许可的特征进行歧视时，国会要求消除这些人为的、恣意的和不必要的就业障碍。"[②]由此可知，美国反就业歧视制度的最终目的是在劳动力市场上构建一种机会均等的公平就业秩序。就此而言，通过私法路径赔偿受害者或者惩罚实施了违法就业歧视行为的雇主仅是美国反就业歧视制度构建公平就业秩序的一个手段，而非最终目的。[③] 是故，美国反就业歧视制度具有显著的社会法属性，因而不完全等同于私法性质的侵权法。为消除劳动力市场上的就业歧视现象，除对遭受就业歧视行为侵害的个人提供救济外，反就业歧视制度的根本目的将主要通过对未来的违法歧视行为进行威慑而得以实现。[④] 其次，联邦最高法院在 20 世纪 70 年代中期曾态度鲜明地声明：尽管遭受就业歧视行为侵害的个人有权利获得法律救济，但这并不是反就业歧视制度的首要目的。反就业歧视制度的首要目的是"形成公平的就业机会秩序，并消除过去那种由于对白人雇员群体进行优待而对其他雇员群体造成的就业障碍"。[⑤] 最后，第三巡回上诉法院在 20 世纪 90 年代再次指出："国会颁行的反就业歧视法同一项贬抑歧视的重要公共政策高度吻合。因此，提起就业歧视诉讼的原告不仅是在寻求救济他的个人利益，还充当了一个'私人检察官'性质的角色去实现消除有害歧视这项至高无上的公共政策中的社会公共利益。"[⑥]

综上可知，美国反就业歧视制度具有双重法益保护结构。其不仅致力于对已经遭受就业歧视行为侵害的雇员提供法律救济，还旨在通过遏制未来可能出现的就业歧视行为来维护以良性劳动力市场竞争秩序为内核的

① William R. Corbett, *The Ugly Truth about Appearance Discrimination and the Beauty of Our Employment Discrimination Law*, Duke Journal of Gender Law & Policy, Vol. 14, (2007), p. 165.

② Griggs v. Duke Power Company, 401 U. S. 424, 429-431 (1971).

③ Stephen Plass, *Private Dispute Resolution and the Future of Institutional Workplace Discrimination*, Howard Law Journal, Vol. 54, (2010), p. 77.

④ William R. Corbett, *Unmasking a Pretext for Res Ipsa Loquitur: A Proposal to Let Employment Discrimination Speak for Itself*, American University Law Review, Vol. 62, (2013), p. 449.

⑤ Albemarle Paper Co. v. Moody, 422 U. S. 405, 417-422 (1975).

⑥ Mardell v. Harleysville Life Insurance Company, 31 F. 3d 1221, 1234 (3d Cir. 1994).

社会公共利益。[①] 值得注意的是,虽然通过对实施特定违法就业歧视行为的雇主进行经济制裁可以对该雇主以及其他雇主产生一定的威慑效果,但构建一种机会均等的公平就业秩序更需要借助社会力量对雇主未来的人事决策行为主动进行合理引导。于是,美国法院在实施反就业歧视制度时发挥了较好的司法主观能动性。例如,在加利福尼亚州北部地区法院审理的一宗就业歧视集体诉讼案件中,被告摩根士丹利(Morgan Stanley)于2007年同原告方达成了和解协议。在经法院批准的这项和解协议中,摩根士丹利除同意向约1000名非洲裔和西班牙裔美国籍经纪人支付1600万美元的经济补偿外,还详细地制定了促进员工多样性的具体方案。在该方案中,摩根士丹利承诺将雇佣更多的少数族群雇员,聘请专门的产业关系心理学家为非洲裔和西班牙裔美国籍雇员和实习生提供职业发展和招聘培训。此外,和解协议中明确约定,摩根士丹利将聘请独立的第三方主体对员工多样性方案的具体实施情况进行审查。[②] 与此类似的是,在美国运通公司(American Express)被指控实施了性别歧视和年龄歧视行为、可口可乐公司(Coca-Cola)和德士古公司(Texaco)分别被指控实施了种族歧视行为后,这三家世界五百强企业经法院批准后分别与原告方达成了支付3100万美元、1.925亿美元以及1.75亿美元经济补偿的和解协议,且和解协议中均含有在未来促进员工多样性的具体方案。例如,美国运通公司在和解协议中承诺将雇佣专业人士对所有金融经理和顾问开展员工多样性培训项目,并修改公司内部的投诉和晋升政策;可口可乐公司在和解协议中承诺花费150万美元在公司的管理层实施一个促进员工多样性的政策,并额外花费1.5亿美元在全国层面开展一项旨在提升少数族群和妇女群体投资创业能力的项目;德士古公司在和解协议中承诺对招聘和面试的人事经理进行再培训,并承诺将雇佣少数族群雇员人数的比例提高至26.4%,且将雇佣少数族群雇员人数的比例超过25%作为对人事经理进行绩效考核的一个硬性指标。[③] 综上所述,在平衡雇员个人的公平就业机会权利、雇主的经营管理权利以及以良性劳动力市场竞争秩序为内核的社会公共利益的过程中,美国反就业歧视制度60余载的发展进程表明,其不仅

---

① Elizabeth R. Langton, *Workplace Discrimination as a Public Health Issue: The Necessity of Title VII Protections for Volunteers*, Fordham Law Review, Vol. 83, (2014), p. 1479.

② See Evelyn Juan, *Morgan Stanley Settles Race Bias Suit for $16 Million*, last visited January 6, 2021, https://www.marketwatch.com/story/morgan-stanley-settles-race-bias-suit-for-16-million?mod=mw_more_headlines.

③ Stephen Plass, *Private Dispute Resolution and the Future of Institutional Workplace Discrimination*, Howard Law Journal, Vol. 54, (2010), p. 79-80.

保障雇员个人的私权利,也注重保障反就业歧视制度中承载的社会公共利益。

就我国而言,我国反就业歧视制度的司法实施以人格权纠纷(包括一般人格权纠纷项下的平等就业权纠纷)和劳动争议纠纷路径为主,其实施机理主要表现为法院通过对雇主已实施的违法行为进行制裁,进而为遭受就业歧视行为侵害的雇员个人提供救济,但未针对雇主未来可能的人事决策行为作出相应的制度设计,故难以为其他可能遭遇类似行为侵害的不特定雇员提供救济。质言之,我国反就业歧视制度个人本位路径依赖畸重,未充分顾及该制度承载的社会公共利益。从美国相关经验可知,建立并保持良性的劳动力市场竞争秩序是反就业歧视制度的应有之义。鉴于此,我国应彰显反就业歧视制度的社会法属性,强化对良性劳动力市场竞争秩序的维护(详见本书第六章第一节)。

第六章　比较法视野下完善我国反就业歧视制度的整体思路与具体对策

一方面,美国曾是世界上公认的就业歧视问题最为严重的国家,其反就业歧视制度极具代表性和典型性;另一方面,美国作为当今世界头号资本主义强国,其经济、政治、文化、教育、军事实力以及法律制度均在世界范围内具有一定优势。在全球经济一体化的大背景下,中美两国现阶段虽存在贸易摩擦,但经贸往来的总体趋势并未改变。尤为重要的是,虽然中美两国的经济社会发展水平、政治体制结构、法律运行机制、社会文化乃至地理环境均存在一定差异,但当今中美两国劳动关系运行的基本格局存在若干共性。例如,美国工会持续衰落导致集体劳动关系日益萎缩,致使美国劳工法(工会法)在过去几十年间的重要性每况愈下。[①] 美国集体劳动关系的衰落也趋近于我国集体劳动关系不发达的现状。正是在这种集体劳动关系衰落的背景下,单个劳动合同在美国劳动法上的重要性开始凸显。[②] 这与我国目前主要以《劳动法》《劳动合同法》《就业促进法》为基础建构的单个劳动关系协调机制有异曲同工之处。

在国内产业结构升级、进出口贸易疲软、用工成本持续上升、劳动力人口红利消失、人口老龄化现象加剧、经济由高速增长转向中高速增长以及三孩生育政策全面放开的宏观经济背景下,党的十九大报告强调:"就业是最大的民生。要坚持就业优先战略和积极就业政策,实现更高质量和更充分就业。"此外,党的十九大后的首次中央经济工作会议强调:"要注重解决结构性就业矛盾,解决好性别歧视、身份歧视问题。"在当前世界经济因深受新型冠状病毒疫情影响而持续低迷的国际形势下,党中央和国务院的"十四五"规划再次强调:"千方百计稳定和扩大就业,坚持经济发展就业导向,扩大就业容量,提升就业质量,促进充分就业,保障劳动者待遇和权益。"

---

① Kate Andrias, *The New Labor Law*, Yale Law Journal, Vol. 126, (2016), p. 37.

② Clyde W. Summers, *The Contract of Employment and the Rights of Individual Employees: Fair Representation and Employment at Will*, Fordham Law Review, Vol. 52, (1984), p. 1082.

劳动力市场是市场经济的重要组成部分，反就业歧视制度所保障的公平就业机会权利是劳动力市场通过良性市场竞争机制实现健康、稳定、有序发展的根本保证。我国由劳动法板块（如《劳动法》《劳动合同法》《就业促进法》）和特殊群体权益保障法板块（如《妇女权益保障法》《残疾人保障法》）组成的反就业歧视制度已运行30余载，其实际实施效果有待检验。

在“形成以国内大循环为主体、国内国际双循环相互促进的新发展格局”的新经济形势下，美国反就业歧视制度为处于市场化转型阶段的中国劳动关系如何在劳动者的公平就业机会权、雇主的用工自主权以及良性劳动力市场竞争机制承载的社会公共利益之间实现合理平衡提供了有益的域外经验和教训。尤其需要说明的是：“比较法也并非意味着简单地吸收外国法律。它也经常阻止外国法律观念渗入其中，（从而）巩固（本国）传统的法律制度并强化其值得尊敬的优点。”①是故，总结美国反就业歧视制度正反两方面的经验和教训，并在“去其糟粕，取其精华”的基础上“为我所用”无疑在理论和实践上具有重要的现实意义。

第一节　整体思路：我国反就业歧视制度中的社会公共利益及其实现路径

党的二十大报告首次强调“消除影响平等就业的不合理限制和就业歧视，使人人都有通过勤奋劳动实现自身发展的机会”，②这标志着反就业歧视作为我党治国理政的一项重要政策上升到了全新高度。就业歧视指的是雇主因求职者或雇员（以下统称雇员）具有受法律保护的特征或实施受法律保护的行为而对其作出不利人事决策或有害对待。就业歧视既侵犯了受歧视者作为公民而享有的平等权，也侵犯了其作为劳动者而享有的劳动权，是各国反就业歧视制度规制的重中之重。我国由劳动法板块和特殊群体权益保障法板块组成的反就业歧视制度已经运行了30余载，但调查结果显示其实际实施效果不甚理想。2019年8月全国人民代表大会常务委员会执法检查组《关于检查〈中华人民共和国就业促进法〉实施情况的报告》指出：“公平就业环境有待优化，就业歧视仍然存在……执法检查发

---

① ［德］伯恩哈德·格罗斯菲尔德：《比较法的力量与弱点》，孙世彦、姚建宗译，清华大学出版社2002年版，第64页。

② 《高举中国特色社会主义伟大旗帜，为全面建设社会主义现代化国家而团结奋斗——在中国共产党第二十次全国代表大会上的报告》，载中央人民政府网2022年10月25日，http://www.gov.cn/gongbao/content/2022/content_5722378.htm。

现,就业歧视问题还在一定领域存在……救济渠道不顺畅……部分用人单位履行就业公平法律责任不积极、不主动……就业歧视违法成本低,劳动者维权难,要实现全面真实的就业公平、平等就业仍然任重道远。"①

针对"如何维护劳动者平等就业权从而减少就业歧视"这一命题,国内学者展开了颇有建树的研究并达成了若干共识。在制度立法层面,为扭转目前该制度过于分散之局面,多数学者主张制定专门的《反就业歧视法》。② 在行政执法层面,为消解平等就业权行政救济不畅之困境,不乏学者呼吁设立一个平等就业执法监督机构。③ 在司法救济层面,学者或建议在人格权争议案件中建立举证责任转移机制;④或指出无论是侧重救济财产权利的劳动争议诉讼,还是侧重救济人身权利的人格权纠纷诉讼均无法全面维护劳动者的平等就业权;⑤或是主张对故意就业歧视行为施加惩罚性赔偿责任。⑥ 但不难看出,既有的研究成果多基于具体制度规范层面展开,缺乏对反就业歧视制度社会法基本理念的应有关注。法的基本理念是"法的灵魂和指导思想,也是对法的价值追求的表达",⑦尽管也有少数学者尝试从社会法视角展开相关研究,⑧但并未触及我国反就业歧视制度基本理念的核心问题——何为该制度的价值本位?该制度价值本位的内涵如何表达?如何基于社会法基本理念对该制度进行价值回归?鉴于此,本

---

① 孙梦爽、张维炜:《就业歧视如何"破"》,载《中国人大》2019 年第 17 期。

② 参见喻术红:《反就业歧视法律问题之比较研究》,载《中国法学》2005 年第 1 期;李雄、刘山川:《我国制定〈反就业歧视法〉的若干问题研究》,载《清华法学》2010 年第 5 期;贺东山:《我国反就业歧视立法的缺失及完善路径——以英国(欧盟)反就业歧视法律规制的环节和依据为鉴》,载《法学杂志》2015 年第 10 期。

③ 参见谢增毅:《英国反就业歧视法与我国立法之完善》,载《法学杂志》2008 年第 5 期;李雄、吴晓静:《我国反就业歧视法律规控研究》,载《河北法学》2010 年第 12 期;王显勇:《公私兼顾论:我国反就业歧视法行政实施机制构建研究》,载《法律科学》2019 年第 2 期。

④ 参见林嘉、杨飞:《论劳动者受到就业歧视的司法救济》,载《政治与法律》2013 年第 4 期;王显勇:《论平等就业权的司法救济》,载《妇女研究论丛》2020 年第 2 期;曹薇薇:《人口政策转型期平等就业权的司法救济》,载《法学》2022 年第 6 期。

⑤ 参见刘小楠、杨一帆:《中国平等就业权纠纷案件法律问题研析》,载《人权研究》2021 年第 3 期;林嘉、杨飞:《论劳动者受到就业歧视的司法救济》,载《政治与法律》2013 年第 4 期;王显勇:《论平等就业权的司法救济》,载《妇女研究论丛》2020 年第 2 期。

⑥ 参见谢增毅:《美英两国就业歧视构成要件比较——兼论反就业歧视法发展趋势及我国立法选择》,载《中外法学》2008 年第 4 期;李雄、吴晓静:《我国反就业歧视法律规控研究》,载《河北法学》2010 年第 12 期;周圆:《社会法对平等就业权私法救济困境的破解研究》,载《河北法学》2023 年第 2 期。

⑦ 参见《劳动与社会保障法学》编写组:《劳动与社会保障法学》(第 2 版),高等教育出版社 2018 年版,第 2 页。

⑧ 参见王显勇:《论平等就业权的司法救济》,载《妇女研究论丛》2020 年第 2 期;周圆:《社会法对平等就业权私法救济困境的破解研究》,载《河北法学》2023 年第 2 期。

书依据问题导向研究范式,在尝试回答上述疑问的基础上,进一步探求该制度中社会公共利益的实现路径,以期纠正制度认识误区,推动制度的精准实施。

一、社会本位是我国反就业歧视制度基本理念的标志性基石

法的价值本位属于法基本理念的核心范畴,是法律制度价值归宿与价值选择的集中表达,主要涉及法律价值承载的主体、法律制度的整体特征和价值位阶等问题。从法的价值本位观之,人类法律文明的发展进程先后呈现出3种形态——国家本位的义务法、个人本位的权利法和社会本位的社会法(或曰规范法)。前者发轫于封建社会时期,首要维护国家公权力(或曰国家利益),强调国家意志至高无上。在封建社会,国家本位的义务法否认个人的法律主体资格,将个人和社会视为实现国家意志的手段和工具,[①]现已被历史所摒弃。[②] 中者滥觞于自由资本主义时期,以资产阶级大革命的方式在彻底否定前者的基础上秉承"私权利神圣不可侵犯"的理念,确立了所有权绝对、契约自由、过错责任三大私法原则。[③] 意识到国家本位的义务法过渡至个人本位的权利法不过是从一个极端走向另一个极端,后者在垄断资本主义时期经济垄断、环境污染、贫富差距、阶层固化等社会问题日益突显的背景下应运而生,[④]其首要维护社会公共利益(或曰社会整体利益),并以此为价值中心重置法的权利和义务体系。[⑤]

国家本位的义务法延伸出了包括宪法、行政法、刑法和诉讼法在内的公法谱系。个人本位的权利法延伸出了以民法为基础的私法谱系。作为对前二者的传承和超越,社会本位的社会法延伸出了以劳动法、社会保障法和特殊群体权益保障法为基础的社会法谱系。就法的价值本位而言,国家本位的义务法、个人本位的权利法以及社会本位的社会法三者之间呈现出既独立又统一的关系。[⑥] 一方面,在国家公权力、个人私权利和社会公共利益发生冲突时,国家本位的义务法优先保护前者,[⑦]个人本位的权利法优

---

① 参见薛克鹏:《论经济法的社会本位理念及其实现》,载《现代法学》2006年第6期。

② 参见胡玉鸿:《社会本位法律观之批判》,载《法律科学(西北政法大学学报)》2013年第5期。

③ 参见朱勇:《私法原则与中国民法近代化》,载《法学研究》2005年第6期。

④ 参见李拥军:《权利问题研究与中国当代劳动法观念的更新》,载《当代法学》2005年第5期。

⑤ 参见薛克鹏:《论经济法的社会本位理念及其实现》,载《现代法学》2006年第6期。

⑥ 参见《劳动与社会保障法学》编写组:《劳动与社会保障法学》(第2版),高等教育出版社2018年版,第5~6页。

⑦ 例如,我国《国旗法》第20条规定:"国旗及其图案不得用作商标、授予专利权的外观设计和商业广告,不得用于私人丧事活动等不适宜的情形。"《国徽法》第13条规定:"国徽及其图案不得用于:(一)商标、授予专利权的外观设计、商业广告;(二)日常用品、日常生活的陈设布置;(三)私人庆吊活动;(四)国务院办公厅规定不得使用国徽及其图案的其他场合。"

先保护中者,[1]社会本位的社会法优先保护后者(详见下文)。“就每一种法律部门而言,它不可能毫无主次地平行地保护和实现上述每一种利益,而只能首先保护和实现一种性质的利益,而后由法律反射进而实现又一种利益,或间接地实现另一种性质的利益。”[2]另一方面,个人、社会和国家虽是三个不同的利益主体,但从“个人组成社会,社会抽象出国家”的逻辑结构观之,社会本位的社会法具有承前启后之功效,其首要保护的社会公共利益是个人私权利及国家公权力得以实现的连接点和缓冲器,其通过降低个人行为的盲目性和破坏性而形成市民社会,又通过阻却公权力对私权利的不合理干预而形成民主国家。[3] 申言之,社会公共利益以私权利为基础,又以规范公权力为归宿,或曰“公权力与私权利的融通和联结,是客观法与主观权利维护包括主体权利在内的社会公共利益的共同价值目标”。[4] 现代法治国家中的公法、私法和社会法具有相同的法益保护结构和不同的法益保护位阶,即三者同时保护公权力、私权利和社会公共利益,但又各有侧重。传统部门法的固有理念和相对封闭性决定了社会公共利益的栖息地主要在社会法。[5]

21 世纪初期,我国立法机关明确指出“社会法是调整劳动关系、社会保障和社会福利关系的法律”,其中包括“劳动法和一批保障社会特殊群体权益的法律”。[6] 在部门法视角下,由劳动法板块和特殊群体权益保障法板块构成的反就业歧视制度是我国社会法的主要组成部分,目前已经形成了以《就业促进法》《劳动法》为主,以《妇女权益保障法》《残疾人保障法》为辅的基本格局。[7] 我国反就业歧视制度的社会法属性决定了其尤为强调社会本位和社会公共利益。[8] 尤其值得关注的是,相较我国绝大多数的制

---

① 例如,我国《民法典》第 3 条规定:“民事主体的人身权利、财产权利以及其他合法权益受法律保护,任何组织或者个人不得侵犯。”第 1002~1004 条先后规定自然人享有生命权、身体权和健康权,且“任何组织或者个人不得侵害”。

② 王保树:《论经济法的法益目标》,载《清华大学学报(哲学社会科学版)》2001 年第 5 期。

③ 参见李拥军:《权利问题研究与中国当代劳动法观念的更新》,载《当代法学》2005 年第 5 期。

④ 马俊驹:《论我国国家公共财产权制度体系的建构——从“主观权利”理论和域外立法实践中得到的启示》,载《法学评论》2023 年第 1 期。

⑤ 参见薛克鹏:《论经济法的社会本位理念及其实现》,载《现代法学》2006 年第 6 期。

⑥ 李鹏:《全国人民代表大会常务委员会工作报告(全文)》,载中国新闻网,https://www.chinanews.com/2001-03-19/26/79548.html。

⑦ 参见《就业促进法》第三章(公平就业)、《劳动法》第二章(促进就业)、《妇女权益保障法》第五章(劳动和社会保障权益)、《残疾人保障法》第四章(劳动就业)。

⑧ 参见张守文:《社会法的调整范围及其理论扩展》,载《中国高校社会科学》2013 年第 1 期。

定法,《就业促进法》的价值本位风格迥异,[①]其第1条甚为罕见且态度鲜明地将“促进就业,促进经济发展与扩大就业相协调,促进社会和谐稳定”作为立法目的,而未提及维护个人私权利和国家公权力。由此观之,《就业促进法》凸显了我国社会法法域下反就业歧视制度的社会本位属性,这也决定了维护社会公共利益应是其首要任务。与此类似的是,维护社会公共利益亦是欧美国家反就业歧视制度的重中之重。已故英国知名劳动法学者亚伦·贝克(Aaron Baker)教授曾指出,英国反就业歧视立法“体现了一项公共政策决定,即在大多数情况下个体的商业利益和经济效率必须让位于禁止不平等对待这种更高优先级的社会公共利益”。[②] 美国著名劳动法学者迈克尔·塞尔米(Michael Selmi)教授认为:“致力于消除歧视的美国法律制度既不同于主要是为了解决私人纠纷的合同法和侵权法,也不同于以调整国家和公民关系为主的宪法,美国《民权法》的一个重要目标是全面消除社会中存在的歧视行为,最终实现对歧视性社会环境进行改造之目的。”[③]

二、我国反就业歧视制度中社会公共利益的内涵表达

较之于国家公权力和个人私权利,社会公共利益的内涵较为抽象。在中宣部和教育部组织编写的马克思主义理论研究和建设工程教材中,社会公共利益是独立于公权力和私权利的一种利益类型,是为维护社会秩序和正常社会生活,促进社会和谐与进步而形成的社会整体利益。[④] 学者对社会公共利益的理解大致分为如下几种:其一,社会公共利益的内涵是维持自由公平竞争秩序和宏观经济管理秩序。[⑤] 其二,社会公共利益的内容主要涉及经济秩序和社会公德方面,也包括深层次的公平正义等法律理念,具有整体性和普遍性。[⑥]其三,社会公共利益指的是社会公众基于社会

① 例如,作为典型的公法,《刑法》的立法任务条款(第2条)具有显著的层次性和多元性,其以“保卫国家安全,保卫人民民主专政的政权和社会主义制度”等公权力为开端,继而规定了“保护公民私人所有的财产、保护公民的人身权利”等私权利,而后声明“维护社会秩序、经济秩序”等社会公共利益。与此类似,作为私法的集大成者,《民法典》立法目的条款(第1条)以“保护民事主体的合法权益”此私权利为开端,继而声明“维护社会和经济秩序”等社会公共利益。

② Aaron Baker, *Proportionality and Employment Discrimination in the UK*, 37 Industrial Law Journal 305, 325 (2008).

③ Michael Selmi, *The Evolution of Employment Discrimination Law: Changed Doctrine for Changed Social Conditions*, 2014 Wisconsin Law Review 937, 939-940 (2014).

④ 参见《劳动与社会保障法学》编写组:《劳动与社会保障法学》(第2版),高等教育出版社2018年版,第5~6页。

⑤ 参见王保树:《论经济法的法益目标》,载《清华大学学报(哲学社会科学版)》2001年第5期。

⑥ 参见梁上上:《利益的层次结构与利益衡量的展开——兼评加藤一郎的利益衡量论》,载《法学研究》2002年第1期。

经济发展而产生的需求，主要体现为市场竞争秩序。[①] 其四，在部门法视域下，反垄断法保护的社会公共利益为市场竞争秩序。[②] 上述观点虽表述各异，但殊途同归，都赋予社会公共利益以某种社会秩序为内涵。

从比较法视角观之，作为当代主要工业化国家中公认就业歧视现象最普遍、形势最复杂、危害后果最严重的国家，[③]美国在面对社会激烈的利益博弈和民众紧迫的平等就业机会权利需求时，联邦最高法院和部分下级法院都曾明确声明反就业歧视制度的最终目标是通过消除就业歧视而实现一定程度的社会改革。[④] 在此背景下，伴随美国反就业歧视制度发展始终的便是美国法院对以公平就业机会秩序为内涵的社会公共利益的反复确认和重点保护。1971 年，美国联邦最高法院在审理格里格斯诉杜克电力公司案时强调，美国《民权法》第七篇的根本目的是"通过消除过去存在的对白人雇员群体或者其他雇员群体进行优待的这种阻碍公平就业机会的障碍，从而实现就业机会平等。当这些障碍不公平地对种族或者其他不被许可的特征进行歧视时，美国国会要求消除这些人为的、恣意的和不必要的就业障碍"。[⑤] 1975 年，美国联邦最高法院在审理雅宝纸业公司诉穆迪案时更加鲜明地声明，尽管遭受就业歧视行为侵害的个人有权利获得法律救济，但这并不是反就业歧视制度的首要目的，反就业歧视制度的首要目的是"形成公平的就业机会秩序，并消除过去那种由于对白人雇员群体进行优待而对其他雇员群体造成的就业障碍"。[⑥] 1994 年，美国第三巡回上诉法院在审理玛黛儿诉哈利斯维尔人寿保险公司案时一针见血地指出："反就业歧视法同一项贬抑歧视的重要公共政策高度吻合。因此，提起就业歧视诉讼的原告不仅是在寻求救济他的个人利益，还充当了一个'私人检察官'性质的角色去实现消除有害歧视这项公共政策中至高无上的社会公共利益。"[⑦]由此可见，美国反就业歧视制度的根本目的是在劳动力市场中构建一个公平的就业机会秩序，且通过私法路径赔偿受害者或者惩罚实施了违法就业歧视行为的雇主仅为实现此根本目的的一种手段。[⑧]

---

① 参见冯宪芬、朱昱：《经济法中社会公共利益界定的法哲学思考》，载《人文杂志》2009 年第 3 期。

② 参见刘继峰：《反垄断法益分析方法的建构及其运用》，载《中国法学》2013 年第 6 期。

③ 参见杨浩楠：《试析美国反就业歧视制度发展》，载《美国问题研究》2021 年第 2 期。

④ See William R. Corbett, *The Ugly Truth about Appearance Discrimination and the Beauty of Our Employment Discrimination Law*, 14 Duke Journal of Gender Law & Policy 153, 165 (2007).

⑤ Griggs v. Duke Power Company, 401 U. S. 424, 429-431 (1971).

⑥ Albemarle Paper Co. v. Moody, 422 U. S. 405, 417-422 (1975).

⑦ Mardell v. Harleysville Life Insurance Company, 31 F. 3d 1221, 1234 (3rd Cir. 1994).

⑧ See Stephen Plass, *Private Dispute Resolution and the Future of Institutional Workplace Discrimination*, 54 Howard Law Journal 45, 77 (2010).

“比较法擦亮了法律学者们的眼睛,使其能够发现本国法律机制的一些缺陷与弱点。比较法学者能够对他自己国家的法律制度做出一种判断,这一判断更为成熟……并更具有批判性”。[①] 参考他山之石,结合既有研究,再从法的价值、法益独立性、立法目的等方面进行推导,可以得出我国反就业歧视制度所承载的社会公共利益的具体内涵表达。第一,就法的价值而言,公平是各国反就业歧视制度的核心价值,具体表现为反就业歧视制度一般遵循“禁止雇主基于个人不可改变的特征(immutable traits)实施就业歧视行为以促进公平正义”之基本原理。反就业歧视“法律中的不可改变性概念根深蒂固,一种特征的不可改变性越强,(雇主基于该特征实施的)歧视行为就越可能被认为是不公平和不道德的,法律应对这种不公平和不道德的需求便越发紧迫”[②]。我国反就业歧视制度亦秉承该基本原理。例如,在我国《就业促进法》明确禁止的 7 种就业歧视类型(民族、种族、性别、宗教信仰、残疾、传染病和户籍地歧视)中,除了宗教信仰的不可改变性稍弱外,[③]民族和种族具有绝对的不可改变性,性别和残疾具有极强的不可改变性,传染病和户籍地具有较强的不可改变性。[④] 第二,就法益独立性而言,我国反就业歧视制度保护的社会公共利益理应既有别于以“组织和管理国家事务、维护国家秩序和保护人民福祉”为内涵的国家公权力,[⑤]也有别于以“保护人身权利和财产权利”为内涵的个人私权利。社会法法域下的反就业歧视制度中的社会公共利益当以维护特定社会秩序为依归。第三,就立法目的而言,我国《就业促进法》第 1 条规定的三个立法目的可通过劳动力市场的竞争机制来实现。一方面,劳动力供给主体(劳动者)在劳动力市场中通过相互竞争而实现就业或更高质量就业,以至于实现“促进就业”之目标;另一方面,劳动力需求主体(用人单位)唯有在技术、管理、服务等方面推陈出新和相互竞争方能凭借市场优势选贤举能,从而“促进经济发展与扩大就业相协调”。整体而言,劳动者和用人单位之间的双向选择使得劳动力资源得以通过市场竞争机制实现优化配置,从而以“人尽其才”的方式“促进社会和谐稳定”。综上所述,我国反就业歧视制度所承载的社会公共利益的内涵可具体表述为:公平的劳动力市场竞争

---

① [德]伯恩哈德·格罗斯菲尔德:《比较法的力量与弱点》,孙世彦、姚建宗译,清华大学出版社 2002 年版,第 19 页。

② William R. Corbett, *The Ugly Truth about Appearance Discrimination and the Beauty of Our Employment Discrimination Law*, 14 Duke Journal of Gender Law & Policy 153, 175 (2007).

③ 对于部分虔诚的宗教信徒而言,宗教信仰同样具有极强或较强的不可改变性。

④ 部分传染病同样具有绝对的不可改变性,如艾滋病。

⑤ 参见杨解君:《全面深化改革背景下的国家公权力监督体系重构》,载《武汉大学学报(哲学社会科学版)》2017 年第 3 期。

秩序。

三、我国反就业歧视制度中的社会公共利益保护不足

前文已述及，我国反就业歧视制度的社会本位属性显著，维护“公平的劳动力市场竞争秩序”是其首要任务。然而，考察当下的行政执法和司法实践却发现，我国反就业歧视制度在实施过程中过于依赖个人本位的保护路径，导致对社会公共利益的保护严重不足。

（一）劳动行政部门行政执法路径阻塞

整体而言，行政执法对我国反就业歧视制度社会公共利益的维护呈现杯水车薪之势。依据现代行政公益性原理，行政权亦可保护社会公共利益，且行政执法是实现该法益保护的主要途径之一。[①] 遗憾的是，由于我国现行《劳动保障监察条例》第 11 条未明确将就业歧视纳入劳动保障监察范围，各地劳动行政部门一般不受理针对就业歧视的投诉。一些地方性法规甚至变相将就业歧视高发的招聘和录用环节排除在行政救济范畴之外。例如，《广东省劳动保障监察条例》第 36 条明确将“投诉人应当向人力资源社会保障行政部门当面提交本人身份证明、投诉文书和反映劳动关系存在的证明材料”规定为劳动行政部门受理投诉并立案查处的前提条件。[②] 无独有偶，《重庆市劳动保障监察条例》第 24 条第 1 款规定“投诉人应当提供反映劳动关系（包括事实劳动关系）存在、劳动保障合法权益受到侵害等与投诉事项相关的证据材料”。与此类似的是，《宁夏回族自治区劳动保障监察条例》第 2 条第 1 款亦将“与劳动者建立或者形成劳动关系”设为劳动行政部门适用该条例对用人单位进行劳动保障监察的限制性条件。[③] 由此观之，遭受就业歧视的雇员普遍面临行政救济渠道不畅的困境，[④]以至于绝大多数平等就业权遭受侵害的雇员只能转而诉诸仲裁或诉讼。

---

① 参见王显勇：《公私兼顾论：我国反就业歧视法行政实施机制构建研究》，载《法律科学》2019 年第 2 期。

② 在该条例表决通过前不久，广东省人大社会建设委员会曾就条例（修正稿草案）召开了征求意见座谈会。笔者与会时指出该问题后，广东省人社厅领导坦言此处确有不妥，但囿于劳监部门有限的人力、物力、财力，此处实属无奈之举。

③ 《宁夏回族自治区劳动保障监察条例》第 2 条第 1 款规定：“本自治区行政区域内对与劳动者建立或者形成劳动关系的各类企业、个体工商户、民办非企业单位以及国家机关、事业单位和社会团体（以下统称用人单位）进行劳动保障监察，适用本条例。”

④ 此结论有两个例外。一是依据《人力资源市场暂行条例》第 24、43 条之规定，招聘广告直接含有歧视性内容的，人社部门可对责任主体进行行政执法；二是 2022 年修订的《妇女权益保障法》第 49 条首次规定“人力资源和社会保障部门应当将招聘、录取、晋职、晋级、评聘专业技术职称和职务、培训、辞退等过程中的性别歧视行为纳入劳动保障监察范围”。

（二）"填平损失"型的司法程序难以维护社会公共利益

作为保障反就业歧视制度实施的最后一道防线，我国司法程序恪守"仅救济私权利"之原则。自我国最高人民法院于2018年在一般人格权纠纷项下新增平等就业权纠纷案由以来，①反就业歧视制度的司法实践依旧呈现"人格权争议"和"劳动争议"并存的二元模式。结合《劳动争议调解仲裁法》第2条、最高人民法院《关于审理劳动争议案件适用法律问题的解释（一）》第1条、《就业促进法》第62条可知，劳动者在招录阶段与用人单位产生的就业歧视争议不属于劳动争议，只能提起人格权纠纷诉讼。依此逻辑，在尚未建立劳动关系的求职招聘环节，劳动者可依据《就业促进法》《妇女权益保障法》《残疾人保障法》提起人格权纠纷诉讼；在劳动关系存续期间，劳动者可依据《劳动法》《妇女权益保障法》《残疾人保障法》提起劳动争议诉讼。然而，无论是通过一般侵权路径处理人格权争议，还是通过其他路径处理劳动争议，法院在审理就业歧视案件时个人本位路径依赖畸重，惯以"填平损失"之私法救济理念弥补遭受歧视者的个人利益损失，而未顾及甚至明确拒绝考虑反就业歧视制度中的社会公共利益。

试举一例说明。广州市增城区人民法院审理的陈某祥与广州市运输有限公司增城分公司人格权纠纷案②将上述怪象体现得淋漓尽致。此案中，被告广州市运输有限公司增城分公司拟招聘10名大客车司机，并向广州市人力资源市场增城区分市场提交了含有"年龄18~45岁"内容的《计划招聘需求表》。原告陈某强时年57周岁，经由该市人力资源分市场介绍前往被告处应聘大客车司机岗位。被告当日便以原告超出招聘年龄为由出具书面不予录用决定。原告遂诉至法院要求被告：（1）将招聘宣传上的年龄条件更正为26~60周岁；（2）赔礼道歉；（3）支付精神抚慰金8000元；（4）支付诉讼费。法院审理认为，依据公安部颁布的《机动车驾驶证申领和使用规定》的规定，持有A1驾驶证的原告可依法驾驶大型客车至60周岁；在公安部已从年龄、身体、驾驶技能等方面对各类准驾车型驾驶证的申领以及各类车型驾驶证的审验管理进行了综合考量并作出规定的情况下，被告自行设定高于部门规章且与个人能力无关的年龄标准侵犯了原告的平等就业权。然而，针对原告的第一项诉讼请求，法院认为被告的招聘信息"侵害了包括原告在内的不特定人的平等就业权，原告可就该侵权行为对其自身造成损害的后果提起诉讼，但就被告针对不特定人作出的行

① 参见最高人民法院《关于增加民事案件案由的通知》（法〔2018〕344号）。

② 参见广东省广州市增城区人民法院民事判决书，（2016）粤0183民初901号。

为，原告没有诉的利益，本院不予支持”。基于此，法院判决被告向原告口头赔礼道歉、支付精神损害抚慰金3000元，但驳回了原告的其他诉讼请求。从此案可以看出，原告颇富正义感的第一项诉讼请求恰好诠释了我国反就业歧视制度中承载的社会公共利益——公平的劳动力市场竞争秩序，然而法院在明知被告的招聘信息扰乱了该秩序的情况下，仍以“诉讼主体资格不适格”为由拒绝保护此法益。此案折射出我国反就业歧视制度的司法实施机理亟须重新审视。

四、我国反就业歧视制度中的社会公共利益实现路径

前已述及，一方面，囿于就业歧视长期以来未被明确纳入劳动保障监察范畴，我国反就业歧视制度行政救济渠道阻塞。受此影响，该制度的具体实施以司法救济渠道为主，且司法救济程序承受着不能承受之重；另一方面，我国反就业歧视制度的司法实施机理主要表现为法院秉承“填平损失”之私法救济理念，为遭受歧视的劳动者个人提供救济，但未就用人单位未来可能针对不特定主体故技重演作出制度安排，难以为其他可能遭遇类似行为侵害的不特定劳动者提供公平的劳动力市场竞争秩序。为解决我国反就业歧视制度中存在的上述问题，实现反就业歧视制度中承载的社会公共利益，基于我国国情并适当参酌域外经验，①本书尝试从如下方面提出具体建议。

（一）建立惩罚性赔偿机制威慑潜在就业歧视行为

就业歧视行为不仅侵犯了受歧视者作为公民而享有的平等就业权，以及作为劳动者而享有的劳动权（此两种权利皆为现代人权概念的核心范畴），而且也破坏了公平的劳动力市场竞争秩序。在该行为破坏多重法益的现实背景下，我国反就业歧视制度的司法实施固守“填平损失”之私法

---

① 值得关注的是，美国反就业歧视制度以司法救济为主的实施路径与我国存在异曲同工之处，其设立的常设性联邦机构——公平就业机会委员会——专司负责实施反就业歧视联邦立法，但并不享有完全意义上的行政执法权，只对雇员提出的就业歧视指控进行调查和组织调解，或者在必要时代表雇员向法院提起诉讼。申言之，雇员向联邦法院提起就业歧视诉讼前一般须先向公平就业机会委员会提出指控，当公平就业机会委员会调解失败或者直接认定雇员的指控不具备正当理由时，雇员方可在90天内向联邦法院提起就业歧视诉讼。但是，这种行政救济法定前置的制度设计有两个例外情形：一是依据美国《反就业年龄歧视法》指控雇主实施了年龄歧视行为的雇员只要提前30天将“向联邦法院提起诉讼的意图”以书面形式告知公平就业机会委员会则可绕开该前置行政救济程序；二是依据《工资平等法》指控雇主基于性别因素在劳动报酬方面进行歧视的雇员可径直绕过公平就业机会委员会向联邦法院提起就业歧视诉讼。See U. S. Equal Employment Opportunity Commission, *Filing a Lawsuit in Federal Court*, https://www. eeoc. gov/federal - sector/filing - lawsuit - federal - court, last visit on November 29, 2020.

救济理念，仅对用人单位施加补偿性损害赔偿责任，未对保护社会公共利益予以应有关注，显然无法实现我国反就业歧视制度设立的终极目标。司法实践表明，即便在劳动者胜诉的就业歧视案件中，用人单位承担的法律责任普遍畸轻，①且法院未顾及甚至明确拒绝考虑该制度中实然存在的社会公共利益。详言之，在人格权争议案件中，法院多以判决用人单位承担2000~3000元精神损害赔偿责任和实际经济损失责任为主（如体检费、公证费）；②在劳动争议案件中，人民法院多施以与仅侵犯劳动者个人私权利之违法行为相同的法律责任，即用人单位在未实施违法就业歧视行为的情形下因实施违法调岗、降薪或解雇等行为而原本应承担的法律责任。③ 由此观之，我国反就业歧视制度中的法律责任难以有效阻却未来劳动力市场中可能出现的就业歧视行为，偏离了该制度的社会本位初衷。为了有效威慑劳动力市场中潜在的就业歧视行为，顺应"违法行为和法律责任相统一"之法律原则，回归反就业歧视制度的社会本位属性，实现该制度应当承载的社会公共利益，建立惩罚性赔偿机制殊有必要。

美国学界和实务界认为，除了对遭受就业歧视行为侵害的个人提供救济外，反就业歧视制度的根本目的——构建一种公平的就业机会秩序——将主要通过威慑未来可能出现的就业歧视行为得以实现。④ 也就是说，该制度不仅应致力于对已遭受就业歧视行为侵害的雇员个人提供法律救济，更应注重阻却未来可能出现的就业歧视行为，维护以公平的就业机会秩序为内涵的社会公共利益。⑤ 针对"如何阻却未来可能出现的就业歧视行为"的命题，美国国会超越"填平损失"的私法救济理念，数次加大力度对就业歧视行为施加经济制裁，以期对未来可能出现的就业歧视行为产生威慑效果。美国早期的1866年《民权法》侧重于遏制雇主故意实施的种族歧视行为，仅允许遭受故意种族就业歧视行为侵害的雇员请求陪审团裁决

① 参见曹薇薇：《人口政策转型期平等就业权的司法救济》，载《法学》2022年第6期。

② 参见浙江省杭州市西湖区人民法院民事判决书，(2014)杭西民初字第1848号；浙江省杭州市中级人民法院民事判决书，(2015)浙杭民终字第101号；北京市第三中级人民法院民事判决书，(2016)京03民终195号；广东省广州市中级人民法院民事判决书，(2016)粤01民终10790号；浙江省杭州市中级人民法院民事判决书，(2016)浙01民终7987号；广东省广州市增城区人民法院民事判决书，(2016)粤0183民初901号。

③ 参见杨浩楠：《完善我国解雇保护制度的路径选择》，载《法学》2018年第6期。

④ See William R. Corbett, *Unmasking a Pretext for Res Ipsa Loquitur: A Proposal to Let Employment Discrimination Speak for Itself*, 62 American University Law Review 447, 449 (2013).

⑤ See Elizabeth R. Langton, *Workplace Discrimination as a Public Health Issue: The Necessity of Title Ⅶ Protections for Volunteers*, 83 Fordham Law Review 1455, 1479 (2014).

雇主支付补偿性和惩罚性损害赔偿金，[①]遭受其他类型就业歧视行为侵害的雇员只能主张劳动报酬和福利损失。1967 年美国《反就业年龄歧视法》允许遭受故意年龄歧视行为侵害的雇员向雇主主张数额等同于违法年龄歧视行为引起的劳动报酬和福利损失的违约金。[②] 依此规定，遭受故意年龄歧视行为侵害的雇员可获得数额为 2 倍劳动报酬和福利损失的经济赔偿金。1991 年美国《民权法》修正案中首次规定因种族、性别、肤色、宗教、出生地和残疾而遭受故意就业歧视行为侵害的雇员可依《民权法》第七篇或《残疾人保护法》[③]请求陪审团裁决雇主支付补偿性和惩罚性损害赔偿金，[④]且补偿性损害赔偿金包括赔偿未来预期经济利益损失和因精神烦恼、折磨、不方便、内心痛苦、失去生活乐趣以及其他非经济利益而引起的损失。[⑤]

受此启发，本书建议我国未来在修改《就业促进法》和《劳动法》时可考虑作出以下制度设计：一是在《就业促进法》中将人格权争议中的精神损害赔偿金数额提升至“当地上一年度职工月平均工资的三至五倍”，具体倍数由法院在个案中依据最高人民法院《关于确定民事侵权精神损害赔偿责任若干问题的解释》第 5 条予以确定；二是除了劳动争议中违法调岗、降薪、解雇等行为原本对应的法律责任外，在《劳动法》中另行设置数额为劳动者月工资 3 倍的经济赔偿金责任。需要说明的是，就业歧视案件中原告胜诉率较低的客观事实决定了采用此方法有助于我国反就业歧视制度以“威而不怒”之方式阻却潜在的违法就业歧视行为，[⑥]事实上并不会大幅度增加用人单位的负担。

---

① See Unmasking a Pretext for Res Ipsa Loquitur, *A Proposal to Let Employment Discrimination Speak for Itself*, 62 American University Law Review 447, 463 (2013).

② See 29 U. S. C. § 626(b).

③ 《残疾人保护法》援引了 1964 年《民权法》中的法律责任对违法歧视残疾人的行为进行制裁。See 42 U. S. C. § 12117(a).

④ 1991 年美国《民权法》修正案规定，在本年或者去年有 20 周以上雇佣人数超过 14 人不足 101 人、超过 100 人不足 201 人、超过 200 人不足 501 人、超过 500 人的被告对每一个原告承担的补偿性和惩罚性损害赔偿金的数额总计分别不超过 5 万美元、10 万美元、20 万美元、30 万美元。See 42 U. S. C. § 1981(a)(b)(3).

⑤ See 42 U. S. C. § 1981(a)(b)(3).

⑥ 虽然我国尚无就业歧视案件中原告平均胜诉率的准确数据可查，但此类案件中原告胜诉率较低为学界和实务界有目共睹，兹不赘述。此外，虽然美国反就业歧视制度建立了举证责任转移机制和惩罚性赔偿机制，但美国 1979 年至 2006 年的司法实践表明，此类案件中原告的平均胜诉率仅为 15%，而同时期其他民事案件中原告的平均胜诉率为 51%。See Kevin M. Clermont, Stewart J. Schwab, *Employment Discrimination Plaintiffs in Federal Court: From Bad to Worse*, 3 Harvard Law & Policy Review 103, 127 (2009).

（二）疏通行政执法渠道纠正违法就业歧视行为

以前述陈某祥与广州市运输有限公司增城分公司人格权纠纷案为代表的司法实践充分暴露了个人本位路径实施反就业歧视制度社会公共利益保护缺位之弊端。面对“就业歧视行为依然危害其他不特定求职者的平等就业权，进而继续破坏公平的劳动力市场竞争秩序”之现实，在司法实施路径之外，通过疏通我国反就业歧视制度的行政执法渠道，纠正业已发生的就业歧视行为，不失为实现此社会公共利益的可行之策。

针对我国现行《劳动保障监察条例》未明确将就业歧视纳入劳动保障监察范围，以至于各地劳动行政部门长期不受理就业歧视投诉之现状，本书建议从劳动保障监察事项和违法就业歧视行为的行政责任两个方面着手净化我国劳动力市场的竞争秩序。于2022年修订的《妇女权益保障法》第49条首次明确将“性别就业歧视行为”纳入劳动保障监察范围，此举为我国名正言顺地开启反就业歧视制度的行政执法通道奠定了基础，但劳动行政部门针对其他类型的违法就业歧视行为（如民族、种族、宗教信仰、残疾、传染病和户籍地歧视）进行行政执法似乎依然未获得法律法规明确授权。鉴于此，本书建议在《劳动保障监察条例》第11条中加入“用人单位遵守禁止就业歧视规定的情况”之规定，以彻底扭转违法就业歧视行为行政投诉无门、行政执法无据之窘境。

本书建议在《劳动保障监察条例》第23条中加入“侵害求职者或劳动者平等就业权”之规定，授权劳动行政部门责令用人单位改正违法就业歧视行为，并处以罚款。对于行政执法中的行政罚款和司法诉讼中的惩罚性赔偿具有相互替代性，两者不宜同时规定，否则有“一事二罚”之虞的观点，[①]本书认为值得进一步商榷。行政罚款和惩罚性赔偿的作用对象和作用机理存在较大差异。前者主要是纠正业已发生的违法就业歧视行为，从而净化劳动力市场的竞争秩序；鉴于遭受就业歧视的绝大多数劳动者未诉诸司法程序，[②]后者主要是威慑潜在的违法就业歧视行为，从而维持公平的劳动力市场竞争秩序。两者之间具有较强的互补性。此外，囿于劳动者的举证地位和举证处境普遍逊于用人单位，且用人单位的人事决策行为往往

---

① 参见王显勇：《公私兼顾论：我国反就业歧视法行政实施机制构建研究》，载《法律科学》2019年第2期。

② 鉴于雇员向法院提起就业歧视指控普遍面临时间长、费用高以及举证难之困境，统计数据显示，在抱怨自己遭受职场不公的美国雇员中，仅有5%的雇员会选择向法院提起诉讼，且仅有0.06%的雇员会坚持走完整个司法诉讼程序并获得法院判决。See Laura Beth Nielsen & Robert L. Nelson, *Rights Realized? An Empirical Analysis of Employment Discrimination Litigation as a Claiming System*, 2005 Wisconsin Law Review 663, 681-682 (2005).

既具有违法的歧视性理由,也具有合法的正当商业理由,[①]这导致了就业歧视诉讼案件中原告的平均胜诉率在世界范围内都普遍较低。如果在劳动保障监察部门先行对违法就业歧视行为进行调查处理后,劳动者再诉诸法院,无疑将有助于缓解当下劳动者“不敢诉、不愿诉”的尴尬局面。

(三)引导用人单位主动承担社会责任促进劳动者多样性

社会法法域下,由各类市场主体广泛参与的社会合作是我国反就业歧视制度实现社会公共利益的重要机制。[②]除了劳动者个人诉诸司法程序和劳动行政部门行政执法外,引导用人单位主动承担社会责任,促进劳动者多样性,也是构建公平劳动力市场竞争秩序的应有之义。值得一提的是,为构建机会均等的公平就业秩序,美国法院尤其善于借助社会力量对雇主未来的人事决策行为进行司法引导。如本书第五章第三节第三部分所述,在美国加利福尼亚州北部地区法院审理的一宗就业歧视集体诉讼案件中,被告摩根士丹利同原告方达成了和解协议。在法院批准的这份协议中,被告除了同意向约1000名非洲裔和西班牙裔美国籍经纪人支付1600万美元的经济补偿外,还制定了促进员工多样性的具体方案,包括承诺雇佣更多的少数族裔雇员,聘请专门的产业关系心理学家为少数族裔雇员和实习生提供职业发展和招聘培训,聘请独立的第三方主体对该方案的具体实施情况进行审查。[③] 在美国运通公司被指控实施了性别歧视和年龄歧视行为,可口可乐公司和德士古公司被指控实施了种族歧视行为后,这三家世界五百强企业经法院批准分别与原告方达成了支付3100万美元、1.925亿美元、1.75亿美元的经济补偿和解协议,且和解协议中均包含了在未来促进员工多样性的具体方案。美国运通公司承诺雇佣专业人士对所有金融经理和顾问开展员工多样性培训项目,并修改公司内部的投诉和晋升政策;可口可乐公司承诺花费150万美元在公司管理层实施一个促进员工多样性的政策,并额外花费1.5亿美元在全国层面开展一项提升少数族群和妇女投资创业能力的项目;德士古公司承诺对招聘和面试的人事经理进行再培训,将雇佣少数族裔雇员人数的比例提高至26.4%,并将雇佣少数族

---

① See Michael Selmi, *The Evolution of Employment Discrimination Law: Changed Doctrine for Changed Social Conditions*, 2014 Wisconsin Law Review 937, 982 (2014).

② 参见张守文:《社会法的调整范围及其理论扩展》,载《中国高校社会科学》2013年第1期。

③ See Evelyn Juan, *Morgan Stanley Settles Race Bias Suit for $16 Million*, last visit on January 6, 2021, https://www.marketwatch.com/story/morgan-stanley-settles-race-bias-suit-for-16-million?mod=mw_more_headlines.

裔雇员人数的比例超过25%作为人事经理绩效考核的一个硬性指标。[①]

2005年联合国环境规划署金融组织(UNEP Finance Initiative)首次从环境(environmental)、社会(social)和公司治理(governance)层面系统性提出企业社会责任概念,即ESG。[②] 在该组织和联合国全球契约组织(UN Global Compact)的积极倡导下,[③]越来越多的主要工业化国家和国际组织将公平劳动力市场竞争秩序中蕴含的多样性(diversity)、平等(equity)和包容(inclusion)——DEI指标——全部或部分置于ESG的社会维度下进行考查。[④] 如英国富时罗素(FTSE Russell)ESG指数和美国标普500 ESG指数分别将企业执行国际劳工组织《消除就业和职业歧视公约》的情况、少数族裔员工的比重和女性在管理岗位的比重纳入其评价体系。[⑤] 受此影响,不乏国外企业为了提升ESG评级而主动改善劳动力结构中的DEI指标。知名市场营销机构安讯士(Axis Agency)首席执行官阿曼多·阿扎罗萨(Armando Azarloza)直言:"当1亿美国人认为自己是非白种人时,你就不能再继续按照之前的方式进行营销。如今的市场是一个新型的多元文化市场。"[⑥]就我国而言,在华企业为了获得投资者和消费者青睐,也越来越注重承担社会责任。虽然我国学者普遍认为国内企业积极承担社会责任有助于树立良好声誉、提高劳动投资效率、促进财务绩效、增强消费

① See Stephen Plass, *Private Dispute Resolution and the Future of Institutional Workplace Discrimination*, 54 Howard Law Journal 45, 79-80 (2010).

② See UNEP Finance Initiative, *Who Cares Wins: Connecting Financial Markets to a Changing World*, last visit on February 1, 2023, https://www.unepfi.org/fileadmin/events/2004/stocks/who_cares_wins_global_compact_2004.pdf.

③ See UNEP Finance Initiative & UN Global Compact, *Diversity, Equity & Inclusion: Key Action Areas For Investors*, last visit on February 1, 2023, https://www.unpri.org/download? ac=15712.

④ See Vianka Esteves Miranda et al., *Incorporating ESG Strategy in DEI for Leadership Roles in Higher Education*, 4 American International Journal of Business Management 75, 76 (2021).

⑤ See FTSE Russell, *Guide to FTSE and Third Party Sustainable Investment Data used in FTSE Indices*, https://research.ftserussell.com/products/downloads/Guide_to_FTSE_and_Third_Party_Sustainable_Investment_Data_used_in_FTSE_Russell_Indices.pdf; Reid Steadman, Mona Naqvi, Dan Perrone, The S & P 500 ESG Index: Defining the Sustainable Core, last visit on February 1, 2023, https://www.spglobal.com/spdji/zh/documents/education/education-sp-500-esg-index-defining-the-sustainable-core-sc.pdf.

⑥ See Glenn Llopis, *ESG And DEI: Why They Matter For Long-Term Sustainability*, https://www.forbes.com/sites/glennllopis/2022/12/08/esg-and-dei-why-they-matter-for-long-term-sustainability/? sh=5380d7b73394.

者信心,[①]但由于我国的企业社会责任运动尚处于初级阶段,且国内主流ESG评级机构(如华证ESG评级、润灵ESG评级、商道融绿ESG评级)大多尚未将DEI指标纳入其评价体系,[②]国内ESG评价体系无法有效借助社会力量引导用人单位主动改善DEI指标,进而营造公平的劳动力市场竞争秩序。故此,本书建议可由包括中国人民银行、国家市场监督管理总局、国家金融监督管理总局、证监会在内的行业主管部门会同中华全国总工会和相关行业协会(例如中国上市公司协会)制定统一的ESG评价标准,并将DEI指标纳入其中,引导用人单位在劳动力市场上主动展开良性竞争。

第二节　具体对策:我国反性别就业歧视制度结构解析与困境消解

性别就业歧视,即雇主基于求职者或雇员的性别而对其作出不利人事决策或有害对待,通常指的是对女性雇员的歧视。一方面,性别就业歧视既侵犯了妇女作为公民而享有的平等权,也侵犯了其作为劳动者而享有的劳动权,具有性别歧视和就业歧视叠加之后果,是各国反就业歧视制度规制的重中之重;另一方面,平衡女性雇员平等就业权、雇主用工自主权、以公平就业秩序为内核的社会公共利益的反性别就业歧视制度在调整范围上具有广泛性(反就业歧视制度的保护对象中,女性雇员数量最多)、在法益保护结构上具有层次性(除保护私权利外,还保护社会公共利益)、在利益平衡过程中具有对抗性(雇主和雇员的利益短期内“此消彼长”),因而被公认为各国反就业歧视制度共同面临之难题。党的十九大后的首次(2017年)中央经济工作会议强调:“要注重解决结构性就业矛盾,解决好性别歧视、身份歧视问题。”在当前世界经济因受新型冠状病毒疫情影响而持续低迷,国内产业结构升级、进出口贸易疲软、用工成本持续上升、经济

---

① 参见陶欣欣等:《社会责任履行影响企业劳动投资效率吗》,载《会计研究》2022年第6期;李百兴、王博、卿小权:《企业社会责任履行、媒体监督与财务绩效研究——基于A股重污染行业的经验数据》,载《会计研究》2018年第7期;周延风、罗文恩、肖文建:《企业社会责任行为与消费者响应——消费者个人特征和价格信号的调节》,载《中国工业经济》2007年第3期;王琳璘、廉永辉、董捷:《ESG表现对企业价值的影响机制研究》,载《证券市场导报》2022年第5期。

② 参见《华证ESG评级方法论V2.0》,载上海华证指数信息服务有限公司网2022年12月2日,https://www.chindices.com/files/%E5%8D%8E%E8%AF%81ESG%E8%AF%84%E7%BA%A7%E6%96%B9%E6%B3%95%E8%AE%BA.pdf;《润灵ESG评级(RKS ESG Ratings)方法简介》,载润灵环球(北京)咨询有限公司网,http://www.rksratings.cn/ueditor/php/upload/file/20200922/1600741869556957.pdf;《商道融绿ESG评级方法论》,载北京商道融绿咨询有限公司网2023年2月1日,https://www.syntaogf.com/pages/esg01。

由高速增长转为中高速增长以及三孩生育政策全面放开的宏观背景下,反就业歧视制度承担着“保民生、稳就业”之重任。较之于其他类型的就业歧视行为,性别歧视的潜在波及范围最广,即在可能遭受就业歧视的群体中,妇女数量最大;形式最复杂,既涉及传统的生物性别歧视,也涉及新型的性取向和性别认同歧视;危害后果最典型,以至于我国《宪法》专门对妇女享有的平等就业权作出了规定。鉴于此,我国反性别就业歧视制度在新形势下肩负着特殊的时代使命。

我国的性别就业歧视问题“既严重又普遍”。① 全国妇联和国家统计局联合开展的第三期中国妇女社会地位调查显示,在 21 世纪的第一个 10 年间 10%的女性在就业时遭遇过性别歧视,7.8%的女性在工作或学习中遭遇过性骚扰,19.8%的高层次女性人才认为性别阻碍了自身的职业发展,24.7%的女大学生求职时遭遇过不平等对待。② 2019 年 8 月全国人民代表大会常务委员会执法检查组发布的《关于检查〈中华人民共和国就业促进法〉实施情况的报告》指出,我国公平就业环境有待优化,就业歧视仍然存在;用人单位招录未婚未育女性的意愿低,部分单位公开表露仅招男性的偏好,或增加限制女性的就业条件;“全面两孩”政策实施后,24.7%的受调查者认为用人单位不愿录用已到生育年龄而未生育的妇女。③

上述迹象表明我国反性别就业歧视制度实施效果欠佳。究其原因,有学者认为根源在于片面追求“用人绩效”以至于未能树立“改善弱势群体地位”之理念。④ 有学者将其归咎于“法律规范过于原则,缺乏可操作性”;⑤针对完善该制度的对策,有学者指出,性别就业歧视除违反劳动法外,还违反了包括《妇女权益保障法》在内的其他法律,应从严规制。⑥ 但也有观点强调:基于劳资双方利益平衡考量,歧视保护范围不能无边无际,⑦或曰“不能只突出劳动者的权利而忽略用人单位合理的用人自主权”;⑧值得注意的是,美国是国内学者研究反就业歧视制度绕不开的话题。在立法

---

① 张时飞、唐钧:《中国就业歧视:基本判断》,载《江苏社会科学》2010 年第 2 期。
② 谭琳主编:《妇女绿皮书:2008~2012 年:中国性别平等与妇女发展报告》,社会科学文献出版社 2013 年版,第 233 页。
③ 孙梦爽、张维炜:《就业歧视如何“破”》,载《中国人大》2019 年第 17 期。
④ 阎天:《反就业歧视法的一般理论——中美两国的建构与反思》,载《环球法律评论》2014 年第 6 期。
⑤ 郭延军:《就业性别歧视的法律判断标准——基于美国法律实践的考察》,载《环球法律评论》2011 年第 6 期。
⑥ 娄宇:《德国反就业歧视的法律规制研究》,载《德国研究》2014 年第 4 期。
⑦ 饶志静:《论劳动就业歧视禁止形态的边界——基于〈就业促进法〉第 3 条的法教义学分析》,载《上海师范大学学报(哲学社会科学版)》2016 年第 6 期。
⑧ 张艳:《反就业歧视及其法律建构》,载《西南政法大学学报》2006 年第 1 期。

层面,有学者建议我国制定专门的"反就业歧视法",并在举证责任、抗辩事由、法律责任方面借鉴美国经验。① 在执法层面,有学者建议效仿美国建立一个平等就业监督机构。② 在司法层面,学者们或提出借鉴美国规制间接性别歧视的司法经验,③或呼吁引入美国判例法中的"刻板印象"理论。④但其他学者或认为美国法中的间接歧视理论因证明规则复杂而不适合我国,⑤或主张摒弃美国主观主义歧视构成要件并借鉴英国法,⑥或以"我国不具备美国那种通过大规模性别平等运动推动反歧视立法的社会背景"为由主张借鉴德国法。⑦ 学者们如此不同甚至对立的观点引人深思。依循问题导向研究范式,本书在回答以下问题的基础上尝试提出消解我国反性别就业歧视制度实施困境的对策:一是何为我国反性别就业歧视制度全貌?客观解析该制度的实体法结构是消解困境的前提。二是为何我国反性别就业歧视制度实施效果欠佳?识别制度失灵的原因从而对症下药是消解困境的关键。三是何为消解制度困境的具体对策?在回答前两问的基础上立足国情并结合对域外制度的批判性借鉴,或能提出行之有效的对策。

一、我国反性别就业歧视制度结构解析

我国反性别就业歧视制度散见于多部效力位阶不同的法律规范。不同法律规范中的反性别就业歧视制度时间跨度大、内容不一,只有在对该制度进行全面梳理的基础上客观评析其运行现状,方能揭示其实施困境,进而提出具体的完善对策。

(一)我国反性别就业歧视制度的组成结构

在《宪法》统摄下,⑧在吸收和转化一系列涉人权和劳工保护的国际公

① 林嘉:《论我国就业歧视的法律调控》,载《河南社会科学》2006 年第 5 期。

② 李志:《反就业歧视的现状及对策研究——从高校毕业生就业的视角》,载《西南政法大学学报》2016 年第 5 期。

③ 郭延军:《美国就业领域间接性别歧视的法律控制》,载《政治与法律》2013 年第 4 期。

④ 陆海娜:《从"刻板印象"到"关系型歧视"——美国性少数群体就业歧视诉讼的发展历程及启示》,载《中外法学》2019 年第 6 期。

⑤ 张姝:《论就业歧视的狭义界定——我国就业歧视法律规制的起点》,载《当代法学》2011 年第 4 期。

⑥ 谢增毅:《美英两国就业歧视构成要件比较——兼论反就业歧视法发展趋势及我国立法选择》,载《中外法学》2008 年第 4 期。

⑦ 娄宇:《德国法上就业歧视的抗辩事由——兼论对我国的启示》,载《清华法学》2014 年第 4 期。

⑧ 《宪法》第 48 条规定:"中华人民共和国妇女在政治的、经济的、文化的、社会的和家庭的生活等各方面享有同男子平等的权利。国家保护妇女的权利和利益,实行男女同工同酬,培养和选拔妇女干部。"

约的基础上，[①]我国反性别就业歧视制度主要由《妇女权益保障法》、[②]《劳动法》、《就业促进法》、《劳动合同法》和《女职工劳动保护特别规定》中的相关内容构成（见表1）。

表1　我国反性别就业歧视制度的组成结构

<table>
<tr><th colspan="2">法律依据</th><th>主要保护措施</th><th>保护阶段</th><th>救济方式</th></tr>
<tr><td rowspan="6">劳动法</td><td rowspan="2">《劳动法》第12、13、29、79条</td><td>禁止以性别为由拒绝录用妇女或提高录用标准</td><td>招录阶段</td><td>未明确规定</td></tr>
<tr><td>禁止对处于“三期”的女工进行预告辞退</td><td rowspan="3">解雇阶段</td><td rowspan="4">按劳动争议处理</td></tr>
<tr><td>《劳动合同法》第42条</td><td>禁止对处于“三期”的女工进行预告辞退</td></tr>
<tr><td rowspan="2">《女职工劳动保护特别规定》第5、11、14条</td><td>禁止因“三期”辞退女工</td></tr>
<tr><td>禁止因“三期”对女工降薪；预防和制止性骚扰</td><td>用工阶段</td></tr>
<tr><td>《就业促进法》第3、27、62条</td><td>禁止以性别为由拒绝录用妇女或提高录用标准；
禁止在劳动合同中限制妇女结婚和生育</td><td rowspan="2">招录阶段</td><td rowspan="2">按普通民事争议处理</td></tr>
<tr><td rowspan="3">特殊群体权益保障法</td><td rowspan="3">《妇女权益保障法》第22～25条、第27、52条</td><td>禁止以性别为由拒绝录用妇女或提高录用标准；禁止在劳动合同中限制妇女结婚和生育</td></tr>
<tr><td>男女同工同酬、禁止在福利待遇方面歧视妇女；
禁止在晋职、晋级、评职称、退休方面歧视妇女；
禁止因结婚、“三期”对女工降薪</td><td>用工阶段</td><td rowspan="2">按劳动争议处理</td></tr>
<tr><td>禁止因结婚或“三期”辞退女工</td><td>解雇阶段</td></tr>
</table>

① 国际法是我国反性别就业歧视制度的重要渊源。例如，我国1980年批准的《消除对妇女一切形式歧视公约》第11条从消除性别就业歧视和消除结婚或生育就业歧视两方面对妇女的平等就业权作出了规定；1990年批准的《男女工人同工同酬公约》第1～4条对解决“男女同工不同酬”问题提供了初步的制度框架；2001年批准的《经济、社会及文化权利国际公约》第7条在要求缔约国保证“人人有权享受公正或良好的工作条件”时强调“保证妇女享受不差于男子所享受的工作条件，并享受同工同酬”。

② 我国新修订了《妇女权益保障法》，新法于2023年1月1日施行。在本书写作期间新法尚未生效，其实施情形无从考究，如无特别说明，本书相关研究和分析以《妇女权益保障法》（2018修正版）为基础。

如表 1 所示，我国反性别就业歧视制度主要由劳动法和特殊群体权益保障法构成，这两个板块中的每部法律在主要保护措施、保护阶段及救济方式上存在差异。劳动法板块中，《劳动法》和《劳动合同法》在用工阶段未提及妇女的平等就业权，在解雇阶段均采用客观要件模式禁止雇主对处于“三期”的妇女进行预告辞退，即只要女工处于“三期”，则有权利免于遭受预告辞退。需注意的是，《劳动法》虽含有禁止雇主在招录阶段进行性别歧视的规定，但女性求职者或因尚未建立劳动关系而无法获得准司法和司法救济，[①]或因《劳动保障监察条例》未将“就业歧视”纳入劳动保障监察范围而无法获得行政救济，[②]故其事实上无法保护招录阶段的女工。《女职工劳动保护特别规定》赋予女工免于遭受职场性骚扰侵害的权利，并采用主观要件模式禁止雇主因为女工处于“三期”而对其进行降薪或辞退。申言之，该法并未禁止雇主以其他合法理由对处于“三期”的女工进行降薪或辞退。《就业促进法》仅在招录阶段保护妇女的平等就业权，并赋予其提起普通民事诉讼的权利。较之于劳动法板块，特殊群体权益保障法板块中的《妇女权益保障法》总体上进一步丰富了妇女的平等就业权。在招录阶段，《妇女权益保障法》同《就业促进法》的规定相同；在用工阶段，该法在劳动报酬、福利待遇、退休政策以及晋升方面对妇女的平等就业权作出了更为全面的规定。在解雇阶段，该法采用主观要件模式禁止雇主因为女工结婚或处于“三期”而将其辞退。

整体而言，我国反性别就业歧视制度的结构如下：在招录阶段，《就业促进法》《妇女权益保障法》均禁止雇主以性别为由拒绝录用妇女或提高录用标准、禁止在劳动合同中限制妇女结婚和生育，并均赋予受害者提起普通民事诉讼的权利。在用工阶段，《女职工劳动保护特别规定》《妇女权益保障法》在程序法层面均允许受害者申请劳动仲裁或提起劳动争议诉讼，但在实体法层面差异显著：前者向雇主施加了禁止因“三期”对女工降薪以及预防和制止职场性骚扰之义务，后者则在劳动报酬、福利待遇、退休政策及晋升方面作出了详细规定。在解雇阶段，《劳动法》《劳动合同法》采用客观要件模式禁止雇主对处于“三期”的女工进行预告辞退，《女职工劳动保护特别规定》《妇女权益保障法》采用主观要件模式分别禁止雇主因“三期”以及因结婚和“三期”辞退女工，且受害者在此阶段可申请劳动

① 结合《劳动争议调解仲裁法》第 2 条和最高人民法院《关于审理劳动争议案件适用法律问题的解释(一)》第 1 条的规定看，求职者在招录阶段与雇主产生的争议不属于劳动争议。

② 因《劳动保障监察条例》第 11 条未将“就业歧视”纳入劳动保障监察范围，劳动行政部门在实践中一般不受理针对就业歧视行为的投诉。

仲裁或提起劳动争议诉讼。

(二)我国反性别就业歧视制度的结构特征

从上文可知,我国反性别就业歧视制度已基本同国际接轨,并呈现以下特征。

第一,保护措施丰富。既保护物质利益(如男女同工同酬),也保护非物质利益(如禁止限制妇女结婚和生育);既向雇主施加了消极的不作为义务(如禁止以性别为由拒绝录用妇女),也施加了积极的作为义务(如预防和制止职场性骚扰);既采用了客观要件模式(如禁止对处于“三期”的女工进行预告辞退),也采用了主观要件模式(如禁止因结婚、“三期”对女工降薪或将其辞退)。

第二,保护阶段完整。妇女在招录、用工和解雇阶段均享有平等就业权,并在权利遭受侵害时享有诉权。值得注意的是,学者们因习惯于从劳动法视角研究反就业歧视制度,故频繁得出该制度调整范围过窄之结论。例如,有学者认为《劳动法》中的反就业歧视制度仅局限于招录阶段;①也有学者认为《劳动法》侧重于调整劳动关系而对招录阶段的就业歧视行为调整不足。② 还有学者因混淆了《就业促进法》和《劳动法》中的救济方式而误以为《就业促进法》中享有诉权的主体仅限于“已与用人单位建立劳动关系的劳动者”,而招录阶段的劳动者不受保护。③ 对此,笔者认为:应结合劳动法和特殊群体权益保障法两方面的内容审视反就业歧视制度。依此理解,现行劳动法和特殊群体权益保障法已覆盖女性雇员劳动关系全过程,“反就业歧视制度调整范围过窄”在反性别就业歧视制度语境下是个伪命题。

第三,救济方式以准司法和司法程序为主。鉴于“就业歧视”未被纳入劳动保障监察事项,在劳动法板块中,受害者只能依据《劳动法》《劳动合同法》《女职工劳动保护特别规定》申请劳动仲裁和提起劳动争议诉讼,或依据《就业促进法》提起普通民事诉讼;在特殊群体权益保障法板块中,受害者在招录阶段可依据《妇女权益保障法》提起普通民事诉讼,在用工和解雇阶段可申请劳动仲裁和提起劳动争议诉讼。

---

① 笔者认为,虽然《劳动法》第 13 条含有禁止雇主在招录阶段进行性别歧视的规定,但求职者或因尚未建立劳动关系而无法获得准司法和司法救济,或因《劳动保障监察条例》未将“就业歧视”纳入劳动保障监察范围而无法获得行政救济。反倒是《劳动法》第 29 条在解雇阶段对女工提供了一定程度的平等就业权保护。《劳动法》中的反就业歧视制度仅限于招录阶段的观点可参见阎天:《重思中国反就业歧视法的当代兴起》,载《中外法学》2012 年第 3 期。

② 该观点参见林嘉:《论我国就业歧视的法律调控》,载《河南社会科学》2006 年第 5 期。

③ 该观点参见李雄、吴晓静:《我国反就业歧视法律规控研究》,载《河北法学》2010 年第 12 期。

二、我国反性别就业歧视制度的实施困境

我国反性别就业歧视制度的组成结构及其特征表明:实体法层面的制度设计已基本同国际接轨,其似乎并非该制度实施效果欠佳的首要成因。鉴于该制度在救济方式上具有以准司法和司法程序为主的特征,有必要从实施层面剖析其制度困境。需要说明的是,劳动仲裁文书因目前无规范性文件要求劳动仲裁机构向社会公布而具有一定程度的不可获得性,且《劳动人事争议仲裁办案规则》许可劳动仲裁机构参照民事诉讼程序处理劳动争议,故笔者以法院审理的诉讼案件为视角剖析该制度的实施现状。

(一)我国反性别就业歧视制度的司法现状

司法实践中,受害者或依据《劳动法》《劳动合同法》《女职工劳动保护特别规定》《妇女权益保障法》申请劳动仲裁和提起劳动争议诉讼,或依据《就业促进法》《妇女权益保障法》提起普通民事诉讼。[①] 截至 2021 年 5 月,笔者在中国裁判文书网中以“性别歧视”为关键词共检索到 7 起主要案情涉及性别就业歧视的案件。从法院审理的这些案件中可窥见反性别就业歧视制度的实施困境(见表 2)。

表 2　我国反性别就业歧视制度的司法现状

案由	案号	主要案情	主要证据	主要判决理由	主要判决结果
人格权纠纷	(2014)杭西民初字第 1848 号	原告先后在网络、电话、现场应聘环节因性别原因求职遭拒	录音录像表明被告以“文案职位仅招男性”为由拒绝考虑原告的应聘申请	被告未对原告是否符合招聘条件进行审查便直接以其是女性为由拒绝其应聘,侵犯了原告的平等就业权	赔偿精神损害赔偿金 2000 元
	(2016)京 03 民终 195 号	原告通过面试并被通知进行体检后因性别原因被拒绝录用	录音表明原告询问是否因其为女性而未被录用,被告答复:“对……女投递员我们这从来都没有过……女孩投递算怎么回事”	被告工作人员的言论表明性别是被告拒绝录用原告的原因之一,被告侵犯了原告的平等就业权	赔偿精神损害赔偿金 2000 元、入职体检费 120 元、证据鉴定费 6450 元

① 根据最高人民法院《关于增加民事案件案由的通知》(法〔2018〕344 号)的规定,从 2019 年起,按照普通民事程序审理的就业歧视纠纷的案由被精确为“一般人格权纠纷”项下的“平等就业权纠纷”。

续表

案由	案号	主要案情	主要证据	主要判决理由	主要判决结果
人格权纠纷	(2016)粤01民终10790号	原告根据招聘广告前往被告处应聘,因性别原因遭拒	录音录像表明被告工作人员反复告知原告“不招女工”	被告因性别而实施的区别、限制以及排斥行为不具有合法性和合理性,损害了原告的平等就业权	赔偿精神损害赔偿金2000元;书面赔礼道歉
	(2020)浙01民终2725号	原告在接受性别重置手术后不久被单位以多次迟到严重违反规章制度为由辞退	考勤记录显示原告在手术前后多次迟到;录音表明人事主管发表过“那我问你跟男的还是跟女的去、你去了也跟不了,你身体不允许、你每天要有一个清洗过程”等言论	被告未明确针对原告的跨性别身份发表歧视性言论,且原告持续迟到构成严重违反规章制度,故被告有权将其辞退,且不能因辞退发生在原告接受变性手术后不久而认定二者间存在因果关系	驳回原告的全部诉讼请求
劳动争议	(2019)京02民终11084号	原告在接受性别重置手术期间被单位以旷工为由辞退	被告向原告发送了含有“精神病人发作、女同事反对您使用女厕所,男同事反对您使用男厕所、其他员工恐惧、不安和伦理尴尬”等内容的函件;原告提供了证明自己未旷工的病情证明单	原告不存在旷工行为,被告违法解除劳动合同,且原、被告之间具备继续履行劳动合同的条件	继续履行劳动合同;向原告支付14,537.3元病假工资以及因违法解雇引起的工资损失106,341.16元
	(2020)鲁01民终8354号	原告在哺乳期内被单位辞退	被告的工作人员在微信中告知原告:“刘姐,公司不辞退了,这个赔偿给不了,你回来上班吧”	被告在劳动合同尚未期满、原告尚在哺乳期内的情形下违法解除劳动合同	支付违法解雇赔偿金125,463.36元、哺乳期工资66,182.47元等
	(2019)川0504民初1201号	两性畸形症患者因性别问题多次与同事发生纠纷而被单位调岗至劳动报酬和福利待遇较差的岗位	相关凭证显示原告被调岗后在工资、奖金、养老保险待遇以及其他福利待遇方面显著下降	对原告调岗虽属正常管理行为,且被告有权自主确定不同岗位职工的工资分配方式和工资水平,但被告在引导和建立特殊员工帮扶机制建设方面尚需进一步完善	向原告支付经济帮助40,000元

如表2所示,我国反性别就业歧视制度在实施层面有如下特征。

其一,原告提供直接证据证明被告具有实施性别就业歧视行为的主观意图是其平等就业权得到救济的关键。比对四个人格权纠纷案件可知,若原告能提供直接证据(如明确含有性别歧视内容的录音录像),法院均认定被告实施了性别就业歧视行为。反之,在第四个案件中,即使原告提供了可形成证据链的间接证据(例如虽原告在手术前也多次迟到,但恰好在做完手术返回公司后不久被辞退、被告明确表示原告的身体情况不适合该工作、其他迟到更严重的员工未被辞退),其诉讼请求仍未获法院支持。与此类似的是,在三个劳动争议案件中,若原告能提供可证明被告具有性别就业歧视主观意图的直接证据,法院均认定被告实施了违法行为。反之,在最后一个案件中,虽然原告客观上因性别因素权益遭受减损,但法院仅依据公平责任原则判决被告向其提供经济帮助。

其二,法律责任威慑性不足。在原告胜诉的人格权纠纷案件中,被告承担的法律责任以象征性赔偿2000元精神损害赔偿金为主。在原告胜诉的劳动争议案件中,虽然违法解雇行为既侵犯了其作为劳动者而享有的职业稳定权,也侵犯了其作为女性公民而享有的平等就业权,但被告承担的法律责任与因未具备法定解雇理由或未满足法定解雇程序而仅侵犯雇员职业稳定权的情形无异。对此,笔者坚持认为《劳动合同法》未针对既侵害雇员职业稳定权,又侵害涉及社会公共利益之平等就业权的歧视性解雇行为设置更为严苛的法律责任有违行为与责任相适应之法律原则。① 依此理解,无论是在人格权纠纷案件还是在劳动争议案件中,雇主因违法实施性别就业歧视行为而承担的法律责任明显缺乏威慑性。

其三,跨性别雇员群体的平等就业权屡受侵犯。在表2分析的7起案件中,3起案件的原告为跨性别雇员,涉案数约占案件总数的一半。与以上观察互为印证的是,北京大学社会学系发布的《2017中国跨性别群体生存现状调查报告》指出:"跨性别人群所面临的失业风险约为社会普通人群的3倍,工作环境对跨性别者不友好的达到24.58%,跨性别女性面临的外部工作环境压力最大。"②由此观之,跨性别雇员群体是遭受性别就业歧视行为侵害的重灾区。

(二)我国反性别就业歧视制度实施困境的成因

第一,雇员举证责任畸重。前已述及,原告向法院提供可证明被告具

① 杨浩楠:《完善我国解雇保护制度的路径选择》,载《法学》2018年第6期。

② 《跨性别人群生存困境调查:多数人有遭受校园暴力经历》,载人民网2020年2月22日,http://yn.people.com.cn/n2/2020/0222/c378440-33818639.html。

有实施性别就业歧视行为主观意图的直接证据是其平等就业权得到救济的关键。"'证明难'一直是就业歧视诉讼的首要障碍。压倒多数的法院要求提供用人单位过错的直接证据,尤其是歧视性言词的记录。"①域外司法实践表明"鲜有雇主会主动承认自己具有违法的主观意图,且大部分雇主会巧妙地避免留下可证明这种违法意图的确凿证据,所以大部分原告只能借助各种间接证据从侧面削弱雇主提供的各种各样的理由的可靠性"。② 依此逻辑,在直接证据客观上的确存在但原告无法提供,或在雇主以其他理由为借口隐瞒其真实意图致使此类证据客观上不存在时,我国反性别就业歧视制度恐被架空。

第二,雇主法律责任畸轻。整体而言,在原告胜诉的案件中,法院或象征性地判决雇主支付2000元精神损害赔偿金,或基于"填平损失"原则判决恢复劳动关系、支付欠付工资,或按照普通违法解雇行为判决支付经济赔偿金。在人格权纠纷案件中,依据现行司法解释,③在性别就业歧视语境下确定精神损害赔偿金数额应考虑以下从重因素:一是侵权人为用人单位而非自然人,一般具有较强的"经济能力承担责任";④二是侵权人出于经济利益的目的而作出拒绝录用之决策,致使求职者丧失就业机会,无法获得劳动报酬。⑤ 依此理解,法院判决的精神损害赔偿金不合理地过于保守。在劳动争议案件中,较之于普通的违反劳动法的行为(如与性别歧视无涉的违法解雇),性别就业歧视行为既侵害了原告作为公民而享有的平等权,也侵害了其作为劳动者而享有的劳动权,因而具有更强的主观恶性和更严重的危害性。然而司法实践表明,性别就业歧视同仅侵害单一法益的

---

① 阎天:《反就业歧视法的一般理论——中美两国的建构与反思》,载《环球法律评论》2014年第6期。

② David Sherwyn, Michael Heise, *The Gross Beast of Burden of Proof: Experimental Evidence on How the Burden of Proof Influences Employment Discrimination Case Outcomes*, Arizona State Law Journal, Vol. 42, (2010), p. 906.

③ 最高人民法院《关于确定民事侵权精神损害赔偿责任若干问题的解释》(法释〔2020〕17号)第5条规定:"精神损害的赔偿数额根据以下因素确定:(一)侵权人的过错程度,但是法律另有规定的除外;(二)侵权行为的目的、方式、场合等具体情节;(三)侵权行为所造成的后果;(四)侵权人的获利情况;(五)侵权人承担责任的经济能力;(六)受理诉讼法院所在地的平均生活水平"。

④ 例如山东省高级人民法院《关于审理人身损害赔偿案件若干问题的意见》第85条规定,侵害人是自然人的,一般性精神损害赔偿标准为1000~3000元……侵害人是法人或其他社会组织的,一般按照公民赔偿标准的5~10倍予以赔偿。

⑤ 例如,四川省高级人民法院贯彻执行最高人民法院《〈关于确定民事侵权精神损害赔偿责任若干问题的解释〉的意见》第3条第5款规定,以获取经济利益为目的侵犯他人精神性人格权利的,精神损害抚慰金的数额不受上述最高限额50,000元规定的限制,其具体赔偿数额应根据侵权人获利的多少而定。

违法行为所对应的法律责任无异。综上所述,我国反性别就业歧视制度的法律责任不合理偏低。

第三,性别歧视概念外延过窄。如表2所示,我国跨性别雇员的平等就业权屡受侵犯。究其原因,囿于我国反性别就业歧视制度中"性别"概念的外延仅限于"生物性别"(见表1归纳的各项保护措施),而未涵盖"性取向"和"性别认同",故具有特殊性取向或性别认同的跨性别者因与传统社会文化不符而频遭就业歧视。申言之,现行制度并不名正言顺地保护大量具有特殊性取向或性别认同的跨性别者。受此影响,法院在处理此类案件时实际上无法可依。例如,在表2分析的第五个案件中[(2019)京02民终11084号],北京市第二中级人民法院在查明《劳动法》和《就业促进法》并未明确禁止雇主因劳动者变性而实施歧视行为后,为实现个案正义而只能基于"劳动者有权利接受性别置换手术转变性别,且该行为获公安机关认可"此社会现象迂回而含蓄地推定跨性别者享有平等就业权。

三、中美反性别就业歧视制度比较分析

如本书前文所述,历经60余载演变,美国反性别就业歧视制度已相对成熟,其在成文法和判例法层面积累了部分可供我国参考的经验。中美反性别就业歧视制度既存在共性,也存在差异(见表3),识别二者间的制度差异是我国批判性借鉴域外制度的前提。

表3　中美反性别就业歧视制度对比分析

国别	保护范围	举证规则	法律责任	救济方式
中国	生物性别	雇员在人格权纠纷中承担全部举证责任,在劳动争议中承担大部分举证责任;主要承认直接证据	人格权纠纷中以精神损害赔偿为主;劳动争议中以恢复劳动关系、支付违法解雇赔偿金和欠付工资为主	准司法和司法救济
美国	生物性别、性取向、性别认同	当雇员证明性别是雇主实施被指控行为的一个激发因素时,举证责任转移至雇主;承认间接证据	根据雇主雇佣人数的规模,雇员可获得金额上限不同的补偿性和惩罚性损害赔偿金	行政救济、司法救济

如表3所示,中美反性别就业歧视制度主要存在四点差异。一是在保护范围上,我国的性别歧视概念主要限于生物性别,未涵盖与之有紧密关联的性取向和性别认同。是故,跨性别雇员并不在我国现行反就业歧视制度的保护范围内。与此不同的是,美国联邦最高法院近期创制的判例法对

性别歧视概念的外延进行了扩张,明确禁止雇主基于性取向和性别认同实施就业歧视行为。二是在举证规则上,因人格权纠纷在我国属于普通民事争议,故依据“谁主张、谁举证”原则,雇员须承担全部举证责任;在劳动争议中,依据《劳动争议调解仲裁法》第6条和最高人民法院《关于审理劳动争议案件适用法律问题的解释(一)》第44条之规定,雇主须就其人事决策进行举证。但大部分雇主很容易向法院提供一个合法的非歧视性的理由去解释其对雇员作出的人事决策,①故雇员实际上须承担最终的举证责任证明该人事决策构成就业歧视方能胜诉。此外,我国法院一般要求雇员提供可证明雇主具有实施性别就业歧视行为主观意图的直接证据。在此方面,美国的做法是一旦雇员提供间接证据证明歧视是雇主进行决策的一个激发因素,举证责任便转移至雇主,即雇主须证明被指控之人事决策具有必要性,且不存在对雇员伤害更小的替代措施。三是在法律责任上,我国以补偿性损害赔偿为主,威慑性不足。前已述及,在人格权纠纷案件中,雇员获得的精神损害赔偿金数额普遍不合理偏低;在劳动争议案件中,性别就业歧视行为对应的法律责任通常被与就业歧视无涉的违法行为的法律责任所吸收。与此不同的是,除补偿性损害赔偿金外,1991年美国《民权法》修正案允许雇员向雇主主张高额的惩罚性损害赔偿金。四是在救济方式上,我国以准司法和司法救济为主,行政救济缺位。除招聘广告直接含有歧视内容的情形外,②就业歧视目前并不在劳动行政部门劳动监察的范畴内。换言之,绝大部分平等就业权遭受侵害的雇员只能诉诸仲裁或诉讼。然而美国在1964年《民权法》第七篇中设立了专司负责消除就业歧视的常设性联邦政府机构,并在多数情况下将行政救济作为司法救济的前置程序。

四、消解我国反性别就业歧视制度实施困境的具体对策

结合我国反性别就业歧视制度失灵的成因,借鉴域外经验,消解我国反性别就业歧视制度实施困境的具体对策如下。

首先,将性别歧视概念的外延扩展至性取向和性别认同,维护跨性别者的平等就业权。理由有四:一是性取向歧视和性别认同歧视的本质就是性别歧视。前已述及,诚如美国联邦最高法院大法官尼尔·戈萨奇精辟地

---

① Denny Chin, Jodi Golinsky, *Moving beyond McDonnell Douglas: A Simplified Method for Assessing Evidence in Discrimination Cases*, Brooklyn Law Review, Vol. 64, (1997 - 1998), p. 665.

② 参见《人力资源市场暂行条例》第24、43条。

指出:“在雇主因为一个雇员是同性恋或变性者而实施解雇行为的情形下,如果将该被解雇雇员表现出的特征或实施的行为放到另一种性别的雇员身上,雇主是不会实施解雇行为的。性别因素在雇主解雇决策中起到了关键的和无法掩盖的作用。”二是为跨性别者提供公平就业机会权利符合反就业歧视制度“禁止雇主基于个人不可改变和不可控制的特征实施就业歧视行为以实现公平正义”之一般原理。① 虽然科学研究尚无法甄别导致个人成为同性恋者的具体因素,但心理学和医学通说认为个人的性取向和性别认同由生物因素和环境因素之间的相互作用决定,且“通常形成于幼儿时期”。② 就生物因素而言,个人的基因生物信息由遗传物质决定,具有典型的不可改变性和不可控制性。就环境因素而言,个人一般不能选择其幼年的成长环境,故环境因素对于同性恋者本人而言也具有较大程度的不可改变性和不可控制性。对此,学界达成的共识是:“性取向并不是一个选择。也就是说,个人不能选择成为同性恋者或异性恋者。”③三是对跨性别者提供反就业歧视保护具有现实紧迫性。我国跨性别者的数量目前高达7000 万。④ 结合表 2 可知,跨性别雇员是遭受违法性别就业歧视的主要受害者群体。四是对跨性别者提供反就业歧视保护在企业管理方面具有经济合理性。一般而言,雇员的性取向和性别认同和他们在劳动力市场上潜在的工作能力和实际工作表现无直接关联,但雇主对跨性别者实施的就业歧视将因为人为缩小选拔范围而导致低效率的招聘、其他隐瞒自己跨性别身份的雇员害怕遭受不公平对待选择离职而增加管理成本、社会声誉受损而造成顾客流失。⑤ 对此,笔者认为可考虑将“前款所称性别包括劳动者的生物性别、性取向和性别认同”该内容分别置于《劳动法》第 12 条和《就业促进法》第 3 条末尾,使其作为前者的第 2 款和后者的第 3 款。

其次,建立举证责任转移机制。在涉性别就业歧视案件的司法实践中,雇员举证责任畸重。究其原因,一方面,因人事决策行为往往具有混合

---

① William R. Corbett, *The Ugly Truth about Appearance Discrimination and the Beauty of Our Employment Discrimination Law*, Duke Journal of Gender Law & Policy, Vol. 14, (2007), p. 175.

② Barbara L. Frankowski, Committee on Adolescence, *Sexual Orientation and Adolescents*, Pediatrics, Vol. 113, (2004), p. 1828.

③ Barbara L. Frankowski, Committee on Adolescence, *Sexual Orientation and Adolescents*, Pediatrics, Vol. 113, (2004), p. 1828.

④ 《中国 7000 万同性恋群体,同性恋经济是门大生意》,载中华网,https://news. china. com/social/1007/20160307/21733036_all. html。

⑤ Shalyn L. Caulley, *The Next Frontier to LGBT Equality: Securing Workplace Discrimination Protections*, University of Illinois Law Review, Vol. 2017, (2017), p. 915-917.

动机,雇主可以其他理由为借口隐瞒其真实意图,从而巧妙地避免留下相关证据;另一方面,在雇员的举证地位和举证处境普遍逊于雇主的现实情形下,即使客观上确实存在可证明雇主具有实施性别就业行为主观意图的证据,但雇员举证不能的风险较大。鉴于此,我国可酌情借鉴美国的激发因素型混合动机举证责任标准,即当雇员通过直接证据或间接证据证明性别是促使雇主作出人事决策的其中一个因素时,将举证责任转移至雇主。"毕竟,雇主最能说清楚为什么要作出被指控的人事决策行为"。① 笔者认为,最高人民法院将来可以司法解释的形式明晰涉性别就业歧视案件的举证责任,具体可考虑以下制度设计。劳动者因性别遭受就业歧视提起仲裁或诉讼的,应当证明以下事实:(1)劳动者是女性或跨性别者;(2)劳动者符合招聘、晋升条件或胜任工作;(3)劳动者遭受不利人事决策或受到有害对待;(4)和自己情况相同的其他男性或非跨性别劳动者被用人单位区别对待。劳动者提供了证明上述事实的证据材料后,用人单位须证明被指控之人事决策或其他行为具有必要性,且不存在对劳动者伤害更小的替代措施。

再次,针对性加大法律责任。我国反性别就业歧视制度的法律责任以补偿性损害赔偿为主,威慑性不足。前已提及,性别就业歧视行为既侵犯了妇女(包括在性取向和性别认同上为女性的跨性别者)作为公民而享有的平等权,也侵犯了其作为劳动者而享有的劳动权,而此两种权利皆为现代人权概念的核心范畴。性别就业歧视破坏了多重法益,现行反性别就业歧视制度或象征性地施以精神损害赔偿责任,或施以和仅侵犯雇员单一法益之违法行为(如雇主在未侵犯雇员平等就业权的情形下违法调岗、降薪、解雇)相同的法律责任,难以形成长效预防机制,有违社会法本位的制度初衷。② 为有效遏制违法性别就业歧视,顺应"行为和责任相统一"之法律原则,回归反就业歧视制度的社会法本位,最高人民法院可考虑在将来出台的司法解释中围绕以下思路进行制度设计:一是将人格权纠纷中的精神损害赔偿金数额提升至"当地上年度职工月平均工资的3倍";二是在劳动争议中除违法调岗、降薪、解雇等行为原本对应的法律责任外,另行设置数额为劳动者月工资3倍的经济赔偿金责任。

最后,疏通行政救济渠道。因《劳动保障监察条例》未明确将就业歧视纳入劳动保障监察范围,各地劳动行政部门一般不受理针对就业歧视的

---

① Richard Primus, *The Future of Disparate Impact*, Michigan Law Review, Vol. 108, (2010), p. 1368.

② 杨浩楠:《美国雇佣自由规则在判例法中的确立及启示》,载《现代法学》2019年第1期。

投诉。一些地方性法规甚至变相将就业歧视高发的招聘和录用环节排除在行政救济的范畴之外。例如,《广东省劳动保障监察条例》第36条明确将“投诉人应当向人力资源社会保障行政部门当面提交本人身份证明、投诉文书和反映劳动关系存在的证明材料”作为该部门受理投诉并立案查处的必备条件。受此影响,遭受就业歧视的雇员普遍面临行政救济缺失之困境。为建立公平、高效、法治的劳动力市场竞争机制,理应为遭受性别就业歧视之雇员疏通行政救济渠道。详言之,笔者建议将《劳动保障监察条例》第11条第8项修改为“用人单位遵守禁止就业歧视规定的情况”,并将原条文第8项和第9项相应地修改为第9项和第10项。值得一提的是,《妇女权益保障法》近日已由第十三届全国人大常委会第三十七次会议修订,新法第49条规定“人力资源和社会保障部门应当将招聘、录取、晋职、晋级、评聘专业技术职称和职务、培训、辞退等过程中的性别歧视行为纳入劳动保障监察范围”,这为我国疏通反性别就业歧视制度的行政救济渠道指明了方向。